한겨레역사인물평전

———

박현채 평전

박현채 평전

시대의 모순과 대결한 불온한 경제학자의 초상

김삼웅 지음

한겨레출판

'한겨레역사인물평전'을 기획하며

정출헌 | 부산대 한문학과 교수, 점필재연구소 소장

역사는 인간이 일궈온 삶과 다름이 없습니다. 사람들의 발길이 새로운 길을 내듯, 역사도 그렇게 만들어진 것이겠지요. 그런 점에서 시간 단위로 인간의 삶을 분절한 편년의 역사 서술 관습을 넘어서, 인간을 통해 시대의 편폭을 보여주려 했던 사마천의 시도는 빛나는 것이었습니다. 다양한 인간 군상을 한데 모아놓은 열전(列傳)은, 그래서 수천 년 동안 동아시아 역사 서술의 전범(典範)으로 자리 잡을 수 있었습니다. 물론 그곳에 이름을 올린 이들 모두가 역사상 위대한 업적을 남긴 인물은 아니었습니다. 적장을 살해하려다 실패한 자객, 우스갯소리를 잘하던 사람, 재물을 많이 벌어들인 부자, 질병을 잘 고쳐낸 명의 등까지 망라하고 있으니까요. 역사란 크나큰 발자취를 남긴 위인만이 아니라 인간의 존엄성을 올곧게 지켜 나간 사람들이 함께 어우러져 만들어가는 것이라 여긴 사마천의 믿음이 선연합니다.

사마천이 역사의 이름으로 불러들인 인물들에 대한 선별은 과연 타당했는가, 또는 그들 각자에 대한 평가는 온당한가, 이에 대한 시

비가 없을 수는 없겠지요. 하지만 과거 인물들의 삶을 기록하려는 우리는 사마천의 그런 마음가짐에서 많은 것을 배울 수 있습니다. 역사의 물굽이를 뒤바꾼 행적을 남긴 위인으로부터 하찮은 일상을 통해 시대의 가치를 되새기게 만든 범인(凡人)에 이르기까지 소중하게 여겼던 그 마음 말입니다. 그래서 우리는 아득한 저 고대로부터 근대 전환의 격변기에 이르기까지 우리 역사를 다채롭게 아로새겼던 수많은 인물들을 평전의 대상으로 삼으려 했습니다. 정치·사회·문화·예술 등 다양한 분야에서 우리 시대에 되살릴 만한 다양한, 또 의미를 지닌 인물 100명의 평전을 기획한 것은 그런 문제의식의 산물입니다.

또한 우리는 시대적 흐름에 유념하면서 성패·신분·성별 등을 나름 고려하면서 유사한 삶을 살았던 인물들을 몇몇 범주로 묶어보았습니다. 우리가 지난 역사 인물을 되살려보려는 이유는 시대와 개인이 맺고 있던 복잡다단한 관계를 읽어내고 싶기 때문입니다. 동일한 시대 상황에서 유사한 삶의 궤적을 읽을 수 있는 반면, 그들에게서 발견되는 미묘하지만 화해할 수 없는 차이를 추적하는 것이야말로 시대의 요구와 인간의 선택이 빚어내는 공명과 파열을 생생히 전달하는 것이라 믿은 까닭입니다.

비슷한 시대에 각기 다른 빛깔의 인간을 탐색해가는 과정은 역사라는 거대담론으로 인간 개개인을 재단하던 병폐를 넘어 인간의 삶을 통해 시대의 흐름을 재구성하는 방법이기도 합니다. 특히 생애 관련 자료의 제한 때문에 독립된 평전을 서술하기 어려운 인물의 경우, 시대 및 대상 인물과의 관계 위에서 조망함으로써 그들의 행로를 도드라지게 드러내려 했습니다.

하지만 오늘날 어떤 인물에 주목할 것인가보다 훨씬 어려운 과제는 그들을 어떻게 그려낼 것인가 하는 문제입니다. 많은 사람들은 평전을 쓸 때 가장 중요한 미덕으로 해당 인물을 객관적이고도 정확하게 그려내는 것을 꼽습니다. 충분히 수긍할 수 있는 지적입니다. 하지만 생애 관련 자료가 풍부하지 못한 현재 우리의 열악한 사정을 감안하지 않는다 해도 그것은 참으로 어려운 요구입니다. 생애 관련 자료가 풍부하다고 하더라도 객관적인 자료란 애당초 기대하기 힘들뿐더러 한 인간을 둘러싼 엇갈린 기억과 자료 가운데 어느 것은 취하고 어느 것은 버릴 것인가를 결정해야 하는데 이는 온전히 필자의 몫일 수밖에 없기 때문입니다. 그래서 역사는 물론이고 한 인간에 대한 기록은 시대에 따라 달라지고 거듭해서 새로 쓰이는 듯합니다.

그런 점에서 평전을 쓴다는 것은 남아 있는 사실의 기록과 오늘을 살고 있는 필자의 평가 사이에서 아슬아슬한 외줄타기를 하는 작업입니다. 그래서 어렵게 마련이지요. 아마도 위태롭기 그지없는 그 험난한 과정을 버티게 해주는 힘은 과거와 현재, 사실과 허위, 객관과 공감 사이의 균형 감각일 것입니다. 우리는 그런 곤혹스러운 상황을 애써 외면하지 않으려 했습니다. 한 인물의 평전을 쓴다는 것이 과거를 통해 현재를 돌아보고 미래를 전망하는 작업의 일환이라면, 그것은 반드시 건너야 하는 강이라고 생각했기 때문입니다. 대신 힘겨운 작업을 필자 한 사람의 몫으로 떠넘기지 않고, 뜻있는 사람들과 의견을 주고받으며 자신의 균형 감각을 가다듬을 수 있는 자리를 많이 갖도록 노력했습니다.

그런 점에서 역사 속 인물에 깊은 애정과 관심을 가지고 있는 연구자, 그런 연구자를 한자리에 모아 외롭지 않게 함께 작업해갈 수 있도록 엮어주는 연구소, 그리고 연구자의 충실한 성과를 일반 대중에게 알려주는 출판사가 공동 기획하여 발간하는 오늘 우리의 작업은 매우 뜻깊은 시도일 것입니다. 실제로 부산대학교 점필재연구소와 한겨레출판은 전체 기획의 의도, 대상 인물의 선정, 최적의 필자 선택, 평전 집필의 방향을 함께 논의하고 결정했습니다. 그런 뒤 개별 필자들이 평전을 집필하는 과정에서 구상 발표, 자료 점검, 사실의 진위 판단, 원고의 교정·교열에 이르기까지 수시로 의견을 주고받으며 때론 뼈아픈 조언도 아끼지 않았습니다. 이런 공동 작업을 거쳐 세상에 선보이는 '한겨레역사인물평전'은 평전으로서 갖추어야 할 미덕을 고루 갖추고 있는 것은 물론이고 학계와 출판계가 서로 힘을 모으는 새로운 풍토를 마련하는 데도 적잖이 기여할 수 있으리라 기대합니다.

사실 평전을 쓰고 읽는다는 것은 옛사람이 남긴 발자취를 따라가면서 그의 마음과 시대를 헤아려보는 여정일 겁니다. 우리는 그런 여정에서 나 자신이 옛사람이 되어 헤아려보기도 하고, 옛사람이 내 귀에 속내를 속삭여주는 경이로운 체험을 맛보기도 할 것입니다. 때론 앞길을 설계하는 지침이 되기도 하겠지요. 퇴계 이황은 그런 경지를 이렇게 읊었습니다. "고인(古人)도 날 못 보고 나도 고인을 못 뵈어, 고인을 못 뵈어도 가던 길 앞에 있네. 가던 길 앞에 있거든 아니 가고 어찌할까"라고. 우리도 그런 마음으로 옛사람이 맞닥뜨린 갈등과 옛사람이 고민했던 선택을 헤아리며 그의 길을 따라 걸을 수 있으리라 믿습니다. 세월의 간극을 훌쩍 뛰어넘는 그런 가슴 벅찬 공명이 가능한 까닭은, 그도 나도 시대를 벗어나서는 잠시도 살아갈 수 없는 인간이란 이유 때문이겠지요. 그것이야말로 한 치 앞을 내다보기 힘든 우리 시대에 굳이 평전이 필요한 까닭일 것입니다.

머리말

박현채, 불운한 시대의 불온한 경제학자

1

1970년대 말 '유신 귀신'이 망나니 칼춤을 추고, 언론과 지성이 어용과 침묵을 강요당하던 시절에도 한줄기 가느다란 햇살은 비추었다. 햇살은 쉽게 먹구름에 덮이고 어둠에 싸이곤 했지만, 밝음을 추구하는 사람들에게는 큰 희망이고 활력이었다.

리영희 선생의 『전환시대의 논리』와 박현채 선생의 『민족경제론』 등이 그런 역할을 했다. '전논'은 어느 정도 이해가 되었으나 '민경'은 읽어내기가 쉽지 않았다. "수출만이 살길이다"라는 구호가 주술처럼 부적처럼 나부끼던 시대에 '민족경제'라니 다소 생뚱맞기도 하고, 한때 '종속이론'이 나돌다가 시나브로 사라졌던 터라, 나는 이를 '일회용 반창고' 정도로 치부하면서도 꼼꼼히 읽었다.

박현채가 누군지 궁금했다. 책에 적힌 저자 소개는 일반 저자들의 이력에 비해 간단한 약력뿐이었다. "북소리에 맞춰 춤만 출 것이 아니라 북 치는 사람을 찾아라"라는 인도 속담이 생각났다. 호기심이

머리말 • 9

발동해 몇 차례 그의 강연장을 찾았다.

기골이 장대한 거인의 입에서는 걸쭉한 전라도 사투리가 거침없이 튀어나왔다. 전라도 출신 지식인들은 공식 석상에서 사투리를 쓰지 않는 것이 보신책이던 시절이었다.

책을 읽은 뒤에 들은 터라, 그의 강연 내용에는 다소 실망했다. 논리적이거나 정제된 언어보다 장광설의 투박한 어투에 가끔은 육두문자도 섞인 강연이었다. 하지만 그러면서도 청중을 휘어잡는 분위기와 '유신 망나니'들을 비판하는 언중유골의 언변이 나를 사로잡았다. 어른은 "입조심, 말조심", 어린이는 "차조심, 불조심"이 강요되던 시절이다. 그럼에도 일체의 권위와 격식, 위선을 내던지고 비유와 직설어법을 섞어가며 사회상을 통박하는 그의 맨 지성이 좋았다.

어디서 들으니 1971년 대선 때에 김대중 후보의 '대중경제론'이 그의 작품이라는 거였다. 뒤에 다시 들으니 '산사람' 출신이라고 했다. 요즘 젊은이들은 '산사람'이라면 '화전민'을 연상하겠지만, 한국전쟁 전후의 지리산 빨치산을 일컫는다. 필자 같은 연배에도 빨치산은 회색의 역사이거나 신화에 속한다. 그런데 당대 으뜸가는 재야 경제학자가 빨치산 출신이라니, 호기심은 어느덧 경계심으로 바뀌었다.

그런 속에서도 그가 쓴 글과 책을 찾아 읽고, 자료를 모았다. 읽을수록 들을수록 범상한 인물이 아니구나 싶어 관심이 많아졌다. 호기심 반, 경계심 반이었다고 하는 것이 정직한 말이겠다.

'망나니 두목'이 바뀌고 세상은 더 살벌해졌다. 당시 나는 야당 기관지를 만들다가 집이 수색당하고 때로는 수배되어 피신하기도 하느라 제 몸 하나 간수하기 어려운 처지여서 박현채 선생과는 더 이상 연을 맺지 못했다.

1987년 6월항쟁과 함께 먹구름이 조금씩 걷히면서 선생은 조선대 교수로 부임하게 되고, 술을 마시면 광주 망월동과 지리산·백아산을 찾아 꺼이꺼이 흐느낀다는 소문이 몇 다리 건너 들려왔다. 그의 강의실은 항상 미어터지고, 야간부 학생들이 "박현채 교수의 강의를 듣게 해달라!"는 이색적인 시위를 했다는 소식도 들었다.

조선대 교수 시절은 그에게 처음이자 마지막 '제도권' 지식인의 생활이었다. 난생처음 월급봉투를 받았다고 한다. 긴 세월, 재야 또는 무직의 상태로 이 대학 저 대학을 옮겨 다니던 '지식 보따리상' 생활에 종지부를 찍었다. 그렇게 생활의 안정을 찾으면서 폭포수처럼 글을 쏟아냈다.

눈서리 치는 들판에서 자라던 야생초를 아파트 베란다에 옮기면 시들시들 생기를 잃고 말듯이, 박현채 선생의 경우도 그러했다. 과도한 글쓰기와 학교 업무, 광주와 서울을 오가느라 겪은 피로, 자서전을 쓰면서 자신의 젊은 날의 애환에 빠져버린 격정으로 건강을 잃게 되고, 입원하는가 했더니 아직 정정한 나이에 홀연히 눈을 감았다.

2

1970년대 초 나는 60세가 되면 독립운동과 민주화·통일운동을 주도한 인물 20명 정도의 평전을 쓰겠다는 꿈을 가졌다. 자기 철학과 신념으로 무장하고, 이를 실천한 지도자를 골랐다. 그리고 이들에 관한 자료를 모으고, 생존자들의 경우 처신과 언행을 지켜보았다. 1980~1990년대에 이르면서 평전 목록에서 빼거나 추가된 사람이 생겼다. 정치인 중에 노무현·김근태 선생이 추가되었다.

당연히 박현채 선생도 나의 평전 목록에 올랐다. 그래서 느긋한 마음으로 자료를 모으고 행적을 지켜보던 중 뜬금없이 거목이 쓰러지듯 선생도 그렇게 눈을 감았다. 뵙고 묻고 듣고 싶은 것이 많았는데 허무하게 이승을 떴다.

이런 경우는 박현채 선생의 경우만도 아니었다. 송건호·리영희·노무현·김대중·김근태 선생도 마찬가지였다. 내가 평전으로 점찍은 분들이 어찌 그리 무상하게 세상을 뜨는지, 정신적 혼란에 빠진 적이 한두 번이 아니었다.

그나마 다행이라면 리영희 선생은 6개월 정도 주말에 뵙고 인터뷰를 할 수 있었고, 김대중 대통령은 서거 전에 몇 가지 의문점을 물을 수 있었지만, 다른 분들은 예상치 못한 때에 너무 일찍 눈을 감았다. 남겨진 자료와 증언에 의존할 수밖에 없었다.

이분들의 돌연한 죽음은 하나같이 생전의 고통과 고역이 육신을 파멸시킨 때문이겠으나, '악인'들의 만수무강과 대비되어 여전히 풀리지 않는 '하늘의 뜻'에 의문을 갖게 한다. 성서 「욥기」에 나오는 욥의 시련과 같은 것일까. 억울하고 안타깝다.

3

다시 박현채 선생으로 돌아가서, 그의 평탄치 못했던 생애는 우리 현대사의 질곡과 동의어임을 살피게 한다. 선생은 10대에 카를 마르크스의 『자본론』을 읽을 수 있었던 우수한 재능을 갖고 태어났다. 평온한 시대에 살았다면 세계적인 경제학자가 되었을 터였다. 체제에 순응하면서 불의와 적당히 타협하고 진리는 여럿일 수 있다는 셈법을 익혔다면, 남들처럼 부귀 · 권세를 누리는 데 모자람이 없었을 것이다.

하지만 천성적으로 반골이었던 그는 분단을 박차고, 서울대 교수 입성의 길을 박차고, 매판자본주의를 박차고, 그리고 불의한 기득권 세력과 박치기하면서 외롭게, 의롭게 그리고 당당하게 살다 갔다. 많이 억울하고 분통 터지겠지만 '성공'한 자들의 회칠한 무덤이나 분(糞) 바른 이름보다 '민족경제학자 박현채'라는 정명(正名)을 남겼다.

그는 이 땅에서 의롭고 정직하게 살고자 하는 민초들의 가슴에 살아 있는 몇 안 되는 학자로서 남게 되었다. 분단사에서, 압제 시대사에서 박현채 선생과 같은 분도 있었다는 것이 우리에게 조금은 위로가 되지 않을까 싶다. 역사는 승자와 더불어 패배한 영웅의 존재를 통해 직조되고 교훈을 준다.

박현채 선생은 소년 전사, 청년 학사, 중년 투사로, 온통 생애를 저항과 탐구와 자유분방함으로 살았다. 어느 때는 한 마리 독수리처럼, 어느 때는 한 마리 노랑나비처럼 그렇게 자유혼으로 살다 갔다. 이런 박현채 선생을 내 둔한 붓으로 그리기에는 턱없이 모자람을 자책하면서 평전을 쓰게 되었다. 그럼에도 불구하고 내가 찾은 박현채 선생의 실체는, 자신의 '인간적 존엄'을 지키고자 모든 것을 걸었던 "불의한 시대의 불온한 도박사"였다면 결례일까.

이제까지 17인의 평전을 쓰면서 『박현채 평전』이 가장 어려웠다. 경제학에 관한 지식이 부족하다 보니, 선생의 폭넓은 지식의 지평을 두루 헤아리기가 어려웠고, 소화하기도 쉽지 않았다. 하여 선학들의 연구를 많이 인용했음을 밝힌다.

바라기는 경제학자가 전문성을 발휘하여 박현채 선생의 '민족경제론'을 '민족경제학'의 차원에서 연구하는 새로운 평전이 쓰였으면 한다. 선생의 넓고 깊은 생애와 더불어 학문의 광맥이 깊고 넓기 때문이다.

차례

일러두기

1. 인명, 지명을 포함한 외래어는 국립국어원의 『외래어 표기 용례집』을 따랐다.

2. 단행본 · 잡지 · 학위논문 · 신문 등에는 겹낫표(『 』)를, 소논문 · 노래 제목 · TV 프로그램 등에는 홑낫표(「 」)를 사용했다.

3. 직접 인용 중 현재와 맞춤법 및 어법이 다른 경우, 가독성이 떨어지는 부분에 한해 현대어로 수정했다.

1장

격동의 시대,
'소년 투사'로 성장하다

암울한 식민지 시대, 면서기의 아들로 태어나다

박현채는 1934년 11월 3일 전남 화순군 동복면 독상리의 산 중턱에 있는 할아버지 박화인의 집에서 장남으로 태어났다. 아버지 박경모는 광주서중을 졸업하고 면서기로 근무하고 있었으며, 대대로 이 지역에서 살아온 서민 출신이었다. 어머니 오순희는 감나무 식재(植栽)로 농장을 조성했던 유기업자 오재홍의 둘째 딸로, 아버지를 일찍 여의고 15살에 결혼하여 1년 만에 박현채를 낳았다. 박현채 아래로 박귀채(큰딸), 박정자(둘째 딸), 박영채(둘째 아들. 큰집에서 양자로 입양), 박국채(셋째 아들), 박선은(셋째 딸), 박승채(넷째 아들), 박유채(넷째 딸), 박양회(막내 딸) 등 동생들이 줄줄이 태어났다.

박현채가 태어난 1934년은 암울한 시대였다. 일제에 병탄된 지 24년이 되는 해로 일부 친일파를 제외하면 대부분이 노예와 같은 삶을 이어가고 있었다. 조선총독부는 1934년 4월 11일, 빈번하게 발생하는 소작쟁의를 해결하고자 조선농지령을 공포했다. 이는 친일 지주들의 이익을 도모하고, 농민들의 소작쟁의를 가혹하게 탄압하여 효과적으로 농민들을 수탈하려는 법령이었다. 또한 일본은 1931년 만주 침략을 강행한 후 이른바 '정책이민'을 실시하여 조선 농민들을 만주로 강제 이주시켰다. 1935년에는 총독부가 조선 농민 80만 명을 만주로 이주시키기로 일본 척무성(拓務省)과 합의하면서 농촌 사회에 불안과 공포가 휘몰아쳤다.

1935년 9월 총독부는 신사참배를 강요하기 시작했고, 1936년 12월에는 이른바 '사상범'의 재범을 막기 위해 그 사상과 행동을 관찰한다는 '조선사상범보호관찰령'을 공포하여 항일운동의 뿌리를 뽑고자 했다. 1937년 10월에는 조선인이 한민족의 성원이 아니라 일왕의 신민임을 맹세하는 「황국신민서사」를 만들어 모든 사람이 이를 암송하게 했다. 박현채는 이와 같이 암울하고 폭압적인 시대에 태어났다. 아버지가 면서기를 하고 있어서 경제적으로 크게 궁핍하진 않았지만 그의 삶은 다른 조선인들과 마찬가지로 순탄치 않았다.

박현채가 태어난 화순군 동복면은 동쪽에 밤실산과 모후산 등 높은 산지가, 서쪽에는 동북천이 남류하는 유역에 좁은 평야가 자리하고 있었다. 마을 사람들은 주로 농업에 종사했으며, 산간 마을에서는 한봉꿀이 생산되고 삼베가 유명했다. 유물·유적으로는 구암리에 지석묘군(支石墓群)이 있으며, 연원리에 동복향교와 도원서원이 있다. 독상리에는 석등과 오씨비각이 있어 아이들의 놀이터가 되기도 했다. 어린 시절을 독상리 마을에서 보낸 박현채는 5살 때 아버

박현채가 태어난 화순군 동복면 독상리의 본가. 가운데에 넥타이를 매고 앉아 있는 사람이 아버지 박경모다.

지가 곡성세무서에 취직하면서 전남 곡성으로 옮겨간다.

이후 1941년 8살이라는 늦은 나이에 그는 곡성 중앙국민학교(지금의 초등학교)에 입학한다. 곡성 읍내에는 동악산과 형제봉 등 비교적 높은 산들이 있었으며, 순자강이 흘러 그 유역에 비옥한 평야가 있었다. 이 지역은 곡창지대였고 문화재로는 곡성향교, 단군전(檀君殿)과 신라 시대 원효대사가 지었다는 도림사가 있다. 도림사는 주변 계곡을 따라 열여섯 굽이의 곡류가 넓은 반석 위를 흘러 경치가 아름답다. 어린 박현채는 이곳에서 뛰어놀며 자랐다.

그사이 일제의 압박은 더욱 심해져 학교마다 일왕(日王)의 사진을 걸게 하고 학생과 교사들에게 매일 경배하도록 했다. 1938년 2월에는 만 17세 이상으로 소학교 졸업 이상의 학력을 가진 자는 육군특별지원병이 될 수 있는 '조선육군특별지원병령'이 실시되면서 징집이 강요되었고, 같은 해 8월에는 제3차 조선교육령이 공포되면서 각급 학교에서 국체명징(國體明徵), 내선일체(內鮮—體)가 강요되고 「황국신민서사」를 암송해야만 했다.

박현채는 무슨 뜻인지도 정확히 모르면서 이 '서사'를 외우며 학교에 다녔다. 같은 해 4월 총독부는 모든 학교에서 조선어 교육을 폐지했고, 7월에는 모든 교원과 공무원들에게 제복을 입게 했다. 어린 박현채는 일본군 옷과 비슷한 제복에 장화를 신고 칼을 찬 교사들에게 일본식 초등교육을 받았다. 총독부는 1939년 10월 국민징용령을 공포해 국민을 강제 동원할 수 있는 근거를 마련했고, 그해 12월에는 소작료 통제령을 시행해 소작쟁의를 원천 봉쇄했다. 그렇게 군국주의 파쇼 체제가 더욱 강화되고 조선 사회는 거대한 감옥이 되었다.

1940년 2월에는 창씨개명과 쌀 공출령이 강제되면서, 이제는 조상 전래의 성씨도 못 쓰고 쌀밥 구경도 할 수 없게 되었다. 암울한 시대에서 더욱 캄캄한 암흑 시대로 들어갔다. 1941년 12월에는 일본군이 진주만을 기습 폭격하면서 태평양전쟁이 시작되었다. 이에 조선은 일본의 군수창고가 되었고, 조선인은 한낱 군수품으로 전락했다. 사정은 도시나 농촌이나 크게 다르지 않았다. 태평양전쟁이 발발한 후 어린 박현채마저 근로 작업에 동원되었다. 군수용으로 사용되는 마초와 송진 채취 작업에 나서는 날이 많았고, 군량미로 쌀을 빼앗기면 뒷산에서 나물을 채취하여 부족한 식량을 채웠다.[1]

1944년 2학기 말에 박현채의 아버지가 광주로 전근하면서 가족들은 광주 시내 누문동으로 이사를 했다. 박현채는 친척이 교사로 근무하고 있는 수창국민학교로 전학하여 처음으로 도시 생활을 하게 되었다. 태어나서 10살 때까지 시골 벽지에서 살다가 도시 학교로 전학한 것이다. 유년 시절의 잦은 이사와 전학은 아이들에게 정신적 충격과 심리적 변화를 안겨준다. 박현채도 다르지 않았다. 하지만 비교적 쾌활하고 적극적인 성격이어서 가는 곳마다 잘 어울리고 적응하는 편이었다. 그만큼 보고 듣는 정보량도 많았고 사귀는 친구들도 다양해졌다.

당시 이런 박현채에게 정신적으로 가장 많은 영향을 준 이들은 박헌영(朴憲永, 1900~1955)과 함께 활동한 이모부와 사회주의운동을 한 당숙 등이다. 박현채는 이들을 통해 민족해방운동과 사회주의 이념을 처음 접하게 되었다. 박헌영은 1925년 조선공산당을 창당했다가 체포되었으나 미치광이 행세를 하여 병보석으로 풀려난 후 해외로 망명했다. 이후 국내 진입을 시도하다가 다시 체포되어 옥고를 치렀는데, 출감 뒤에는 전남 광주 백운동의 벽돌 공장 인부로 위장하여 은신하다가 해방을 맞았다. 그는 당시 청소년들에게는 신화적인 인물이었다.

일제 말기의 폭압 속에서도 국내 곳곳에서는 항일운동이 끊이지 않았다. 농민·노동자들의 생존권 투쟁과 민족해방 투쟁이 겹쳐진 저항운동이고, 사회주의 계열의 항일운동도 지속되었다. 항일운동의 중심은 대부분 농민·노동운동과 연계되었다. 우파 계열은 1937년 6월부터 181명의 민족주의 계열 지식인들을 검거하여 탄압한 수양동우회 사건을 계기로 전향하거나 활동을 접었다. 이로써 국내 우파 진영의 독립운동은 사실상 '멸종'되었다고 해도 과언이 아니었으며, 항일운동의 명맥은 사회주의 진영에서 잇게 되었다.

박현채는 12살이 되는 해에 해방을 맞았다. 학교에서는 일본어를 쓰고, 집에서는 조선말을 사용하는 '이중 언어' 세대의 해방이었다. 반쪽 모국어를 쓰면서 분노를 삭이지 않았던 그로서는 해방으로 우리말을 할 수 있게 되어 무엇보다 즐거웠다. 그렇지만 감수성이 예민한 시절에 사용했던 일본어는 성장해서도 입에서 쉽게 떨어지지 않았다. 그의 글에도 일본식 어투가 남아 있었다.

일제의 질곡에서 해방된 후 남한에서는 미군정이 실시되고 곳곳에 자치위원회가 구성되었다. 국민학교도 다르지 않았다. 박현채는 1946년 수창국민학교 6학년 때 학생자치위원회 위원장으로 뽑혔다. 아버지가 가져온 신문과 여러 책들을 통해 일찍부터 사회의식에 눈떴던 그는 독서회에 가입했고, 수창국민학교 교사였던 최충근의 지도하에 에드거 스노(Edgar Snow, 1905~1972)의 『중국의 붉은 별』 등을 읽고 크게 감명 받았다. 13살 소년으로는 보기 드문 조숙함과 폭넓은 독서열이었다. 이 시절 박현채는 『삼국지』를 읽은 후 동급생 2명과 의형제를 맺고 앞으로 뜻을 함께하기로 했다.

나는 수창국민학교에 다니면서 김희종, 김영배, 민영기, 박석운, 박두순, 모리 히로시 등 많은 친구들을 사귀게 되고 이들과의 인생의 기록을 갖게 됐다. 그 가운데서도 석운과 모리 히로시는 결의형제를 맺는다. 그러나 우리의 결의형제는 비극적으로 끝난다. 우리는 국민학교인 수창 4학년 시절에 『삼국지』의 고사에 따라 결의형제를 갖게 되었다. 그것은

이름의 일본음을 따서 신고(일본음 모리 히로시), 신겡(아라이 겐사이. 박현채), 신
샤구(아라이 샤구운. 박석운), 삼인의 결의형제를 맺는 것이다. 해방 후에 알
게 됐지만 일본말 모리 히로시는 마산의 항일 공산주의자 김형직의 아
들이었고, 연안 독립동맹 김명시의 조카였다. 그는 1946~1947년경에
소식 없이 광주를 떠났다. 박석운은 여수제주연락선 경주호 납북 사건
에 연루되어 형장의 이슬로 사라졌다. 그러나 나의 친구들은 국민학교
만이 아니라 중학 그리고 인생 역정에서 나의 길이 그러하듯 비극으로
끝난 많은 사람을 갖는다.[2]

좌익 친척들과
해방을 맞이하다

박현채는 회갑을 앞둔 1992년 말(당시 58세) 주위의 권유로 회고록을
쓰기 시작했다. 회고록 분량은 200자 원고지 240매, A4용지 23매였
다. 출생에서부터 지리산에 입산하여 빨치산 활동을 하게 되는 과정
까지 기록되어 있다. 박현채는 평생 많은 글을 썼지만, 정작 자신에
관한 글은 별로 남기지 않았다. 이 '미완의 회고록'이 남아 있는지라
그나마 박현채의 소년 시절을 그의 시선으로 복기할 수 있다. 하지
만 이 회고록 역시 주인의 신산했던 생애를 닮은 탓인지 곡절이 많
았다.

1987년 6월항쟁으로 민주화가 진척되면서 박현채는 생애 처음이
자 마지막으로 1989년 광주의 조선대학교 교수로 임용되었다. 여름

방학을 맞아 서울로 올라온 박현채는 찌는 날씨와 싸워가면서 '독수리 타법'으로 회고록을 쓰기 시작했다. 하지만 자기 삶을 그려 나가던 그에게 정신적 · 육체적으로 실의와 병마가 뒤따랐다. 1990년대 초 동구권의 사회주의가 몰락한 것이다. 평생 신념처럼 간직했던 사회주의의 몰락은 그에게 큰 충격이었다. 재빨리 전향한 인텔리들이 없지 않았으나, 그는 자신의 신조를 버릴 수 없었다. 또 하나의 문제가 있었다. 뇌에 이상이 생긴 탓에, 말끝이 어눌해지고 행동도 자유롭지 않게 된 것이다.

이런 상황에서 쓰기 시작한 회고록은 한 자 한 자가 고통이고 피눈물이었다. 그래서 지인들은 이 회고록을 '박현채 말년을 갉아먹은 독'이라고 일컬었다. 글을 매듭짓지 못한 채 주인공은 쓰러졌고 가족들은 병수발에 경황이 없었다. 박현채가 오랜 투병 끝에 1995년 덜컥 눈을 감게 되면서 회고록은 잊혀졌다. 이후 박현채의 후배로 홍익대학교 교수를 지냈던 정윤형(鄭允炯, 1937~1999)이 박현채가 남긴 자료들을 챙기다가 이 회고록을 찾아냈다. 뒤늦게나마 회고록은 인터넷신문 『코리아포커스』에 2005년 10월 18일부터 10월 28일까지 연재되었고, 2006년 발간된 『박현채 전집』(전 7권)의 제1권에 수록되었다.

우수한 두뇌와 건강한 체력을 가진 박현채가 일생을 신산하게 살아가게 된 데에는 '방황하는 세대'라는 시대적 배경과 함께 그의 '가족사'가 자리하고 있다. 그의 친인척 중에는 이념가가 적지 않았다.

해방은 박경민 당숙의 5구 라디오 앞에서 조주순, 박석민, 박경민, 아버지, 나 등 온 가족이 함께 맞이했다. 당시 조주순 삼촌은 그간에 우리 집을 박헌영 동지와의 접선을 위해 수시 밤에만 드나들었으나 8·15 이틀 전에 화순을 떠나 아예 우리 집에 기식하고 있었다. 그는 살기 위해 화순을 떠날 수밖에 없었다고 하면서 이제 지게꾼이라도 해야겠다며 우리 집에 와 있었다. 그때 나는 화순의 큰 주조장[양조장—필자] 부잣집 아들이 왜 다른 직업을 갖지 않으면 살 수 없을까 하고 생각했었다. 박석민 아저씨는 우리하고는 가까운 친척이고 아버지의 중학교 선배였다. 우리 외할아버지의 누나의 아들이기 때문이다. 그는 광주학생사건 때 퇴학당하여 서울에서 자유업에 종사하고 있다가 전쟁이 격화되니까 광주 우리 집으로 피난 와 있었다. 그의 큰딸이 나와 동급생인데, 해방되었을 때 그는 한글을 자기 아버지에게 배워 다 깨치고 있어 나를 일시 실망의 나락으로 떨어지게 했다.[3]

일제 말 국내에서 가장 치열하게 저항했던 인물이며 해방공간의 주역 중 하나였던 박헌영과 삼촌 조주순이 박현채의 집을 아지트 삼아 '접선'을 했던 것이다. 박현채는 당숙 박정민이 당시 화순군 북면 원리 박 부자의 작은아들로 일제에 협력하여 경방단(警防團, 일제강점기 친일 관변단체) 부단장을 지냈으나 나름대로 민족해방 세력과 연을 맺고 있었던 것 같다고 회고한다. 박정민이 조주순과 수시로 공개적으로 만났기에 이렇게 짐작했던 것이다. 또 해방하는 날 조주순이 라디오 방송을 처음 들은 후 일본의 패전을 결론짓고 일어서 나갔으며, 나머지 사람들은 방송을 끝까지 듣고 나서 온 동네가 시끌벅적하도록 잔치를 벌였다고 회고한다.

1946년 10월 조선공산당 21주년 기념식에 참석한 박헌영(가운데). 박헌채는 박헌영과 활동한 좌익 친척들의 영향으로 어려서부터 민족해방운동과 사회주의 이념을 접하게 되었다.

이후 조주순은 공산당의 전남 공청위원장을 맡아 박헌영을 수행하면서 서울에 다녀왔고, 생활을 꾸리면서 정치 운동을 하느라 바쁜 나날을 보냈다고 한다.[4] 이런 것이 12살짜리 소년 앞에 펼쳐진 해방의 풍경이고 친척들의 역정(歷程)이었다. 이 같은 가족사라면 그 누구라도 일찍 정치의식에 눈뜰 수밖에 없을 것이다. 이런 환경에서 성장한 덕분에 박헌채는 국민학교 6학년 때 학생자치위원장에 뽑혔고 에드거 스노의 책을 탐독하게 되었다. 국민학생이 고등학생이나 대학생 수준의 의식을 갖게 된 것이다.

박헌채의 아버지는 1946년 광주 남동에 집을 사서 이사했으나 곧 목포세무서로 전근한다. 그래서 박헌채는 외삼촌, 이모부와 함께 남동 집에서 지내면서 학교에 다녔다. 처음에는 셋이 기거했으나, 곧

삼촌 조주순과 매부 김재옥이 집으로 들어왔다. 삼촌과 매부가 정당 활동을 했기에 집에는 많은 사람들이 드나들었다. 박현채는 이들 틈에 끼어 시국담을 듣고 토론에 참여하는 등 '소년 투사'로 성장했다. 그의 집은 담론의 광장이었다. 이 무렵 박현채는 삶의 방향과 진로 문제를 둘러싸고 심각하게 고민하기 시작했다. 이처럼 격동적인 시기에 어떻게 하면 역사와 자기 자신에게 부끄럽지 않은 삶을 살아갈 지 고민한 것이다.[5]

나는 민족적 참여의 시기에 견결히 현실에 참여해야 한다고 생각했으나 어느 쪽으로 참여할 것인가가 문제였다. 나의 이와 같은 선택에 결정적 영향을 미친 것은 화탄(화순탄광—필자) 노동자의 현실 참여였다. 광주와 화탄은 약 30리 거리였으나 행사가 있을 때마다 화탄 노동자들은 도보로 광주 행사에 참여했다. 우익 측인 독립촉성회 노인들의 참여와 대비하여 그들의 강건한 현실 참여는 모든 사람들을 격하게 하기에 족한 것이었다. 나는 이론적으로 따지기 전에 민족의 운명을 나약한 늙은이들에게 내맡기기보다는 젊은 생산계급에게 의지해야 한다고 생각했다.[6]

소년 박현채의 시대 인식에는 남다른 측면이 있었다. 공직자임에도 불구하고 남로당과 관계를 맺었던 아버지, 그리고 이념가인 친척들 곁에서 성장하면서 생산직 노동자들에게 애정을 갖게 되고 그쪽으로 자신의 장래를 설계한 것이다. 예나 지금이나 우수한 인재들이 거의 사무직을 택하는 데 비해 박현채는 어린 나이에도 생산직 노동을 선호했다.

그는 생산 활동을 하는 계급에게 기대를 거는 것이 역사의 진보 편에 서는 것이라고 생각했다. 그간에 읽은 관념적 영웅전의 결론으로서 노동자의 편을 택했던 것이다. 이런 고민 가운데 박현채는 좌파 서적들을 탐독하기 시작했으며 마르크스주의 글 읽기 운동에 참여한다. 이런 선택은 학교에서의 독서회 활동으로 이어진다.[7]

독서회를 조직, 사회주의 서적에 심취하다

일제강점기의 청년들은 독서회를 조직, 이를 발판 삼아 독립정신과 애국심을 키우면서 항일운동을 벌였다. 해방 이후의 학생 · 노동자들 역시 유신 체제와 5공의 폭압 속에서도 독서회를 만들어 각종 이념 서적을 읽으면서 통일운동과 반독재 투쟁을 벌여 나갔다. 박현채는 10대 초반에 독서회에 들어가 많은 책을 읽으면서 사회주의 이데올로기를 접하게 되었다.

우리 국민학교에도 진보적 활동 조직은 있었다. 사로계(미군정 시기에 만들어진 좌익 계열의 정당―필자)였지만 최충근 선생은 학교 안에서 독서회 서클을 지도하고 있었다. 우리는 토요일 오후나 일요일에 무등산 언저리에 모여 독서회 활동을 했다. 내가 에드거 스노의 『붉은 중국』(『중국의 붉은 별』―필자)을 접하게 된 것도 이 모임이었다. 이런 움직임은 관계 서적의 남독으로 되면서 나의 정치적 성향을 규정하게 된다.[8]

박현채는 전학생인데도 이 학교 졸업식 때 학생 대표로 송사(送辭)를 읽었고, 학생자치위원장에 선임되어 동맹휴학을 이끌 만큼 리더십이 있었다. 이 시기 학원가의 이슈는 국대안 반대운동이었다. 이는 1946년 9월 국립 서울대학교의 창설 작업이 강행되자 이에 반대해 일어난 동맹휴학운동으로, 지방의 초·중·고등학교까지 파급되었다. 원래 학교의 깨진 유리 값을 변상한다는 명목으로 후원회비가 대폭 인상되자 동맹휴학이 시작되었는데, 여기에 국대안 반대운동까지 결부되었다. 박현채는 비합법적인 방법을 쓸 경우 성공할 가능성이 높지만 주동 학생들의 중학교 진학이 어려워질 수 있다는 교장의 말을 듣고, 학교 후원회의 양보를 끌어내어 교내 문제를 타결하는 수완을 보여주었다.

박현채는 생산적 활동을 하는 삶을 살고자 1947년 광주공업학교에 지망했다. 하지만 적록색맹으로 신체검사에서 불합격되어 인문계열로 아버지의 모교인 광주서중학교에 응시하여 합격한다. 그런데 입학식도 하기 전에 집안에 일이 생긴다. 아버지가 공무원들의 파업 사건에 연루되어 검거되면서 박현채의 자취집에 경찰이 들이닥쳐 수색을 한 것이다.

『맑스주의의 기원』이라는 책이 압수되고 박현채는 광주의 전남경찰국에 잡혀갔다. 책을 입수하게 된 경로는 밝혀졌으나 공책에 그려 놓은 이승만(李承晩, 1875~1965)과 김구(金九, 1876~1949)의 초상, 특히 이승만 초상에 써놓은 '매국노'라는 내용 때문에 그는 경찰의 뭇매를 맞아야 했다. 사찰과장은 이승만의 매국 행위를 증명하라며 구타를 거듭했다. 어머니의 노력으로 밤늦게 풀려났으나 이때의 기억은

1948년 광주서중 2학년 진급 기념사진으로 맨 뒷줄 왼쪽에서 여섯 번째가 박현채다.

두고두고 잊히지 않았다. 이 일은 이후 거듭되는 투옥과 연행의 시
발이 되었다. 해방에서 오늘에 이르기까지 이념 서적을 갖고 있었다
는 이유로 검거되고, 낙서 때문에 고문당한 이들 중에 박현채보다
어린 사람은 찾아보기 어려울 것이다. 그만큼 그는 조숙했고, 일찍
부터 권력의 박해를 받았다.

박현채는 중학생이 되면서 『자본론』을 비롯한 마르크스의 저술을
본격적으로 읽었다. 해방 당시에는 중학생들이 즐길 만한 오락 시설
이나 서적이 없었기에, 일본인들이 자기 나라로 돌아가면서 남긴 다
양한 일본 서적들이 학생들의 눈길을 끌었다. 사회 분위기에 걸맞게
사회주의 서적이 학생들의 관심을 끈 것은 당연했다. 당시에 박현채
를 비롯하여 많은 중학생들이 비밀 조직인 조선민주애국청년동맹

(민애청)에 참여했다. 민애청은 1947년 6월 청년층을 중심으로 결성된 남로당의 외곽단체였다. 당시 함께 활동했던 김경추의 회고를 살펴보자.

나와 현채는 민애청 멤버였어. 중학생인 우리가 하는 일은 삐라 살포, 대자보 부착, 어두침침한 밤에 모여 기습적으로 소리 지르고 경찰 오기 전에 도망가기, 뭐 그런 거였지. 현채는 국민학교 때부터 사회주의 공부를 많이 했어. 항상 지도적인 역할을 했다고. 누구보다 나라를 사랑하고, 눈물도 많았지. 한마디로 의혈 소년이었어. 가슴에 조국애가 충만한.[9]

광주서중은 호남의 명문으로 일제강점기 학생운동의 요람이기도 했다. 교장·교감을 비롯하여 많은 교사들이 진보적 사상을 가진 이들이었고, 특히 광주서중 출신으로 경성제대를 졸업한 후 교사로 재직했던 박재양은 사회주의 사상가로 학생들에게 큰 영향을 주었다. 박현채도 이들로부터 사상적 영향을 받았다. 14살이 된 박현채는 광주서중에 입학하자마자 독자적으로 동아리를 만들었고 민애청 학년위원(1학년 조직책)으로 선임되어 시위를 주도했다. 그는 시국 관련 전단을 제작·배포하고 횃불 투쟁에 앞장섰다. 시쳇말로 '운동권'이 된 것이다.

광주서중에서 나는 1학년 C반이었다. 입학하여 나는 독자적으로 서클 조직을 만들기 시작했다. 그리고 이 과정에서 정상적인 민애청 조직과

직결되어 있던 친구들을 만나 비합법 조직과 연관을 갖는다. 이 시기에 송정석 · 김수명 · 이춘형 · 맹환계 · 홍기현 · 김희종 · 홍삼희 · 박정재 · 최은주 등이 우리 조직의 기간요원이 되어 조직을 이끌어간다. 우리 조직은 당시 재학생들의 70~80퍼센트를 장악하고 있었다. 그리고 나는 이 조직에 학년위원으로 참여하고 있었다. 학년마다 약간 변화가 있었으나 나는 주로 조직을 담당했다. 우리가 민애청원으로서 한 주요한 투쟁은 일상적인 것을 제쳐놓고 큰 것으로는 인민공화국 수립 투쟁이었다. 우리는 선거 참여를 위한 연판장 투쟁부터 시작해서 시위, 봉화 투쟁, 국기게양 투쟁 등에 적극적으로 참여했다.[10]

어른 못지않은 사회의식으로 무장한 소년

박현채가 광주서중에 입학하여 활동할 때 국정은 더욱 소연해졌다. 해방과 함께 여운형(呂運亨, 1886~1947)이 발족시킨 건국준비위원회의 후신으로 인민위원회가 전국의 군 · 면 단위까지 조직되었고, 언론과 출판의 90퍼센트 정도가 진보적 성향이었다. 신탁통치 문제를 둘러싸고 찬 · 반탁 논쟁에 이어 실력행사가 벌어졌고, 1946년 6월 3일 남한만의 단독정부 수립을 공식적으로 주장하는 이승만의 정읍 발언이 있었다.

7월 25일에는 김규식(金奎植, 1881~1950), 여운형, 안재홍(安在鴻, 1891~1965) 등 중도파에 의해 좌우합작위원회가 발족되었다. 비슷한 시기에 우익의 전국학생총연맹(학련)이 결성되었으며, 9월 7일에는 박헌영의 체포령이 내려지고, 9월 노동자 총파업에 이어 10월 1일 대구항쟁이 경상도 일원으로 확산되었다. 11월 23일에는 좌익 세력의 통합으로 남조선노동당(남로당)이 결성되고, 12월 12일에는 미군정청 산하에 남조선 과도입법의원이 설치되었다.

격동하는 시대에 남다르게 사회의식이 강했던 소년 박현채는 학교 공부보다 조직 활동에 전력을 쏟았다. 그는 중학생이었지만 대학생과 유사한 수준의 활동을 하면서 비슷한 성향의 친구들과 어울렸다. 학교 성적은 별로 좋지 않았는데 '76점 수준'의 중상(中上) 정도였다.

이 시기에 박현채는 마르크스의 『자본론』을 읽고 헤겔의 변증법 이론을 꿰고 있으면서 어려운 질문을 해서 교사들을 당혹스럽게 했다. 친구들이 삼단논법을 몰랐던 시절에 박현채는 교사나 친구들에게 삼단논법을 구사하여 자기 발언의 정당성을 논리적으로 입증하려 들었다. 그는 "고(故)로 결론은 이렇다"고 말하고는 했는데 그가 '고로'를 너무 빈번하게 써서 학우들 사이에 '박고로'란 별명이 붙었다.[11]

이 시기 박현채에게는 조직의 관리 활동이 중심이었고 학업은 부차적인 것이었다. 공부를 열심히 하지 않았고, 하지 않아도 기본은 유지할 수 있었다. 하지만 조직이 와해되면서 부담은 늘어만 갔다. 3학년 교위(광주서중학교위원회)가 해체되면서 이 조직까지 맡아야 했고, 학교는 그다지 잘 나가지 않았다. 꿈자리가 나쁘거나 하면 결석하기 일쑤였고, 여러 학생들에게 이런 분위기가 번져 나갔다.[12]

박현채가 조직 활동에 투신하고 있을 때 여운형이 피살되고(1947년 7월 19일), 장덕수(張德秀, 1895~1947)도 암살되었다(12월 2일). 김구가 단정 수립에 반대하여 「삼천만 동포에 읍소함」이라는 통절한 성명을 발표하고(1948년 2월 10일) 남북협상을 제의했다. 1948년 단독정부(단정) 세력은 5·10 총선으로 국회를 구성하고, 8월 15일 이승만 정부가 수립되었다. 제주에서 단선·단정 수립을 반대하여 4·3항쟁이 발발하고, 10월에는 전남 여수에 주둔한 국군 제14연대에서 반란이 일어났다.

이승만 정부가 제주 4·3항쟁을 진압하기 위해 제14연대를 제주도에 급파하기로 하자 지창수, 김지회 등 좌익계 군인들이 출동을 거부하면서 반란을 일으켰다. 반군은 여수, 순천 일대를 장악하면서 정부군과 대치했다. 정부는 이 지역에 계엄령을 선포하고 미군사고문단의 지원 아래 진압작전에 나서 여수, 순천을 차례로 수복했으나 이 과정에서 많은 민간인의 희생이 뒤따랐다. 반란군은 지리산 일대로 들어가 유격대로 전환, 본격적인 유격 활동을 전개했다. 박현채에게 여순 사건은 생애를 두고 자신을 괴롭혀온 이념적·사상적 활동의 장벽이 되었다. 그리고 '소년 빨치산'의 계기가 되기도 했다.

1948년의 여순 반란은 나의 생활에 큰 타격을 주었다. 여순 반란은 우리와 아무런 관련이 없었음에도 불구하고 우익에 의한 큰 반동을 구체화시켰다. 우리에게서는 A조에서 조직이 학련에게 폭로되어 박정재와 최은주가 징역 2년을 복역하게 되는 사건이 생긴다.[13]

© Carl Mydans

여순 사건은 해방 정국의 소용돌이 속에서 좌·우익의 대립으로 빚어진 민족사의 비극적 사건
이다. 사진은 『라이프』지의 사진기자 칼 마이던스(Carl Mydans)가 촬영한 것으로, 진압군 병사
들이 반란군 혐의자들을 행진시키고 있는 모습이다.

이 무렵 박현채는 자신의 진로 문제를 상의하기 위해 2개월 동안 학교를 다니지 않고 목포로 내려가 아버지와 함께 지냈다. 그러던 중 광주서중 교감이던 아버지의 후배로부터 교내에 몰아닥쳤던 정치적 긴장이 사그라졌으니 학교로 돌아오는 게 좋겠다는 편지를 받고, 다시 광주로 올라와 학교에 다니게 되었다. 하지만 이철승(李哲承, 1922~)이 결성을 주도한 학련의 테러는 광주서중에서도 여전히 자행되고 있었고, 박현채 역시 시련을 겪었다. 그는 학련의 고발로 경찰에 몇 번 잡혀갔고, 1950년 봄에는 학련에 잡혀 대인동 학련 본부로 끌려가 두들겨 맞은 적도 있었다. 그런데 이때 학련의 감찰부장 임병성이 들어와 자신들의 투쟁에 대한 정당성을 토론할 필요가 있다고 문제제기를 하면서 박현채는 그와 토론을 벌였다. 그날 논의 끝에 임병성은 박현채의 견해 중 일부를 받아들이면서 박현채와 의형제를 맺었고, 광주서중의 학련 사람들을 모두 모아놓은 후 이 사실을 밝히면서 누구도 박현채를 건들지 말라며 한국전쟁이 일어날 때까지 박현채를 보호해주었다.[14]

오늘날의 관점에서 보면 중학생이 사회의식으로 무장하여 갈등과 분쟁을 겪고 투쟁해나가는 상황은 납득하기 어려운 대목이다. 하지만 해방 이후 혼란스러운 시기를 겪은 청소년들은 '방황하는 세대'로서 성인 사회의 축소판처럼 이념 및 정치노선을 견주어야 했다. 이는 식민지 시기를 거친 후 해방공간에서 이념 투쟁과 좌우 대립을 겪어온 이들에게는 필연적인 현상이기도 했다. 평소라면 겪기 어려운 일들을 이 시기의 10대들은 이미 지켜보거나 겪었다. 게다가 박현채는 이데올로기적인 가족사까지 겹치다 보니 동년배들보다 훨씬 앞서가는 '소년 투사'가 되었다.

박현채가 17살 되는 1950년 한국전쟁이 발발했다. 미·소의 군대가 각각 남과 북에 진주하고, 양쪽에 분단정부가 수립되면서 전쟁은 이미 잉태되고 있었던 셈이다. 김구는 분단정부수립론이 제기될 때 동족상쟁을 우려하면서 남북협상론을 제기하고 협상을 위해 북행길에 올랐다. 하지만 이 같은 시도는 무위에 그치고 6월 25일 새벽 북한 인민군의 남침으로 한반도는 해방 5년 만에 전란에 휩싸이게 되었다. 수백만 명의 희생을 가져오고 많은 사람의 운명이 뒤바뀌는 갈림길이 되었다. 박현채도 그중 하나였다.

2장

프롤레타리아를 꿈꾸던
청년 박현채

17세 소년,
빨치산 되다

'빨치산'은 한국 현대사의 금기어 중 하나로 좌익 · 용공 · 친북 · 종
북 등 좌파를 매도하는 용어 가운데 으뜸일 것이다. 일제강점기 항
일 투쟁에서의 '빨치산'은 한국전쟁기의 '빨치산' 활동 때문에 덩달
아 매도되거나 같은 부류로 인식되었다. 외래어에서 비롯되긴 했지
만 무장항일운동의 한 맥을 차지했던 '빨치산'이 소중한 우리말인
'인민', '동무' 등과 함께 부정적인 용어로 낙인찍힌 것은 참으로 안
타까운 일이다.

　당원이나 동지, 당파 등을 의미하는 프랑스어 'Parti'가 어원인 빨
치산(Partisan)은 비정규직 유격대를 칭하는 용어로, 군사적으로는 비
정규전에 종사하는 게릴라(Guerilla)와 비슷한 개념이다. 나치 독일이
프랑스를 점령한 후 비시 정권이 수립되었을 때 프랑스 국민들이 독
일군 징용을 피해 산으로 들어가 나치에 저항하면서 알려졌다. 일반

적으로 게릴라전은 점령 지역 또는 한 국가 내부에서 무장한 주민 또는 정규군 요원에 의해 직간접으로 불규칙하게 수행되는 군사 활동을 의미한다. 이에 비해 사회주의 혁명운동 과정에서 유력한 전술로 채택되어온 빨치산 운동은 적(외세)의 점령지에서 조국의 자유와 사회 변혁을 위해 지역 주민들이 자발적으로 조직한 무장유격 활동으로 군사 활동뿐만 아니라 태업·공장 파괴·선전 선동까지 포함하는 개념이며, 특히 비정규성과 정치적인 성격이 강조되었다.[1]

한국인의 빨치산 활동으로는 1930년대 중국 동북 지역의 무장항일 투쟁이 꼽힌다. 국제적으로는 1917년 볼셰비키혁명 이후 러시아 내전 당시의 적군(赤軍) 빨치산, 1920년 일본군의 시베리아 출병에 저항한 연해주 지역의 항일 빨치산, 마오쩌둥(毛澤東, 1893~1976)이 장제스(蔣介石, 1887~1975) 국부군과 싸운 유격 빨치산이 대표적이다. 해방 뒤 남한의 빨치산 투쟁은 한국전쟁을 전후해 전개되었다. 수만 명이 참여하고 많은 희생자를 낸 한국 현대사의 아픈 대목 중 하나다. 하지만 대부분 좌익 계열의 활동을 벌인지라 연구나 조명이 제대로 되지 않고 있는 실정이다.

한국전쟁을 전후한 시기의 빨치산 활동은 정부 수립기부터 전쟁 기간에 걸쳐 격렬하게 전개되었다. 미군정 시기에도 민중의 봉기와 크고 작은 소요가 줄을 이었지만, 남북한에 각각 단독정부가 수립된 이후 정치적 갈등과 대립, 사회경제적 모순은 더욱 심화되었다. 여순 사건에서 시작된 빨치산 활동은 개전 후 남진했던 인민군이 후퇴하면서 전쟁 이전보다 더욱 확장된 형태로 전개되었으며, 전남북·경남북·강원 일대의 산악 지역을 중심으로 빨치산 활동은 주전선 후방에서 벌어지는 '또 하나의 전선'으로 휴전 이후에도 그 활동이 완전히 종료되지 않았다.[2]

빨치산의 호칭은 주체별로 다르게 불렀다. 한국전쟁 전후에 무장 유격 활동을 전개한 당사자들은 스스로를 '빨치산' 또는 '인민유격대'로 인식했고, 지역 주민들은 이들을 '산사람'이라 불렀으며, 군경과 관변에서는 '반도(叛徒)', '공비(共匪)'로 불렀다. 미국은 '폭도(暴徒)', '반도', '게릴라', '빨치산' 등으로 기록했다. 여기서는 빨치산으로 통일하여 사용하기로 한다.

박현채는 한국전쟁이 발발한 지 얼마 지나지 않은 1950년 10월 자발적으로 입산하여 빨치산 광주 지구 부대원이 된다. 17살의 소년 빨치산이 되어 2년여 동안 활동하고도 용케 살아남았지만, 그는 이로 인해 평생 이마에 좌파의 낙인이 찍힌 채 살아가게 된다. 박현채는 회고록에서 자신의 빨치산 입산과 활동, 하산 과정을 남겼다. 또한 작가 조정래(趙廷來, 1943~)는 대하소설 『태백산맥』의 10권에서 그의 빨치산 활동을 모델 삼아 '소년 전사' 조원제를 그려냈다. 조정래는 박현채와 지리산, 백아산 등 그의 활동 무대를 동행하여 취재한 후 현실감 넘치는 문장으로 '소년 전사'를 묘사했다.

박현채 부분이 나올 때마다 저는 진땀을 흘리며, 당사자에게 검토받게 될 글쓰기가 얼마나 어려운 것인가를 새롭게 절감하고 있었습니다. 그리고 어느 순간에는 그런 설정을 했던 것을 문득 후회하기도 했습니다.

1950년대 후반 빨치산 활동무대 중 한 곳이었던 백아산에서 기념 촬영. 오른쪽이 박현채다.

"허허, 글재주라는 것이 참 묘헌 것이여. 나가 나오는 대목대목이 모두 가슴이 퉁게퉁게 힘시로 첨 듣는 이약 같드랑께로."

소설을 다 읽은 선생이 한 말이었습니다. 그보다 더 크게 후배를 칭찬하는 말은 없을 것입니다. 저는 비로소 소설을 다 쓴 해방감을 맛볼 수 있었습니다.[3]

박현채가 어린 나이에 입산을 결심한 것은, 광주서중의 대표적인 활동가였기에 계속 광주에 남아 있으면 우익들에 의해 위태로워질 수 있다고 판단했기 때문이다.[4] 박현채와 수창국민학교 동창인 김희중은 다음과 같이 증언했다.

[박현채의―필자] 어머니가 뭐라고 하냐면, 여기 있어도 죽고, 가서도 죽

으니까, 그때 50년 10월 무렵에는 빨갱이라고 하면 총 쏴서 죽여버리면 그걸로 끝나버리는 세상이었으니까요. 이렇게 시골 같은 데에서 그랬으니까, 여기 있어도 죽고 가도 죽으니까 차라리 너 하고 싶은 대로 하라. 그래서 "그럼 어머니 나 가겠습니다" 하고, 처음으로 내가 철이 들어서 한 말이, 철이 들어서 처음으로 어머니한테 무릎 꿇고 절을 하고 갔다고, 그 말을 들었어요.[5]

박현채는 외가 친척들을 통해 루트를 파악한 후 입산을 결행했다. 그렇다고 박현채의 입산 동기가 정치 보복을 피하기 위해서만은 아니었던 것 같다. 그는 중학 시절부터 착취와 억압이 없는 세상을 만들기 위해 학습하고 실천해왔다. 그러던 중 전쟁이 일어나고 이념 갈등이 불거지자 입산을 택한 것이다.

이제부터는 그의 육성을 통해 빨치산 2년여의 행적을 본격적으로 살펴보자.

1950년 9월 29일 아침, 23명의 동료 학생들이 노령산맥 언저리의 도로가에 모였다. 그들은 각자 갖고 있는 각종 증명서와 서류들을 한데 모으고 거기에 국기 등 깃발을 모았다. 그리고 불을 질렀다. 누가 시작했는지 모르게 목소리로 국가가 불렸다. 노래는 점점 커지면서 오열로 변해갔다.

1950년 9월 28일, 인민군의 전면 철수와 함께 우리는 학교 단위로 1개 소대를 편성, 철수를 준비했다. 우리는 학교를 떠나 광주사범학교로 집결하여 최후 비상선에 대해 논의했고 약간씩 자금이 배분되었다.

최후 비상선은 춘천이었으며, 임시편제이기는 하지만 편성은 소대편제로 되었고, 노령산맥을 통한 정읍으로의 철수가 시달되었다.

여름 반소매에 반바지를 입은 우리의 철수 준비는 9월 말이라는 가을 날씨에 비추어 그다지 충분한 것은 아니었다. 담양에서 저녁 급식을 받았고, 저녁이 되어 집단적으로 국도를 거쳐 철수가 시작되었다. 늦저녁 추위가 엄습했고, 먹을 것 없는 우리의 행군은 초라했다. 철수를 위해 모인 수백 명의 대원들은 추위와 굶주림에 떨었다. 그러나 우리는 굶주림과 추위 속에서도 주변에 즐비한 농작물 가운데서 겨우 익은 벼의 낟알에도 손을 대지 못하도록 규제와 자제를 했다. 일부 조급하고 미숙한 친구들이 밭작물에 손을 대는 경우도 있었으나, 이러한 행위는 모두에게 자율적 규제의 대상이었고, 공공연히 큰 규모로 행해지는 것은 아니었다. 그러나 저녁이 깊어지면서 추위와 굶주림은 더해갔고, 여기에서 벗어나기 위한 행동을 점지하고 있었다.

우리는 행군을 계속했다. 그러나 발걸음은 점점 더디어갔으며 그간에 전차 캐터필러(무한궤도—필자)의 굉음이 우리를 가로막기 시작했다. 거의 새벽이 되어 여명이 우리 앞을 밝혔을 때, 전차의 굉음 소리 속에서 정읍 함락의 소식이 전해졌다. 우리는 모여서 소지품을 처리한 후에 상급생인 5~6학년은 적진을 뚫고 월북할 것을 결의했고, 어린 소년들인 4학년과 조직의 신규 참여자 등은 집으로의 귀환이 결의되었다.[6]

당시 중학교는 6년제로, 여기서 말하는 '5~6학년'은 지금의 고등학교 2~3학년에 해당한다. 대표적인 빨치산이자 남부군 총사령관이었던 이현상(李鉉相, 1905~1953)을 사살한 것으로 알려진 빨치산 토벌대장 차일혁은 뒷날 다음과 같은 글을 남겼다.

새벽부터 들판에서 일하는
농부가 공산주의가 무엇인지
민주주의가 무엇인지를 알겠습니까?
전투에서 죽은
수많은 군경과
빨치산들에게 물었을 때
민주주의를 위해서
혹은 공산주의를 위해서 목숨 바쳤다고
대답할 자가
몇이나 되겠습니까?[7]

박현채가 입산한 것은 광주서중 3학년 때였다. 앞의 기록으로 보아 중학교 상급생들도 빨치산 부대에 참여했던 것 같다. 이들의 선택은 과연 민주주의나 공산주의 이념에 따른 것이었을까, 아니면 시대 상황과 가족, 학교, 마을의 분위기 때문이었을까는 여전히 의문으로 남는다.

나(박현채—필자)는 집으로 그냥 돌아갈 수 없다고 생각했다. 고향(화순—필자)으로 가거나, 아니면 안이한 낭만적인 생각이지만 곡성에 있는 도림사로 가서 중이 되는 것이 그때의 상황에서 선택할 수 있는 최선의 길이라고 생각하고 있었다.

다시 담양으로 돌아가고 있을 때, 한 떼의 인민군과 민간인의 철수 집단을 만났다. 철수 집단 중에는 세 사람의 민간인이 있었는데, 한 사람은 수창국민학교의 선생님이었고, 그것에 따라가는 의용군 모습의 한 소녀가 있었는데, 그는 나의 수창국민학교 여학생 동기이고, 나이 먹은 비무장의 민간인은 박태남이라고 하는 의용군 후방사령이라고 했다.

동기인 여자 의용군은 우리를 비난하기 시작했다. 남자 새끼들이 총소리 몇 방에 떨어 북으로 가는 것을 포기했다는 것이다. 일단 가기로 마음먹었으면 모든 시련을 무릅쓰고 최선을 다하는 것이 조직원의 정상적인 태도임에도 불구하고 쉽사리 그것을 포기하고 되돌아가고 있는 것은 투항의 의사가 있다는 것이었다.

그 소녀의 이야기는 우리를 흥분시켰고 분격케 하여 모두들 북을 향한 철수의 길을 다시 되돌아가게 했다.[8]

목숨을 내설지언정
그 길을 가야겠으니

소년 빨치산들은 노령산맥을 넘어 담양 순창간 국도변에 있는 한 농가에서 밥을 시켜 먹은 뒤 옥과로 가기 위해 산을 넘었다. 그사이 눈이 많이 내려 산은 온통 설산으로 변해 있었다. 부대가 목적지를 광주 무등산 보을로 정하고 행진을 계속할 때 박현채는 중대한 결단을 했다. 보을로 가기 전에 담양 창평에 피난 중인 부모님을 만나기로 한 것이다.

나(박현채—필자)는 동지들에게 이 뜻을 전하고 40리 광주 쪽으로 더 가야 하는 창평에 가서 부모를 뵙고 2, 3일 후에 보을에서 다시 만날 것을 기약하고 친구들과 헤어졌다.

약간의 식량과 단도 하나를 소지품으로 하는 혼자만의 창평행은 당시 상황에서는 지극히 비장한 것이기도 했다. 내가 가진 단도는 외삼촌한테 얻은 것이었다. 나는 창평까지 무사히 혼자 갈 수 있었다. 대덕을 거치기는 했으나 창평에 이르렀을 때, 어머니는 광주로 들어가신 뒤였고 아버지만 남아 계셨다. 아버지는 고모부 동생 집에 혼자 계셨다. 아버지와 나는 서로가 처한 상황을 이야기하면서 내일을 계획했다. 아버지는 광주에 들어가시고, 나는 당분간 길이 트이는 대로 고향이나 보을로 가기로 합의를 보았다. 그러나 그다음 날 경찰부대가 창평에 들어와 주둔했으므로 나는 창평을 떠날 수 없었다. 아버지는 그다음 날 바로 광주로 떠나셨다.

경찰은 그 뒤 5, 6일이 지나서 점령지 확대를 위한다는 명목으로 다른 지역으로 이동했다. 경찰이 떠난 바로 그다음 날 나는 고모부 누님의 길 안내로 고향으로 떠났다.[9]

이후 박현채가 외가 작은할아버지 댁에 도착했을 때 어머니가 찾아오셨다. 세상의 모든 어머니들처럼 박현채의 어머니도 아들이 고생 없이 평탄하게 공부하면서 살아가기를 바랐다. 박현채는 어머니에게, 원칙을 지키는 것이 올바른 삶을 영위하는 사람의 입장이라며 자신의 상황을 설명했다. 그리고 자신은 맹목적으로 주어진 것을 따르는 게 아니라 역사를 보는 자기 신념에 입각해 지켜야 할 올바른 길을 선택했다고 밝혔다. 옳다고 생각하는 길을 스스로 가지 못할 때 삶의 의미는 사라질 것이므로, 목숨을 내걸지언정 이 길을 가야겠다는 것이 박현채의 생각이었던 것이다. 결국 그의 어머니는 이런 아들의 주장을 인정해주었다.

하지만 며칠 지나지 않아 동복면 독상리 지방자치대의 검문으로 박현채는 어머니와 함께 체포되어 동복면당까지 연행되었다. 이들을 연행한 독상리 지위대장은 외할머니의 소작인이었던 뱀장사였다. 면당에 가서 보니 상당수가 아는 사람들이었고, 특히 아저씨뻘 되는 오지호가 있어 그들에게 큰 힘이 되었다. 박현채는 자신이 몸을 피한 게 밝혀진 만큼 면당이 자신의 안전을 보장해야 하고, 이를 위해 다른 지역으로의 이동이나 입산을 도와달라고 요구했다. 면당에서는 최선을 다하겠다고 했고, 박현채는 어머니와 함께 다시 작은 할아버지 댁으로 돌아왔다.[10]

어머니의 만류에도 불구하고 박현채는 신념을 굽히지 않은 채 다시 입산을 결행한다. 빨치산 부대에 합류하여 처음에는 지구정보과 분트(bund, 공산주의자 동맹이나 연합 등을 뜻하는 독일어)에서 안팎의 동향을 파악하며 지냈다. 부대가 비무장으로 백아산 지역을 헤매고 있을 때는 군경의 추적을 받아 위기를 겪기도 했다. 이후 부대가 재편되어 광주 지구 부대원으로 편입되었고, 후방부 연락병으로도 차출되었다. 연락병 시절, 참모부에 갔다가 광주서중 교장이었던 박준옥을 만나기도 했다. 그가 요원으로 데리고 있던 제자 김장호가 투항하면서 참모부에 소환된 것이었다. 연락병으로 지낸 지 한 달 가까이 지나서 박현채는 돌격중대로 발탁되어 문화부 중대장으로 임명된다.

소년들로 구성된
돌격중대 문화부 중대장 생활

우리 부대에 돌격중대라는 소년보위중대가 조직되었다. 20세 미만의 소년들을 기간으로 조직된 이 부대는 이미 조직되어 있었던 따발 · 강철 · 폭탄중대와 함께 540지구 부대 기동대의 한 구성이 되는 것이었다. 나는 독립중대의 문화부 중대장으로 임명되었다. 독립중대의 중대장은 화순중학교 6학년인 김안근이 되었고, 대원들은 약 30명을 약간 넘어서는 수였다. 설건방진 일부 서울내기 의용군 출신을 제외하고는 대원들은 순진한 농민 출신이었다.[11]

20세 미만의 소년들을 주축으로 조직된 돌격중대 문화부 중대장에 임명된 박현채는 먼저 문맹 퇴치에 나서 대원들에게 한글을 가르쳤다. 글을 모르고서는 유능한 빨치산이 될 수 없다는 이유에서였다. 한 달여 만에 대원들 대부분이 한글을 해독하게 되자, 다음으로는 교양교육을 시켰다. 박현채 혼자만의 힘으로는 한계가 있었으므로 상부의 지원을 받았는데, 이는 박현채에게도 좋은 조건을 마련해주었다. 광주서중의 스승이자 부대의 정치부 출판국장이던 박준옥이 여러모로 박현채를 도와주었다. 그는 여러 교재를 제공해주면서 시간 날 때마다 부대에 와서 지도를 해주어서 중대의 교양 활동에 도움을 주었다. 그 덕분에 부대의 정치적 수준은 비약적으로 높아졌고, 효율적으로 부대가 장악되었다. 1951년에 재귀열(풍토병)이 돌았는데, 박현채의 중대에서 단 한 사람의 환자도 발생하지 않은 것은

바로 이 때문이었다. 이렇게 빨치산 간부로서 그의 삶은 순조롭게 시작되었다.[12]

이때 박현채는 얼굴이 하얗고 풍채가 좋았으며 하얀 장갑을 끼고 권총을 차고 다녔는데, 이런 그의 모습은 여러 사람의 시선을 끌기에 충분했다. 그는 늘 '공부는 끝까지 해야 한다', '우리 민족은 반드시 하나로 뭉쳐야 한다', '우리가 해결할 최우선 과제는 경제 문제다', '싸우면 반드시 이겨야 하고, 공격하면 반드시 얻어야 한다' 등을 강조했다.[13]

특출한 능력과 수려한 외모로 박현채는 부대에서 인정을 받았다. 동료 김경추는 박현채가 나이는 어렸어도 워낙 영리하고 이론이 정연했기 때문에 대원들뿐만 아니라 당간부들까지 정신교육이나 사상교육을 시켰다고 증언한 바 있다. 박현채는 김경추에게도 소양교육을 받으라고 제안했는데, 김경추는 '여기까지 와서 뭘 또 배우나'라고 생각하며 도망갔다고 한다. 또렷한 말투나 음성 덕분에 총재아(총대장―필자)도 박현채를 총애했고 여성 동무들도 많이 따랐다고 한다.[14]

당시에 박현채는 부대에서 소 잡는 기술을 배운 후 농가에서 끌어온 보급용 소를 잡아 부대원들에게 보급하곤 했다. 소의 쓸개나 어쩌다가 나오는 우황을 모아 중상 환자들에게 주었다. 대원들의 표정에서는 불만이 엿보였지만, 중상자에게 주는 것을 내놓고 불평하지는 않았다.[15]

1951년 1월 초에는 백아산에서 무등산으로 이동하는 대행군이 강행되었다. 하지만 국군 20연대의 공격으로 백아산으로 되돌아온 후, 1월 중순에 곡성군 겸면으로 보급 투쟁을 갔다가 인민군의 서울 점령 소식을 듣게 된다. 이들은 마을에서 소를 몇 마리 보급해다가 잡은 후 대규모의 축하 오락회를 열었다. 오락회에 참여한 전 대원들과 한 잔씩 술을 나눠 마시고, 그다음에는 자유롭게 음주를 즐겼다. 박현채 역시 술을 많이 마셨다. 하지만 그날 심야에 소집 명령이 떨어지자 부대원들은 발걸음을 옮겨 화순군 북면 서유리로 이동했다.

박현채가 속한 부대는 서유리에서 광주를 정찰하며 광주 진격을 준비했다. 대원들은 앞 다투며 이 전투에 나서기를 지원했다. 전투에 참가하면 광주에서 죽게 될 가능성이 컸다. 박현채는 자신이 활동했던 광주에서 죽게 될 경우 시신을 알아볼 사람들이 많고, 정치 투쟁 과정에서 자신에게 관심을 가졌던 학교 동료들에게 부정적인 영향을 미칠까봐 걱정이 되었다. 또한 부모님이 시신을 확인하지 못함으로써 자신의 생존에 대한 기대를 저버리지 않기를 바랐다. 따라서 최소한 광주에서만큼은 죽음을 맞지 않아야겠다는 현실적인 생각을 하게 되었다. 박현채는 이를 투쟁에 참여할 때의 원칙으로 삼았고, 유격 투쟁이 격화되는 가운데에서도 이 원칙을 견지했다.[16]

한편 박현채가 있던 돌격중대는 1951년 3월경에 해체되었다. 그는 지구사령관 보위병에 임명되었으나 곧 해임되어 대대 정치부 대기로 원상 복귀했다. 한동안 소속 없이 보급 투쟁에 참여하다가 낙오되어, 여러 날 갖은 고비를 겪다가 부대에 합류하기도 했다. 얼마 뒤 박현채는 1대대 정치지도원 겸 연대 부정치위원으로 뽑혔다. 문화부 중대장으로서의 활동을 높이 평가받은 것이었다.

현전하는 빨치산 관련 사진 자료들은 대개 체포 이후 촬영된 것들이다. 위는 충남 연기군에서, 아래는 오대산에서 체포된 빨치산들의 모습. 두 사진 모두 1950년에 촬영되었다.

원칙은 반드시 지켜야 하는 대꼬챙이

박현채는 부대에서 점차 인정을 받고 있었지만, 빨치산으로서는 상당히 어려운 시기였다. 빨치산은 존립을 위협받고 있었고, 대열의 동요도 심한 상태였다. 이 시기에 대열을 이탈하거나 자수하는 사람들이 가장 많았는데, 어떤 이는 낮에 자는 박현채를 굳이 깨워 이발을 해주고는 밤에 자수하기도 했다.[17]

1951년 여름, 박현채의 부대는 화순 이서면과 화순면의 둠벙재로 옮겨왔다. 이때 화순경찰서 기동대의 공격으로 후퇴하면서 박현채는 부대 지휘권을 인계받았다. 그는 지휘관으로서 대원들의 안전을 위해 탈출로를 모색했으나 사방이 막힌 상태였다. 하지만 결사대를 조직해 활로를 뚫어 무사히 목적지로 이동할 수 있었다.

둠벙재에서의 싸움은 우리에게 중요한 교훈을 주었고 나에게는 최초로 화선당회의 운용이라는 중요한 경험을 주는 것이었다. 화선당회의는 부대가 위기에 처했을 때 당 일꾼이 긴급한 상황에서 조선노동당의 이름으로 변칙적으로 운영하는 것이다. 이 시기에 당 세포위원장은 절대적인 권한을 행사했으며, 당 일꾼이 당을 운영한 후 사후에 추인하는 비정상적인 긴급한 시기의 당 운영방식이었다. 그와 같은 비정상적인 상태에서 당 운영방식으로서 주어진 것이 세포위원장에 의한 입당 허용권이다. 화선당회의에서 세포위원장의 권한은 절대적이다.[18]

박현채는 부대에서 정치위원들이 관료적 작풍에 물들지 않게 하기 위해 노력했다. 그는 막중한 자리를 맡은 이후 새로운 규칙을 만들어야 한다고 생각했다. 사업의 집행 과정에서 사적 소유물을 갖지 않았고, 윗사람이나 아랫사람을 대할 때에도 직위와 관련된 관계를 맺지 않으려 했다. 빨치산으로 활동했던 기간에 박현채가 사적으로 취한 것이라곤 총상 치료제인 니라마이트 한 봉지뿐이었다는 점이 이를 입증한다. 빨치산이 합법적으로 활동했던 시기에 속화된 몇몇 정치위원들에게 박현채의 태도는 무례하게 비쳐졌을 것이다.

그러다가 그는 1951년 8월 4일 차일봉 전투에서 총탄을 맞고 쓰러졌다. 좌측 갈비뼈 밑에 관통상을 입었지만 기적적으로 살아남을 수 있었다. 총탄이 지폐가 든 호주머니를 맞힌 덕분이었다. 입산할 때 어머니가 비상시에 사용하라고 준 지폐 뭉치가 실탄을 막아서 다행히 목숨은 건질 수 있었다.

박현채는 부대에서 '대꼬챙이'라는 별명으로 불렸다. 일상생활과 전투 준비 등에서 원칙을 주장하면서 그에 걸맞게 행동했기 때문이다. 그가 연락병으로 활동하는 것을 아까워한 간부들은 20세 이상이 되어야 조선노동당에 가입할 수 있었지만 이를 무시하고 18세인 그를 입당시키려 한 적이 있다. 하지만 박현채는 원칙론을 들어 간부들을 무안하게 했다. 그 자신은 '대꼬챙이'라는 별명을 영광스럽게 여겼다. 전투에서 총탄을 맞은 것도 원칙을 주장한 탓이었다.

구사일생으로 생명을 건진 박현채는 두 달간 병원에 있다가 복부의 상처가 다 아물지 않았음에도 퇴원을 결정했다. 부대에 가보니 많은 동지들이 불귀(不歸)의 객(客)이 되어 있었다. 박현채는 연대장이었던 이태식의 배려로 연대본부에서 의식(衣食)을 해결했다. 그는 이태식의 음식을 먹고, 박현채의 급식은 이태식이 대신 배당받아 먹는 관계가 시작되었다. 이후 몸이 완치되면서 박현채는 다시 부대로 배치되었다. 일단 1대대 조선민주청년동맹 지도원이 되었다가 나중에 2중대 문화부 지도원으로 정상적인 복귀를 한다.

그런데 일제강점기 만주에서, 그리고 해방 뒤 남한에서 벌어진 빨치산 투쟁이 성공하지 못한 데에는 겨울철의 혹한을 그 원인 중 하나로 들 수 있다. 베트남의 호치민, 쿠바의 체 게바라, 그리고 중남미 6개국의 해방자 시몬 볼리바르가 성공할 수 있었던 것은, 이들의 탁월한 전략 · 전술 탓도 있지만 열대지방의 특수성을 잘 이용했기 때문이기도 하다.

빨치산들은 1950년 겨울에는 산간에 있던 인민들의 가옥에서 머물렀지만, 그다음 해 겨울에는 군경의 공세 때문에 길가에 무작정 잠자리를 마련하거나 산골짜기의 아지트에서 불을 피우며 잠을 잤다. 한번은 무등산 뒤 도로가를 이동하다가 소나무가 있는 황무지에서 머물러야 했다. 담요를 한 장씩 소지하고 있었기에 몇 사람이 한 조가 되어 한 장은 깔고 몇 장은 같이 덮으며 잤다고 한다. 밤에 자다가 일어나 보면 모두들 눈을 감고 있고 서 있는 것은 나무 밑에 있는 보초뿐이었다. 이런 잠자리에서 중간에 깨었다가 다시 잠드는 것은 상당히 고통스러운 일이었는데, 이런 고통을 못 이기고 몇 사람이 투항을 하기도 했으니 그 상황을 짐작할 만하다. 빨치산 부대들은 1952년 겨울에 들어서면서부터 고정 아지트에 정착하게 된다.

보급의 경우, 초기에는 후방 부대에서 배급하는 식이었으나 이후에는 부락에 할당된 현물세에 의존했고 결국 전 성원이 자체 조달하는 방식으로 바뀌었다. 비생산적인 전투 일정이 계속되면서 보급 투쟁은 지속해서 해야 할 활동이 되어버렸다. 날마다 계속되는 보급투쟁에 부대원들은 자기 힘이 더 따라주지 못함을 한탄했다.[19]

박현채의 부대는 1952년 2월 11일 수양산 전투를 성공적으로 마친 후, 군경의 토벌작전에 대비하여 부대를 재편성했다. 이 개편에서 그는 광주소조의 정치 책임자로 임명되어 광주 지역에서 투쟁할 것을 명령받았다. 하지만 박현채는 앞서 언급했던, 광주에서의 활동을 피하려는 원칙을 피력하며 사령에게 이의를 제기했다. 갑론을박 끝에 박현채의 문제제기가 받아들여지지는 않았지만, 그 덕분에 그는 목숨을 건질 수 있었다. 박현채가 가고 싶어했던 부대가 이후 거의 전멸했던 것이다.[20]

임무 수행 도중
경찰에 체포되다

박현채가 신병으로 인해 마무리하지 못한 회고록은 여기까지만 기술되어 있다. 이후 그는 1952년 8월 4일 화순 경찰에 의해 체포되었다. 『태백산맥』에서 박현채를 모델로 조원제라는 소년 전사를 그려낸 조정래는, 조원제가 체포되는 과정을 다음과 같이 서술한다.

"꼼짝 말엇!" 방문이 박살 나며 구둣발이 뛰어들었다. "어!" 조원제와 또 한 사람이 숟가락을 내동댕이치며 총으로 손을 뻗치려는 순간 눈앞에 총구멍이 들이닥쳤다. "꼼짝 말고 손 들엇!" 경찰은 소리치며 조원제 옆에 놓인 총을 구둣발로 밀어 찼다. 총은 방구석으로 쭈루룩 밀려갔다. '속았구나. 허망한디!' 조원제의 머리를 친 생각이었다.

그의 입에는 밥이 가득 물려 있었다. "싸게 손들엇!" 다른 경찰이 조원제 옆 사람의 총을 걷어차며 소리쳤다. 조원제와 옆 사람의 눈이 순간적으로 마주쳤다. 그리고 두 사람은 천천히 팔을 들어올렸다. 조원제는 선요원도 속았다는 것을 직감했다. "싸게싸게 일어낫!" 조원제를 겨누고 있는 경찰이 총구를 휘둘렀다.[21]

박현채와 함께 체포된 장기형(가명)은 뒷날 박현채의 하산 및 체포와 관련해 색다른 견해를 밝혔다. 당에서 그의 능력을 아낀지라 일부러 그를 내려보냈다는 것이다. 간부들은 영리한 박현채가 산에서 죽기에는 아깝다고 판단했고, 그가 장기형과 가깝다는 것을 알고는 장기형을 따라 하산하라고 명령했다고 한다. 그런데 장기형의 친척들이 화순경찰서에 이들이 내려올 것을 미리 알려준 탓에 박현채는 결국 체포되었다. 장기형의 가족들은 빨치산 대장인 박현채를 잡도록 경찰을 도와주면 장기형을 살려줄 거라고 생각했던 것이다.[22]

이렇게 박현채는 부대를 떠나 8월 5일에 실시될 정·부통령 선거를 저지하기 위한 투쟁에 필요한 물건을 조달하려다가 체포되었다. 아무런 일도 시작해보지 못한 채 침투하자마자 붙잡힌 것이다. 거점책이 이중첩자였음을 알아채지 못했다는 것은 어처구니가 없지만,

이를 통해 그간 빨치산 조직의 물이 새고 있었다는 것을 실감해야 했다.

장기형의 증언에 의하면, 박현채가 자신을 따라오지 않았으면 산속에서 죽었을 것이라고 한다. 가족들의 공작으로 경찰에 붙잡히긴 했지만, 결국 그 때문에 살 수 있었다는 것이다.

박현채가 검거되자 온 가족이 총동원되어 그의 구명에 나섰다. 탄원서를 돌리고, 경찰에게 굴욕을 당하면서까지 아들을 살려내려 했다. 박현채의 아버지는 아들을 빼내려고 화순 경찰서장에게 돈을 갖다주면서 무릎까지 꿇었다고 한다. 또한 어머니는 살아 돌아올 아들을 생각하며 틈틈이 비축해둔 쌀을 경찰서에 갖다주었다. 그 덕분에 박현채는 풀려날 수 있었다. 당시에 정권이 부패한 탓에 쌀 30~50가마니를 내면 체포된 빨치산을 풀어주었는데, 아이러니하게도 이승만 정권의 부패와 타락이 박현채를 살린 셈이다. 함께 풀려난 장기형은 "현채가 빨치산 경력 땜시 평생 고생했는디, 안 그라고 공부만 혔으믄 지금보다 더한 대학자가 되았을 것이여"라며 그를 회상했다.[23]

젊은 날 한때 지리산에서 '소년 빨치산'으로 사투를 벌였던 박현채는 뒷날 「지리산의 민족사적 위치」라는 글에서 지리산에 대해 다음과 같이 기술했다.

전후 역사에서 지리산은 산으로서의 모성이 강조되기보다는 부성이 강조되는 시기다. 전후 남북 분단과 자주적 민족국가 수립을 둘러싼 민족 대립은 산, 그것도 지리산을 거대한 군사기지로 전화시켰다. 1948년

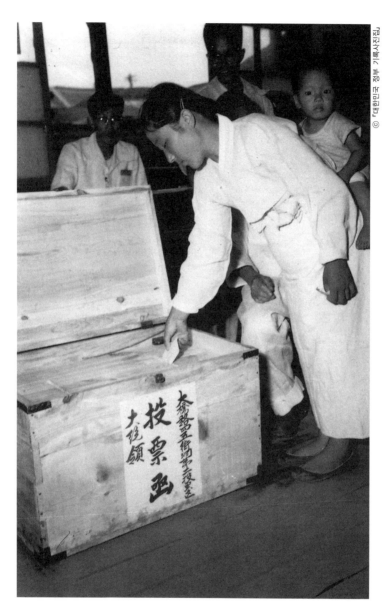

1952년 8월 5일, 아이를 들쳐 업은 한 여성이 대통령 선거 투표함에 투표용지를 넣고 있다. 직선제 개헌을 통해 재집권의 발판을 마련한 이승만은 이 선거에서 무난히 승리를 거둔다.

10월의 여순 반란, 그리고 1950년 6월의 한국동란이 귀결한 것은 지리산을 거대한 군사기지로 되게 하면서 동족간의 피나는 싸움의 장으로 하게 했다.

민족의 에너지는 그것에 앞서는 시기에 외세에 저항하여 민족해방을 추구하는 것이었으나 전후의 상황에서는 동족상잔으로 되면서 앞선 자들이 자기 죽음으로 만든 땅 위에 민족의 새로운 젊은 싹들을 다시 잠들게 했다. 수난의 땅으로서의 지리산의 한(恨)은 여기에 있다.[24]

3장

'지식 보따리상'의
길에 들어서다

자신의 과거를 숨겨야만 했던
빨치산 출신 대학생

화순경찰서에 수감된 박현채는 부모님의 노력으로 한 달여 만에 풀려났다. 그는 몸을 추스를 겨를도 없이 1954년 전남 장성농고에 잠시 적을 두었다가 광주를 떠나 전주로 거처를 옮겼다. 그리고 5월에 전주고등학교 3학년으로 편입했다. 전쟁의 혼란기여서 가능한 일이었다.

공직에 있던 그 아버지가 화순과 광주 여러 경찰서에 이러이러한 사람이 잡히면 자기에게 알려달라고 여러 군데다 돈을 뿌려놓고 있었다. 그가 붙잡히자마자 연락이 왔고, 또 돈을 듬뿍 뿌리고 그를 빼냈다.

"네가 입산한 줄은 아직 소문이 나지 않았다. 이 돈을 가지고 바로 고향을 떠나라. 앞으로 내가 오라고 할 때까지는 집에 오지 마라."

아버지는 적잖은 돈뭉치를 밀어놓으며 말했다. 그 집은 부자였으므로 그만한 재력이 있었고, 그런 부잣집 아들이 입산했을 것이라고 누구도 짐작하지 못했다.

그는 그 길로 집을 나가 어느 도시 명문 고등학교에 역시 돈을 듬뿍 쓰고 3학년에 편입했다.[1]

박현채는 전주고등학교에서 1년간 공부하고, 이듬해인 1955년 서울대학교 상과대학에 응시하여 거뜬히 합격했다. 전쟁이 끝난 뒤이기는 하지만 서울대는 여전히 우수한 학생들이 몰려들었다. 2년여의 '산사람' 활동으로 공부를 접었다가 1년 만에 서울대에 합격할 만큼 그는 우수한 두뇌의 소유자였다. 전주고등학교 학적부를 살펴보면, 공민 98점, 역사 89점, 지리 91점, 작문·문법 98점, 한문 찬가 83점, 대수·수학 88점, 삼각·기하 94점, 생리 76점, 화학 91점, 생물 94점, 교련 84점 등 평균 89점을 받았다.

교수들은 『자본론』 등을 달달 꿰고 있는 박현채의 실력에 쩔쩔맬 지경이었다. 그는 대학에서 경제학을 공부하면서 정윤형, 전철환, 안병직 등과 후진국연구회라는 학술 동아리를 만들었다. 또한 학생들을 데리고 농촌 봉사 활동을 하기도 했다. 대학생들이 농촌 봉사를 한 것은 3·1운동 직후 이래 처음이었다.[2]

한국전쟁 뒤 한국 사회는 '멸균실' 수준의 반공 체제가 강화되었다. 이승만은 전쟁 중 자신의 정치적 과오를 덮으면서 정권을 연장하기 위한 술책으로 반공정책을 국정의 최우선에 두었다. 따라서 사회 전반에 걸쳐 반공 체제가 강화되었고, 모든 가치가 '반공'으로 집결되었다. 박현채는 이런 상황에서 자신의 전력을 밝힐 이유가 없었고, 오로지 공부에만 열중했다.

그는 대학 재학 중에 자신이 빨치산 출신이라는 것을 밝히지 않았
다. 그 시절에는 누가 자신을 알아볼까봐 두려워했다고 한다. 한번
은 서울대에 입학한 해에 화장실에서 고향 후배와 맞닥뜨렸다고 한
다. 자신이 빨치산이었다는 것을 잘 알고 있는 후배였다. 당황한 박
현채는 다짜고짜 후배의 멱살을 붙잡아 끌고 화장실 안으로 끌고 들
어가 문을 잠그고 자기를 보았다는 사실을 입 밖에 내면 죽여버리겠
다고 협박을 했다. 겁에 질린 후배는 아무에게도 알리지 않겠으니
살려달라고 사정을 했다고 한다. 박현채는 대학 졸업 때까지 내내
자신의 이력이 밝혀질까봐 전전긍긍하며 지냈다.[3]

물론 그는 이승만 정권의 독재와 타락, 이와 더불어 나타난 한국
사회의 부패와 젊은 세대의 무기력 현상에 분노를 삭일 수 없었다.
하지만 그에게는 저돌적 극단주의를 경계하는 신중함도 있었다.
1957년 3월 26일 친구 김경추에게 『채근담』을 선물하면서 쓴 메모
에서 당시 심중의 일단을 엿볼 수 있다.

중용 : 새 단계의 싸움에 주는 격문!

인생은 투쟁이며 젊음의 상징은 기대이다.

투쟁은 조직화되어야 하며 합리적이어야 한다.

이 이율배반적 사상의 예술적 통일!

그를 위해 나는 너에게 동양적 중용, 이를 제시한다.

편중하지 마라.

그러나 전투적이어야 한다.

우리의 삶은 투쟁에 있기에.[4]

박현채는 1959년 2월, 대학을 졸업한 후 서울대 대학원 이론경제
학과에 진학한다. 부모님이 고향에서 돈을 보내주신 덕분에 전후의
어려운 시절이었음에도 서울 생활은 그다지 궁핍하지 않았다. 그의
생애를 되돌아보면, 대학과 대학원 시절 그리고 1961년 4월 28일
여동생의 친구이자 이화여대 사범대를 졸업한 김희숙과 결혼할 때
까지의 6년여 동안이 가장 안정되고 행복한 시절이 아니었나 싶다.
박현채는 대학원을 다니면서 1959년 한국농업문제연구회(농연)가
모집한 연구원 시험에 수석으로 합격해 연구원으로 활동했다. 농연
은 1959년에 초대 농림부 차관을 지낸 주석균이 설립했고 유인호,
김병태, 김낙중, 박현채 등 비판적인 농업경제학자들로 구성되었다.
이곳은 농업 문제뿐만 아니라 아시아적 생산양식의 문제, 원조경제
의 본질, 자본주의 세계경제체제에서 국민경제의 독자적인 존재 가
능성 등을 검토하면서 새로운 이론의 온상지 역할을 했다.

농연 연구원으로
사회에 첫발을 딛다

박현채보다 1년 앞서 농연에 들어가 면접관으로 참여했던 김병태(현
건국대 명예교수)는, 박현채가 연구위원 공채 시험에 1등으로 합격하
도 면접에서 실점하여 불합격할 뻔했다고 회고했다. 박현채는 면접

자리에서 조금도 굽힘 없이 자신의 경제 이론을 제기했고, 면접관의 질문이 마음에 들지 않는다며 대들기까지 했던 것이다. 5명의 면접관 가운데 한 사람이 그 기백을 사서 나머지 면접관들을 설득한 덕분에 박현채는 농연에서 근무할 수 있었다.[5]

한편 1960년 4월에는 민주항쟁이 일어나 이승만 독재정권을 타도하는 데 성공했다. 박현채는 당시 활발하게 활동하던 진보적 혁신 계열 청년들과 폭넓게 교우하고 있었지만, 정작 혁명 대열에는 적극 뛰어들지 않았다. 누구 못지않게 이승만 정권에 비판적이었던 그가 이승만 타도의 시위에 참가하지 않은 것은 의문이다. 빨치산 전력이 그의 발목을 잡았을 듯하다.

박현채는 뒷날(1978년) 4 · 19혁명 직후 상황을 「4 · 19혁명의 경제적 의의」에서, 4 · 19혁명 당시 정치조직의 부재, 민중의식의 취약성과 민중의 소시민성, 보수성 등을 지적했다. 4 · 19혁명이 보수적인 민주당에게 정치권력을 이양하는 한정적인 혁명이었음을 간파한 셈이다.[6]

박현채는 4 · 19혁명 이후에도 정치 문제와는 거리를 두면서 석사 논문을 쓰는 등 학업에만 정진했다. 이 무렵 그를 처음 만났던 김금수는 다음과 같이 회고한다.

현채 형과의 만남은 결코 우연이 아니었던 것으로 여겨진다. 그와 처음으로 만난 것은 5 · 16쿠데타가 일어난 1961년 말이었다. 나는 당시 수배를 받고 있던 처지였는데, 한 선배의 자취방에서 여럿이 만나 이후의 정세 변화와 민족민주운동의 방향에 대한 얘기를 나누게 되었고, 그 자리에서 그를 만날 수 있었다. 그때, 나는 현채 형이 학문에 정진하고 있는 몇 년 선배쯤으로만 알았지, '엄청난' 경력(빨치산 경력)을 지닌 줄은 미처 몰랐다. 그런데도 그의 인상에서 읽을 수 있는 것은 범상한 사람은 아니라는 사실이었다. 그의 눈빛이 그러했고, 그가 펴는 논리가 그러했다.[7]

박현채는 1961년 『자본주의와 소농 경제』라는 논문으로 서울대 경제학과 석사 학위를 취득했다. 이 논문에서는 국가독점자본주의 체제에서 소농의 존재 방식 때문에 농업 문제가 불거졌다고 파악했으며, 과거 농지개혁의 불철저함과 독점자본주의하의 소농 보호정책의 한계를 극복하기 위한 실천적 대안으로 농업의 협업화를 제시했다.

그가 대학원을 졸업한 해에 5·16쿠데타가 일어났다. 농연 멤버들은 쿠데타의 성격과 주동자들의 정치적 성향을 두고 토론을 벌였다. 이때 박현채는 5·16쿠데타의 주체 세력 중 과거에 진보적 성향을 보였던 이들에게 기대를 걸어서는 안 된다고 가장 강력하게 주장했다. 한번 변절한 사람은 결코 믿어서는 안 된다는 것이었다. 대부분은 그의 의견에 동의했다. 4·19혁명 이후 진보 단체에서 활동한 사람들은 "반공을 국시(國是)의 제일의(第一義)로 한다"는 5·16 주체들의 혁명 공약에서 위협을 느꼈다. 그래서 토론을 벌이던 이들은 일단 몸을 숨기고 사태의 추이를 관망하기로 했다. 한 달 후인 7월 20일 필운동의 한 다방에서 만나 이후의 행동 방향을 논의하기로 약속하고, 뿔뿔이 흩어져 은신 생활에 들어갔다.[8]

1961년 3월 27일 서울대학교 대학원 졸업식에서. 왼쪽부터 둘째 여동생 박정자, 아버지, 박현채, 어머니, 첫째 여동생 박귀채다.

"쿠데타 세력을 믿어서는 안 된다"는 박현채의 주장은 얼마 뒤 현실로 나타났다. 4·19 공간에서 활동해온 혁신계 인사들이 모조리 체포되어 '혁명재판'의 이름으로 구성된 군사법정에서 징역을 살거나 심지어 사형을 당한 사람도 있었다. 박현채는 박정희 등 쿠데타 주동 세력의 기회주의적 변신을 꿰뚫고 있었던 것이다.

농연 멤버들은 약속한 날 필운동 다방에 모여, 피신만 할 게 아니라 어떤 형태로든 군사 쿠데타에 대한 집단적 저항을 할 수 있는 조직을 만들어야 한다는 이야기를 나누었다.[9] 그러나 이들의 '거사'는 박현채가 그해 11월 병역법 위반으로 청량리경찰서에 피검되고, 김낙중도 10월 말 군입대 영장을 받게 되면서 수포에 그치고 말았다.

병역법 위반으로 군사법정에 송치된 박현채는 자원입대를 조건으로 1962년 1월 석방되었다. 그리고 약속대로 2월 육군 제2훈련소에 입대했다. 하지만 신병 훈련을 받던 중 7월에 의병제대했다. 빨치산 활동 중에 총탄을 맞은 부위가 덧나서였는지, 이번에도 아버지가 돈을 써서 제대를 시킨 것인지는 분명하지 않다.

군사 쿠데타 뒤에도 병무 행정은 지극히 문란하여 돈 있고 힘 있는 집 자제들은 징집에서 면제되거나 입대하더라도 후방에 배치되었다. 전방 부대는 대부분 돈 없고 배경 없는 서민 자제들의 몫이었다.

거침없는 성격,
전임 박차고 보따리 장사로

제대한 박현채는 1963년 2월 농연의 연구원으로 복귀하는 한편, 서울 상대와 농협대, 국학대 등에 시간강사로 출강하기 시작했다. 이렇게 시작된 '보따리 장사'는 1989년 조선대학교 교수로 '취직'할 때까지 26년간 지속되었다. 사실 서울 상대 교수들은 박현채를 전임강사로 채용하기로 했고, 이 사안은 인사위원회에서도 통과되었다. 발령장을 받는 요식 절차만 남겨둔 상태에서 그를 환영하는 회식 자리가 마련되었는데, 여기에서 사단이 벌어졌다. 그 자리에서 박현채의 거친 근성이 발동하여 파국이 오고 만 것이다.

박현채는 서울 상대 전임강사들에게 선배나 교수 대접을 하지 않았던 모양인데, 그 때문에 전임강사가 회식 자리에서 몇 가지 주의를 주었다. 이제는 학생이 아니라 자기 후임이 되는 상황이므로, 귀에 거슬리는 말을 몇 마디 했던 모양이다. 박현채는 상판을 으등거리며 노려보다가 결국 일을 내고 말았다. 상을 뒤엎어버린 것이다. 나이 많은 교수들까지 앉아 있는 자리에서 상을 뒤엎었으니, 박현채는 그 길로 서울대와는 연이 끊어지고 말았다. 전임 자리를 놓친 것은 말할 것도 없다.[10]

박현채의 성품을 이해하지 못하는 사람들은 그를 오해하기에 딱 알맞은 '행패'였다. 상을 뒤엎는 행위는 이후에도 종종 있었고, 가까운 지인들과 불화하는 경우도 적지 않았다. 그는 철저하게 '반체제적'이었다. 그를 아는 사람들은 그의 성격에 관해 많은 이야기를 한다. 워낙 유별났기 때문이다. 처음 대하는 사람들은 위화감을 느낄 정도로 그는 거칠고 과격해 보이기까지 했다. 선배나 은사들 앞에서도 본인이 보기에 사리에 맞지 않다고 생각되면 그냥 넘어가지 못했다. 큰소리로 윽박질러 판가름을 내야 직성이 풀렸으므로 이런 그의 성격 때문에 '장비'라는 별명이 붙어다녔다.

그러나 박현채의 내면에는 관용과 자상함이 함께 있었다. 그런 면에서 '관운장(관우)'이라는 별명이 어울릴 법도 하다. 특히 후배들을 대할 때 그런 특성이 두드러지게 드러났다. 후배들에게는 심하게 말해서 폭군과 다름없는 태도를 보이다가도 다른 편에서 따질라치면 하나하나 짚어 얘기하는 자세가 그러했다.[11]

박현채는 어쩌다 술 몇 잔을 마시면 육두문자도 거침없이 내뱉고, 이승만·박정희·전두환 등 독재자를 이웃집 강아지 이름 부르듯 말했다. 이런 거침없는 언행으로 아슬아슬한 경우가 적지 않왔고, 이로 인해 인연을 끊은 사람도 있었다. 그럼에도 불구하고 그의 주변에는 여러 분야의 많은 인재들이 모여들었고 그는 이들과 교우해나갔다.

서울대 전임강사 자리를 내던진 박현채는 각 대학의 보따리 장사에도 연명하면서 학문에 정진했다. 예나 지금이나 시간강사 생활은 생활이 불안정하기 마련이다. 박현채의 생활도 가난과 궁핍이 따랐다. 8월에 첫딸 순정이 태어났다. 모처럼의 경사였다. 이 무렵 서울상대 학생들이 후진경제연구회라는 학술 동아리를 만들어 박현채를 초청했는데, 그는 이 모임에 나가 젊은 지성들과 어울려 토론하며 연구 활동을 계속했다.

하지만 당시의 정국은 혼란스러웠다. 1963년 10월, 야당의 분열에도 박정희는 윤보선을 간신히 누르고 민선 대통령에 당선되었다. 쿠데타를 통해 집권한 박정희 군사정권은 정통성 문제를 해결하고자 경제개발을 서둘렀다. 일본에서 개발 자금을 들여오기 위해 박정희 정권은 굴욕적인 한일회담을 강행했고, 이는 야당과 학생들의 격렬한 저항을 불러일으켰다.

1964년 3월 9일 야당의 주도로 대일굴욕외교 반대 범국민투쟁위원회가 결성되었고, 3월 24일 서울에서 대학생 5천여 명이 한일회담 반대 시위를 시작하면서 시위는 전국적으로 확산되었다. 이 시위로 구속된 학생들의 영장을 기각한 법원에는 공수부대 소속 군인들이 난입했다. 6월 1일에는 1만여 명의 대학생들이 광화문까지 진출하여 대일굴욕외교를 규탄하면서 박정희 정권의 퇴진을 요구했다. 게다가 박정희 정권은 신악이 구악을 뺨치는 부정부패로 쿠데타의

1964년 6월에 벌어진 한일 회담 반대 시위. 4·19 이래 최대의 시위로, 박정희 정권은 휴교 조치 등을 취하며 시위에 대응했다.

ⓒ 「대한민국 정부 기록사진집」

명분을 잃어가고 있었다.

인혁당 사건에 연루,
감옥에서 한 해를 보내다

박정희 정권은 정치적 위기를 넘기고자 독재자들이 흔히 쓰는 공안 사건을 들고 나왔다. 혁신계 인사와 언론인·교수·학생들이 조직을 만들어 국가 전복을 기도했다는 인민혁명당(인혁당) 사건을 터트린 것이다.

1964년 8월 14일, 중앙정보부장 김형욱은 기자회견을 열었다. 그는 1962년 1월 북한에서 특수 사명을 띠고 남파된 간첩 김영춘, 민주민족청년동맹 경북지역 간사장 도예종(都禮鍾, 1924~1975) 등이 발기인회를 갖고, 외국군 철수와 남북 서신·문화·경제 교류를 통한 평화통일을 골자로 한 노동당 강령 규약을 토대로 인혁당을 발족시킨 후 국가 변란을 기도했다고 발표했다. 이 사건의 발단은 1964년 한일회담 반대 시위의 배후 조직 중 하나였던 불꽃회의 대표 김정강을 수사하는 과정에서, 그의 일기에 도예종이 등장한 데서 비롯되었다. 학생운동의 배후를 수사하는 과정에서 인혁당 사건이 불거진 것이다.

중앙정보부는 이 사건과 관련하여 총 47명을 송치했으나, 서울시 공안부 이용훈 부장검사를 비롯하여 김병금, 장원찬 검사는 공소유지 불가능을 이유로 기소를 거부하면서 사표를 제출했다. 한국인권옹호협회에서는 사건의 무료 변론을 맡기로 하고, 사건에 대한 철저한 내막을 조사하기 위해 특별조사단을 구성, 피고인들에게 가해진 혹독한 고문 내용을 폭로했다. 그 뒤 한신옥 검사는 26명만을 국가보안법 위반 혐의로 구속 기소했으나, 재수사 결과 14명이 공소 취하되고 나머지 12명은 반공법 위반으로 공소 변경되었다.

1965년 1월 20일 서울 형사지법 합의2부(재판장 김창규)는 도예종에게 반공법 4조를 적용해 징역 3년, 추가 기소된 양춘우에게 징역 2년을 선고했고, 나머지 피고인들에 대해서는 전원 무죄 판결을 내렸다.[12] 이것이 제1차 인혁당 사건의 실체였다.

인혁당 사건은 담당 검사들이 공소유지 불가능을 이유로 사퇴할 만큼 근거가 없는 사건이었다. 그런데 박현채도 여기에 연루되어 고초를 겪었다. 그는 1964년 8월 14일에 도예종·정도영·김영광·

김금수·박중기·김한덕 등과 함께 검거되어, 9월에 5년 형을 구형 받았다. 구속되기 직전 둘째 딸 금정이 태어났으나 아내의 산후 조리도 제대로 돕지 못한 채 조사를 받으러 끌려가야 했다.

박현채는 중앙정보부와 검찰에서 각각 20여 일간 혹독한 취조를 받았다. 가혹한 고문과 구타도 당했다. 이후 함께 수형 생활을 했던 김정남은, 북한과 연계된 인혁당이 전국의 대학가에 번져 나가던 한일회담 반대 투쟁의 배후에 있다는 각본을 만들어 박정희 정권이 정치적 위기를 넘기려 했다고 회고한다. 이러한 정치 공작에는 엄청난 고문과 협박이 뒤따르는바, 사건 연루자들은 중앙정보부와 검찰 등의 수사기관에 한번 조사를 받으러 나가면 초죽음이 되어 돌아왔다. 이 사건의 변호사였던 박한상(朴漢相, 1922~2001)은 피고인들을 면담한 뒤 이들 중 몽둥이로 두들겨 맞고 전기 및 물 고문을 당해 피를 토한 사람도 있었다고 밝혔다. 특히 박현채의 경우, 빨치산 전력이 알려지면서 더욱 곤혹스러운 상황에 처했다.

중앙정보부에서는, 옆방에서 고문당하는 소리, 신음 소리가 선명하게 들렸다. 그래도 잘들 버텼고, 그것이 검찰로 하여금, 국가보안법상의 반국가단체 구성의 죄까지 뒤집어씌울 수는 없게 했다. 우리는 조사받으러 나가고 들어올 때는 물론 감옥 안에서도 독방에 갇힌 흉악한 국사범으로 살벌하기 짝이 없는 감시를 받아야 했다. 나는 3사 24방, 박 선생(박현채—필자)은 당시 소년수 사동이었던 2사상 22방이었다. 우리는 남들이 보는 앞에서는 아는 체를 하지 않았지만, 방에 들어와 있을 때는 틈만 나면 건너편과 손짓, 발짓으로 통방을 했다. 그때 나는 20대

초반이었고, 박 선생은 막 30대 초입이었다.[13]

　함께 구속된 김금수의 증언에 의하면, 그는 중앙정보부 취조실에서 박현채를 다시 만났다고 한다. 그러니까 인혁당 사건의 공범자처지로 한 오랏줄에 묶여 취조를 받으러 갔다가 해후한 셈이다. 하지만 박현채는 그런 상황에서도 행동이 유별났다고 한다. 취조실이나 감옥에서조차 당황하거나 주눅 든 기색을 찾아보기 어려웠던 것이다. 이를테면 "담배도 음식인데, 피의자들에게 음식을 굶겨서는안 되니 하루에 한 갑씩 담배는 꼭 제공해야 한다"고 주장한 덕분에모두들 취조 과정에서 담배를 굶지 않아도 되었다고 한다. 또한 검찰의 취조가 거의 마무리되어갈 무렵, 담당 검사는 혼잣말처럼 "당신들이 정권을 잡는다면 박현채 그 사람이 수상이 될 거야"라고 말했다고 한다. 김금수는 박현채의 해박한 학식과 당당한 태도 때문에검사들마저 그런 말을 했던 것이라고 회고했다.[14]

　사실 5·16쿠데타 세력들에게는 미국의 환심을 사면서 지지를 얻기 위한 희생양이 필요했다. "공산 계열과 연결이 있었던 과거와의단절을 더욱더 분명히 하기 위해서는 법의 이름으로 '공산주의자'를만들어 처형해야 했다. 5·16쿠데타의 첫 칼질이 혁신진보 세력 위에 내려졌다."[15]

　과거 남로당에 연루되었던 이력 때문에 박정희는 특히 좌익계 인사들을 가혹하게 처벌했고 이들을 정치적 희생양으로 삼았다. 정치적 필요에 따라 공안 사건을 확대하거나 조작하기도 했는데, 그 바람에 애꿎은 사람들이 희생되곤 했다. 박현채 역시 이런 경우였다.

그는 1965년 1월 20일에 무죄 선고를 받지만, 5월 29일의 항소심에서 엉뚱하게 도예종에 대한 은닉 혐의가 적용되어 징역 1년을 선고받고 복역하게 된다.

박현채는 악명 높은 서울교도소에서 수감 생활을 했다. 그곳은 일제강점기의 서대문구치소로, 한말 의병을 비롯하여 3·1운동을 주도했던 민족 대표들이 수감되고 유관순 열사가 순국한 곳이었다. 또한 이승만에 의해 정적 조봉암(曺奉巖. 1898~1959)이 사법살인 되고, 박정희가 『민족일보』 사장 조용수(趙鏞壽, 1930~1961)를 처형한 곳이기도 했다.

모진 시련 끝에 출옥한 박현채는 다시 서울대·홍익대·국민대·경희대·충남대·한신대 등을 돌며 시간강사로 생업을 유지한다. 이때부터 그는 자신의 직업을 '강사업'이라 부르기 시작했다.

'간첩 지식인', 지식의 날개를 펴다

인혁당 사건 연루자를 교수로 받아주는 대학은 한국에 없었다. 그나마 각 대학에서 강의라도 할 수 있었던 것은 박현채의 해박한 경제학 지식 덕분이었다. 여권 발급이 되지 않았기에 해외 대학으로는 나갈 엄두도 내지 못했다. 박현채는 홍성하 등과 함께 국민경제연구소를 설립한 후 해마다 한국 경제에 관한 간행물을 발간하면서 연구에 천착했다. 국민경제연구소는 그럴듯한 명칭과는 어울리지 않게

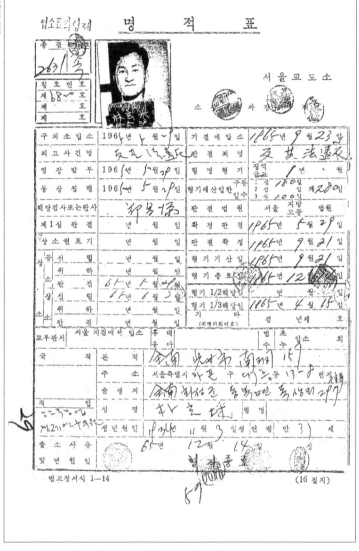

박현채의 수형 내용이 기록된 서울교도소 명적표. 박현채가 연루된 인혁당 사건은 검사들이 기소를 거부하며 사표를 제출할 만큼 어처구니없는 조작 사건이었지만, 그로 인해 박현채는 1년 동안 감옥살이를 해야만 했다.

서울 중부경찰서 맞은편 골목길 3층에 작은 사무실을 두고 있었다. 이곳은 박현채의 연구와 저술의 산실이 되었다.

1964년 12월 굴욕적인 한일회담을 강행하여 한일협정 비준서를 교환했던 박정희 정권은, 이듬해 8월 13일 야당의 반대 속에서도 전투부대의 베트남 파병안을 국회에서 통과시켰다. 앞서 7월 9일에는 한미행정협정도 조인되었다. 1967년 5월 3일에는 제6대 대통령 선거에서 박정희가 재선에 성공했다. 이후 그는 삼선개헌을 위한 발판을 마련하기 위해 이승만 정권의 3·15 부정선거를 무색하게 하는 부정을 저지르며 제7대 국회의원 총선을 치른다. 이에 반발하며 고등학생들까지 부정선거 규탄 시위에 나서자, 중앙정보부는 동베를린 대학 공작단 사건, 일명 동백림(東伯林) 사건을 발표하면서 음악가 윤이상 등 104명을 구속 송치했다. 1968년 1월 21일에는 무장공비 31명이 청와대를 습격하기 위해 서울에 침투하는데, 이를 명분 삼아 4월 1일에는 향토예비군이 창설되었다. 그리고 그해 8월 24일에는 김종태(金鍾泰)가 전후 4차례에 걸쳐 김일성과 면담하고 북한의 공작금을 받아 통일혁명당(통혁당)을 결성, 반정부·반미 데모를 전개하려 했다는 이른바 통혁당 사건이 발표된다.

동백림 사건에 이어 무장공비 침투 사건이 벌어지고 통혁당 사건까지 터지자 공안 정국이 조성되었는데, 이는 궁극적으로는 박정희 체제의 강화로 귀결되었다. 이러한 가운데 박정희는 지속적으로 삼선개헌에 대한 속심을 내보였다. 공화당의장 윤치영(尹致暎, 1898~1996)은 박정희를 "단군 이래의 지도자"로 추켜세우면서 그가 장기 집권을 해야 한다며 드잡이 노릇을 했다.

동백림 사건의 재판 현장. 이 사건의 1심과 2심에서는 사형을 포함하여 중형이 선고되었으나, 대법원에서는 대부분 무죄가 선고되었다.

공안 정국이 강화될수록 박현채의 삶은 힘겨워졌다. 이미 전력이 드러나 있기에 공안 사건이 발생하면 어김없이 수사기관의 촉수가 따라붙었다. 그만큼 힘겨운 나날이 이어졌다. 그런 가운데서도 학문에 대한 그의 열정은 조금도 수그러들지 않았다.

박현채는 1967년 「중소기업의 지역적 불균형 발전의 요인」이라는 연구보고서를 집필하는데, 여기에서는 민족경제론의 기본 구상 및 단초를 엿볼 수 있다. 이후 1970년부터는 농업 문제에 대한 논문을 집필하기 시작한다. 『사상계』에서 1970년대를 맞아 1월호 특집으로 '송구영신의 전환점: 새로운 선택을 위하여'라는 꼭지를 기획하여 박현채에게 글을 청탁했는데, 그는 「농공병진(農工竝進)에로의 환상과 농업 문제의 핵심」이라는 논문을 발표한다. 이 논문은 박정희 정권이 경제개발 5개년 계획을 추진하면서 '농공병진'을 구호로 내건 데 대한 본격적인 비판이었다.

그런데 이채로운 것은 같은 월간지에 당시 국회의원이었던 김대중(金大中, 1924~2009)의 「70년대의 비전: 대중민주체제의 구현」이 수록되었다는 사실이다. 김대중은 자신의 글이 실린 『사상계』를 받아들고 읽다가 박현채의 글에 감명 받아서, 이듬해 대통령 후보가 된 후 박현채에게 대중경제론의 골격을 의뢰했다고 한다.

한편 박현채는 1970년 9월 창간된 월간 『다리』의 편집위원으로 참여하면서 '은거'의 지식인에서 사회참여로 새로운 발걸음을 시작했다. 『다리』는 야당 정치인 김상현(金相賢, 1935~)이 발행하는 종합 교양지로, 진보적 지식인들이 필진으로 참여했다. 초기에는 문학평론가 구중서(具仲書, 1936~)가 주간, 임헌영(任軒永, 1941~)이 기획부장을 맡았는데, 구중서가 곧 떠나면서 임헌영 주간 체제가 자리 잡았고, 박현채를 비롯해 한승헌·장을병·탁희준·김동길이 편집위원으로 위촉되었다. 창간 당시에 사시(社是)는 '너와 나의 대화의 가교'였는데, 창간 1주년 기념호인 1971년 9월호부터는 '민족 활로의 가교'로 바뀌었다.

야당 국회의원이었던 김상현이 『다리』를 발행한 것은, 1971년의 제7대 대통령 선거에 대비해 김대중을 대통령으로 당선시키려는 홍보 전략도 끼어 있었을 것이다. 그럼에도 당시의 상황에서 『다리』는 진보적인 교양지로서의 역할을 충분히 하고 있었다. 박현채는 경제 분야에 특출한 능력이 있었기에 37세의 나이에 당대의 명사들과 함께 월간 교양지 편집위원으로 참여할 수 있었다.

1970년 나는 『주간경향』에서 월간 『다리』로 직장을 바꿨는데, 내가 착수한 첫 작업이 편집위원을 개편하는 일이었다. 경제 분야는 당연히 박선생(박현채—필자)을 모셔서 이 계통의 필진을 강화했다. 그는 필진 동원에서 무한할 정도로 광범위하게 천거해서 편집 실무진을 놀라게 했다.

서울 소재는 물론이고 지방 대학과 각 언론 기관, 심지어는 경제 관련 기관의 인사까지 총망라하여 해당 주제에 걸맞은 필자를 거명했는데, 내용이나 주제의 취급 방향에서 전혀 실패가 없었다.[16]

박정희 군사독재 체제에서 그는 설 땅을 제대로 갖지 못한 처지였지만, 그의 주변에는 뛰어난 지식인, 운동가들이 모여 들었다. 『다리』 발행인이었던 김상현은 박현채에 대해 "약간 조심스러운 듯하면서도 전체의 분위기를 잡아가더니 어느 순간부터 완전히 압도하면서 그 체력과 정력이 일치하도록 이론과 고집으로 압도했다"라고 회고한다. 또한 "가까이 하기에는 어렵고 조심스러웠지만 경계할 여유조차 없을 정도의 술꾼에다가 해박한 지성과 넉넉한 인품이 있어 주변에 많은 학자들과 언론인들이 늘 함께했다"고 말했다.

박현채는 편집위원으로 활동하며 박정희의 근대화 정책에 대해 시종일관 비판적으로 접근했다. 『다리』에 쓴 글들도 예외 없이 농촌 경제의 몰락을 비판하면서 근대화의 외자 의존성과 수출 주도형 경제성장정책에 대한 반민족성을 준엄하게 질책하는 논조를 보였다.[17]

대중에 의한, 대중을 위한, 대중의 경제를 구상하다

1971년 4월 27일 실시된 제7대 대통령 선거는 박정희가 5·16쿠데타로 집권한 지 10년 만에 치르는 대선이었다. 그전까지는 구시대 정치인의 대명사격인 윤보선과 두 차례 대결을 해서 모두 박정희가 승리했다. 그런데 1971년 대선은 양상이 많이 달랐다. 우선 야당 후보로 당내의 치열한 경선 끝에 40대의 김대중이 선출되었다. 국민의 의식도 달라지고 있었다. 10년간의 박정희 집권에 대한 비판의식이 강해졌다.

4·27 대선 과정에서는 야당의 김대중 후보가 정책 대결을 주도해나갔다. 그는 한반도를 둘러싸고 있는 미국·소련·중국·일본이 대한민국과 조선민주주의인민공화국으로 분단된 두 개의 정권을 당분간 함께 인정하는 대신 침략 전쟁을 억제하도록 보장하자는 내용의 '4대국 보장론'을 비롯하여 동구권과의 수교, 남북 유엔 동시가입론, 예비군 폐지 등 파격적인 정책을 제시했다.

이런 이유로 지식인들 중에서 김대중을 지지하는 사람이 적지 않았다. 박정희의 장기 집권에 대한 염증이 나타나면서 상대적으로 진보적인 김대중의 정책을 지지한 것이다. 박현채도 그중 한 사람이었다. 그는 『다리』의 편집위원으로 활동하면서 김대중의 글을 몇 차례 싣기도 했고, 이를 계기로 김대중과 함께 식사를 한 적도 있었다. 이런 인연으로 그는 김대중의 경제정책 수립에 참여하게 되었다. 김대중은 대선 후보가 되면서 박정희의 재벌 위주 경제정책에 대응하는 새로운 경제정책을 필요로 하고 있었다. 그래서 자신이 세운 대중 경제연구소의 김경광 소장을 비롯해 5~6명의 중견 학자들에게 경제정책의 방안을 의뢰했다. 자신의 이름과 같은 '대중경제론(大衆經濟論)'을 제시하면서 이론적인 틀을 소장 학자들에게 맡긴 것이다.

그런데 야당 후보 진영의 일거수일투족이 정보기관의 사찰 대상이 되었는지라, 집필자들이 서울에서 모이기가 쉽지 않았다. 김경광은 박현채 · 정윤형 · 정홍대 · 임동규와 함께 서울을 피해 온양의 한 여관에 투숙객으로 가장하고 들어가 보름 동안 합숙하며 원고를 집필했다. 김병태는 별도로 집필에 참여했다고 한다. 이렇게하여 1971년 3월 7일 『김대중 씨의 대중경제 100문 100답』이라는 정책 공약 소책자가 만들어졌다.

나의 구상들은 1971년 출간된 『김대중 씨의 대중경제 100문 100답』 이라는 책으로 정리했다. 이 책은 당시에 내가 경제 자문을 받아온 김병태 · 장윤형 · 박현채 · 최호진 교수 등 학자와 전문가들, 그리고 방대엽 · 김경광 등 비서들과의 토론을 거쳐 유권자를 위한 문답식 선거 자료로 만들어졌다. 대중경제론의 해설서라고 볼 수 있었다. 이 책을 만드는 데 정보기관의 방해 책동은 실로 상상 이상이었다. 정보기관의 감시를 피해 여관을 전전해야 했고, 점조직 식으로 연락을 취해야만 했다. 인쇄소를 구하기도 쉽지 않았다. 몇 사람은 정보기관에 끌려가 고초를 겪기도 했다.[18]

대중경제론은 대중이 참여하는 시장경제를 모델로 만들어본 것인

『김대중 씨의 대중경제 100문 100답』은 1971년 대선을 겨냥한 책자로, 대중경제론의 해설서라 할 수 있다. 박현 채는 이 책의 집필에 참여해, 대중경제론의 기초를 닦는 데 일조했다.

데, 우리 정치사에서는 정책 대결의 장을 여는 획기적인 정책 이론 이자 민주주의 발전에 기여한 기념비적인 이론이었다. 김대중 역시 이를 검토한 후 대단히 만족스러워하면서 여러 사람이 작업했음에 도 한 사람이 만든 것처럼 앞뒤가 맞아떨어진다며 격찬했다고 한다. 심지어는 박정희 대선본부에서도 이에 대한 대응책 마련에 전전긍 긍했다는 후문이 있을 정도였다.[19]

1971년 대선 때 출간된 『김대중 씨의 대중경제 100문 100답』은 뒷날 김대중이 하버드 대학교에서 출판한 『대중경제론』과는 상당한 차이가 있다. 하지만 『대중경제론』의 뿌리는 『김대중 씨의 대중경제 100문 100답』에서 기원한다. 또 이는 박현채가 설파한 '민족경제 론'의 근원이 되기도 한다.

『김대중 씨의 대중경제 100문 100답』은 총 9개의 장으로 구성되 었으며, 세부적으로는 100개의 소주제에 대한 해설 형식을 취했다. 이 책에서는 대중경제의 이론을 먼저 거론한 후, 외자도입정책·무 역정책·금융정책·노동정책 등에 대한 평가와 비판을 기술하고,

마지막에 정책 대안을 제시했다.

『김대중 씨의 대중경제 100문 100답』 집필에 참여했던 김병태의 증언을 토대로 이 책의 내용을 좀더 구체적으로 살펴보자. 박현채는 이 책의 서두에서 "한마디로 말하여 대중경제체제는 대중에 의한, 대중을 위한, 대중의 경제체제다"라고 선언했다. '대중에 의한'이란 지식인, 민족자본가, 노동자, 농민 할 것 없이 사회의 각계각층이 경제 건설에 직접 참여하는 것을 의미한다. 대중이 경제 건설에 참여한다는 것은 경제 주체로서 기업이 대중화될 때 비로소 가능하다. 물론 후진국에서 경제개발을 하려면 자본 부족이 가장 큰 걸림돌이 될 것이다. 그러나 자본 부족은 어디까지나 상대적인 의미에 지나지 않고, 경제개발에 필요한 자본이 절대적으로 부족한 것은 아니라고 보았다.

다음으로 '대중을 위한'이라는 말은 생산의 과실이 대중의 생활양식을 위해 공정하게 분배되는 것을 의미한다. 그간 특권 경제와 의존 경제 때문에 산업 간·계층 간의 소득 격차가 벌어졌던 것을 극복하면서, 우리나라가 당면한 최고의 국가 목적을 조국 통일에 둔 후 대중경제의 이념을 실현하고자 했다.[20]

그런데 이 책자와 관련한 후유증은 만만치 않았다. 대선 과정에서 국가총예산의 10분의 1 이상을 살포하고 관권을 동원하여 삼선에 성공한 박정희 세력은 이 책의 저자들에 대한 가혹한 보복에 나섰다. 불행 중 다행으로, 김경광이 정보기관에 끌려가 끝까지 단독범이라고 주장함으로써 박현채 등 다른 필자들은 화를 면할 수 있었다.

어느 날 낙원동에 있었던 건국대학교 부설 한국농업문제종합연구소에 초췌한 몰골로 김경광 씨가 나타났다. 무사했던 것으로 알고 반갑게 맞이했더니 그것이 아니었다. 책은 나왔는데 나오자마자 붙들려가서 쓴 사람을 대라고 모진 매를 맞았단다. 끝까지 자기 혼자서 다 썼다고 버텨 매를 한없이 맞았다고 한다. 좌우 턱뼈가 부러지고 위아래 어금니가 다 빠지고 가리지 않은 몽둥이질, 발길질로 갈비뼈도 몇 개나 나갔다고 했다. 그래서 병원 신세를 몇 달간 지고 있느라고 찾아뵙기가 늦어졌다고 했다. 얘기를 듣고 있는 동안 내가 매를 맞은 것과 같은 착각이 들었다. (……) 그 후 김경광 씨는 대중경제연구소에서 물러나 고문 후유증으로 시름시름 앓다가 1994년 7월, 60세를 일기로 세상을 떴다.[21]

4장

'박현채학'의 중심,
민족경제론

『민족경제론』,
경제사상에 단비를 뿌리다

봄꽃이나 여름의 화초보다 가을의 꽃이 더 청초하듯이, 양지쪽 나무
보다 음지쪽 나뭇결이 더욱 옹골차듯이, 학문도 그러하다. 사마천(司
馬遷)은 남근이 잘리는 아픔과 수모의 울연한 심기로 동양 역사학의
근간이 되는 『사기』를 썼다.

　밑천이라고는 학문밖에 없었던 박현채는, 영구 집권의 야망에 불
타는 박정희가 유신 체제를 감행하고 긴급조치를 선포하면서 이 나
라를 비이성의 질곡으로 몰아갈 때 학문에 더욱 몰입했다. 방종해진
권력은 인혁당 관련자를 지목하여 8명을 처형하는 등 광란의 칼춤
을 멈추지 않았다. 그럴수록 박현채는 잠심몰두(潛心沒頭), 즉 학문의
심연으로 빠져들어갔다. 달리 다른 길이 없었다. 잠심몰두의 오랜
담금질 끝에 상재한 것이 『민족경제론』이다. 1978년 4월 1일 한길
사에서 '오늘의 사상신서' 시리즈 중 다섯 번째로 펴낸 이 책은, 박현

채가 모진 세파의 격랑에 침몰하지 않고 성취한 학문적 업적이었다.

『교수신문』은 2005년 광복 60주년을 맞이하여 KBS와 공동으로 '한국 지성사의 풍경'이라는 기획을 마련해 분야별 학자 100명을 대상으로 심층 설문조사를 한 적이 있다. 여기에는 1970년대에 가장 많은 영향을 미친 책을 선택하라는 설문이 제시되었다.

이때 총 15명의 학자가 리영희의 『전환시대의 논리』를 꼽았다. 1974년 창작과비평사에서 출간한 이 책은 현대사와 국제정치를 바라보는 우리 시각에 전환점을 마련해준 계몽서였다. 리영희의 또 다른 저서 『8억 인과의 대화』와 함께 한때 금서로 지목되었으나, 유신 체제에 이 책을 거치지 않은 지식인과 대학생이 없었을 정도로 그 파급력은 컸다. 당시 한국 사회에서의 정치·경제적 문제들을 치열하게 고민해서 펴낸 박현채의 『민족경제론』에 대해서는 12명의 학자가 가장 영향력 있던 지성으로 기억했다.[1]

리영희의 『전환시대의 논리』와 불과 3표 차이밖에 나지 않을 만큼 박현채의 『민족경제론』은 1970년대 한국 사회에 큰 영향을 미친 책이다. 이 책은 박현채가 1970년대에 신문과 잡지, 전문지 등에 썼던 글을 추려 묶은 것이었다. 예컨대 「경제학과 나」는 1974년 『서울경제신문』에 쓴 글이고, 「쌀의 반세기」는 『신동아』 1973년 3월호에 실렸던 글이다. 「자원민족주의의 역사와 현실」은 『창작과 비평』 1973년 겨울호, 「자본주의 세계의 구조적 변화와 전망」은 『정경연구』 1977년 3월호에 게재되었다.

『민족경제론』은 박현채의 대표 저서라 할 수 있는 만큼, 우선 목차를 살펴보자.

『민족경제론』은 박현채 경제사상의 정수로 불리면서, 당대의 많은 독자들에게 큰 영향을 미쳤다. 또한 이 개념은 이후 한국 사회를 둘러싼 사회구성체 논쟁의 중심에까지 서게 된다.

박현채는 『민족경제론』의 「책 머리에」에서 이 책을 펴낸 이유를 다음과 같이 밝혔다.

자립적 민족경제의 확립을 위한 길은 생활하는 민중의 소망에 좇아 국민경제의 내용을 정립하는 것이다. 그리고 이것은 한 민족의 자립·자주의 기초를 조성하는 것이기도 하다. 이와 같은 명제에 대하여 어느 누구도 부정하는 것 같지 않다. 그러나 그것에 이르는 방법을 둘러싸고 광범한 견해차가 있다. 견해차는 있을 수 있고 또 있어야 한다.[2]

한편 '민족경제론'이란 제목은 한길사의 직원으로 이 책을 편집한 김학민이 임의로 생각한 것이었는데, 저자인 박현채의 동의를 얻어 제목으로 낙점되었다.

어느 책, 어느 글을 보더라도 박현채 선생은 스스로 '민족경제론'이라는 용어를 쓴 적이 없다. 박 선생의 원고를 교열하고 정리하면서 나는 그의 전 이론 체계를 관통하고 있는 '민족'의 새로운 발견과 '경제'의 인간주의적 해석을 깊이 인식했던 것이고, 그래서 박 선생의 경제평론집 제목을 단번에 '민족경제론'이라 지었던 것이다. 그런데 80~90년대를 거치며 이 책 제목이 하나의 학술용어로 정착되어 사회구성체 논쟁의 중심에까지 자리 잡게 되었으니 나로서는 참으로 기억에 남을 일이다.[3]

이를테면 박현채의 자식 이름을 편집자가 작명한 셈이다. 이런 경우는 종종 있었다. 함석헌의 명문으로 『사상계』 1958년 8월호에 실린 「생각하는 백성이라야 산다」는 마감 날 뒤늦게 원고를 받은 편집자가 조판소로 가는 버스 안에서 제목을 지은 것이었다. 편집자들의 사려 깊은 작명으로 함석헌과 박현채의 글들은 낙양의 지가를 올리게 되었다.

이러한 사례는 외국에서도 있었다. 소설가 에밀 졸라(Émile Zola)는 유대계 군인 알프레드 드레퓌스(Alfred Dreyfus)에게 독일의 간첩 혐의를 씌워 종신형을 선고한, 일명 드레퓌스 사건을 전해 듣고서 그 진실을 파헤쳐 『로로르 L'Aurore(여명)』라는 진보 신문에 기고했다. 졸라의 기고문을 받아 제목을 지은 이는 이 신문의 발행인이었던 조르주 클레망소(George Clemenceau)인데, 지금 우리에게도 잘 알려진 '나는 고발한다'가 바로 그 제목이다. 이 제목은, 무고한 한 군인의 억울함을 풀어주는 데 그치지 않고 진실의 힘이 승리한다는 지성사의 상징이 되었다.

관념적 이론을 넘어,
역사와 운동을 향하여

'우리 시대의 고전'으로 평가받고 있는『민족경제론』에 대해서는 그
간 여러 지식인들이 다양한 연구와 분석을 내놓았다. 정윤형(전 홍익
대 경제학과 교수)은 민족경제론이 1960년대 후반 한국 자본주의가 종
속적 발전의 길로 치닫던 시기에 눈에 띄게 훼손되어가는 민족적 자
주성과 건강한 민중적 삶을 회복하고자 하는 요구에서 출발했다고
보았다. 민족경제론이 마르크스주의 정치경제학에 그 뿌리를 두고
있긴 했지만, 추상적 이론이 아니라 구체적 현실에 대응하는 실천적
이론이라는 것이다. 따라서 이 이론은 유신시대의 민주화운동 그리
고 1980년 광주민주화항쟁을 계기로 고양된 민중운동 속에서 그 실
천적 의미를 획득했다고 분석했다.[4]

『민족경제론』은 박정희가 자립경제론을 내세우면서도 지극히 비
자립적인 재벌 중심의 경제성장을 추구하면서 매판성이 강화되는
데 대한 비판적 입장을 견지하고 있다. 이와 관련해서 박현채 사상
의 계승자로 알려진 조석곤(현 상지대 경제학과 교수)은 민족경제론을 국
민경제 형성에 관한 이론이자 실천적으로는 국가 형성 프로그램이
라고 보았다. 박현채가 말하는 민족경제론이란 해방 이후 정부가 주
도해온 근대화 프로젝트와는 구별되며, 민족경제 안에 실천적이면
서도 체제 변혁적인 성격이 내재되어 있다고 본 것이다.[5]

한편 전철환(전 충남대 명예교수)은 민족적 생존권의 확보와 발전이라
는 민족주의적 요구를 바탕으로 민족경제의 주체적 발전과 그것에

따른 외국자본 및 매판자본의 상호 관계 속에서 민족경제가 구성되는데, 이를 이론적으로 해명하는 논리로서 민족경제론이 제기되었다고 분석했다. 즉 민족경제론을 기존의 경제이론을 받아들이면서 민족 주체적인 인식을 보완한 이론으로 본 것이다. 하지만 단순한 보완만으로는 현상의 다양성과 실천상의 여러 요구를 충족시킬 수 없었다. 따라서 박현채가 시도한 보완은 지금까지 다루지 않았던 새로운 상황과 분야에도 적용할 수 있는 것이어야 했다.[6]

박영호(전 한신대 경제학과 교수)의 연구는 서구 민족경제의 발전 맥락 속에서 박현채의 민족경제론을 검토하고 있어서 상당히 이채롭다. 그는 박현채의 민족경제론에 대한 편협한 인식에 대해 제고를 요청하면서, 이 이론이 고립적·자급자족적 경제구조를 주장하는 것이 아님을 지적한다. 서구의 역사에서 대두된 민족경제론들 가운데서 고립적·자급자족적 경제구조를 추구한 경우는 단 하나도 없다는 것이다. 이렇게 본다면 민족경제론이란, 모든 독립국가들이 세계경제 속에서 자국의 경제발전을 도모하기 위해 추진해온 독자적이고 다양한 경제정책과 경제이론을 전부 아우르는 포괄적 개념인 셈이다.

좀더 구체적으로 말하자면 제국주의 침략과 맞닥뜨린 상황에서는 반제국주의적 경제이론이 민족경제론이며, 경제 종속이 심화되고 있는 사회에서는 탈종속의 경제이론이 민족경제론인 것이다. 시장과 무역 자유화 때문에 민족경제가 받는 피해가 이득보다 크다면 보호무역주의 경제이론이, 반대로 민족경제의 활로가 무역 자유화에 있다고 판단된다면 자유무역론이 민족경제론이 될 것이다. 또한 계급 갈등과 빈부 격차가 극심하고 실업 증대, 환경 파괴, 민족 분열의 조장으로 기존 체제의 의미가 사라진 사회에서는 체제 변혁을 위한 혁명의 경제학이 민족경제론으로 등장할 것이다.[7]

박현채의 민족경제론은 일본에서도 주목을 받았는데, 일본인 경제학자 다키자와 히데키(瀧澤秀樹, 현 일본 고난대 교수)는 체제가 다른 남북 전체를 포괄하는 관점에서 민족경제론에 대한 소견을 밝혔다. 그는 분단이라는 특수한 상황 때문에 민족경제가 제기되었다고 보았다. 분단된 민족 전체의 생존 기반과 통일을 고려한다면, '국가'에 대응하는 '국민경제'는 적절한 개념이 아니라고 본 것이다. 또한 그는 남한은 자본주의, 북한은 공산주의라는 서로 다른 생산양식을 기초로 하는 사회이기에 체제 관통적인 특정한 생산양식과는 일단 분리된 '민족경제'가 제기된 것으로 보고 있다. 이러한 점은 전 조선에서의 사회주의혁명에 대한 전망으로서 제기된 북한의 '자립적 민족경제 노선'과도 차이가 있다.[8]

한편 한국사회과학연구소가 발행하는 『동향과 전망』 2001년 봄호에서는 특집으로 '박현채와 민족경제론'을 기획했다. 유수의 경제학자들이 잡지에서 본격적으로 민족경제론을 분석, 평가한 경우는 이번이 처음이었다. 여기에는 조석곤의 「민족경제론 형성의 사회경제적 배경과 그 이론화 과정」, 이병천의 「다시 민족경제론을 생각한다: 국민경제와 민주주의의 정치경제학」, 박순성과 김균의 「정치경제학자 박현채와 민족경제론: 한국경제학사의 관점에서」가 게재되었다.

우선 조석곤이 분석한 민족경제론의 의의를 살펴보자. 그는 민족

경제론이 1970년대 현실에서 도출된 이론임에도 불구하고 2000년
대에 와서도 유의미한 이유들에 주목하고 있다.

민족경제가 지향하는 경제는 자립경제다. 박현채는 자립경제를 한 민
족이 자기 민족의 민족적 순수성을 유지하면서 외부적 제약 없이 생존
할 수 있는 경제적 기초로 규정했으며, 경제 자립을 평가할 수 있는 기
초로 재생산 조건의 장악과 자기 완결적인 자율적 재생산 메커니즘의
실현, 국민적 확산 메커니즘의 확보, 국민경제와 민족경제의 통합 등을
들고 있다.

이러한 자립경제론은 국지적 시장권론에 입각한 오쓰카(오쓰카 히사오(大
塚久雄, 1907~1996), 일본 경제사학자─필자)의 국민경제론에 영향 받은 바 크
다. 그러나 이 국민경제형성론은 선진 국가의 역사로부터 검출된 것으
로 후진국에 그대로 적용하기에는 많은 문제가 있다. 특히 현재처럼 세
계화가 급속히 진행되는 상황에서는 더욱 그러하다. 그러나 자립경제론
의 또 다른 문제의식인 매판·예속 경제로부터의 탈피와 경제 민주화의
달성을 지향한다는 관점은 국내 분업 연관의 문제, 자본 자유화 시대에
있어서 투자 재원의 국내 조달 문제 등과 관련하여 현 시점에서도 여러
시사점을 제공할 수 있다고 생각한다.[9]

한편 이병천(현 강원대 경제학과 교수)은 박현채의 『민족경제론』에서
혼신의 힘을 불어넣은 글쓰기의 정열과 치열함을 엿보았다. 또한 민
족경제론을 관념적 이론과 경험주의의 이분법으로 떨어지지 않으면
서 당대 비평과 역사 비평을 통합하고, 나아가 학술과 운동의 통합

까지 시도한 하나의 전범이라고 보았다. 이러한 측면에서 한국경제 이론사에서 박현채만큼 비판적 글쓰기의 유산을 남기면서 풍부한 연구 과제를 던져준 인물을 찾아보기 어렵다고 말한다. 이에 대해 이견을 제기할 사람은 아마도 많지 않을 것이다.[10]

박순성(현 동국대 북한학과 교수)과 김균(현 한신대 경제학과 교수)의 예리한 지적도 있다. 이들은 제 민족과 가난한 자에 대해 복종하는 도덕성, 이론의 명령을 실천으로 옮기는 지적 도덕성, 이러한 도덕성을 삶 전체에 걸쳐 일관되게 견지하는 더 큰 도덕성, 이것들이 박현채 삶의 본질이라고 보았다. 해방 이후 한국 현대사에서 이만한 크기의 도덕성을 갖고 있는 사회과학자를 발견하기란 쉽지 않다. 바로 이것이 박현채가 우리에게 끼치고 있는 영향력의 실체일 것이다.[11]

하지만 박현채의 민족경제론에 대해 비판도 적지 않았다. 관변 학자와 보수 언론인들은 민족경제론을 '좌파 이론'으로 극렬하게 매도했다. 이런 이데올로기적인 비난은 접어둔다 하더라도 학문적 비판 중에는 받아들일 만한 대목도 있었다.

민족경제론은 종속형 자본주의 발전을 설명하는 체계화된 이론으로 발전해야 된다는 현실적 · 이론적 요구에 대응했음에도 불구하고, 한국 경제를 과학적으로 분석하는 연구 계획을 구체화시키는 데에서 일정한 한계를 보였다. (……) 민족경제론의 한계는 국가독점자본주의론이 민족 경제론 내부에서 이야기하는 이론적 도구의 빈곤에서, 탈종속의 전략을 체계화하고 대안 체계를 제시할 비전의 부족에서 발견된다. 이러한 한 계는 1990년대 중반 한국 사회에서 비판적 정치경제학의 사변화 또는 한국경제 현실에 대한 침묵으로 드러났다. 하지만 이 시기에, 이러한 한계가 한국경제에 대한 실증 분석의 증대와 비마르크스주의적 정치경제학에 대한 이론적 모색에 의해 극복될 수 있는 가능성으로도 나타났다.[12]

한편 정윤형은 경제학자 겸 평론가로서 박현채의 전성기는 1980년대가 아니라 1960년대 말부터 1970년대 후반 『민족경제론』이 나오기까지라고 지적했다. 일반적으로 1980년대는 '박현채의 연대'라는 말이 나올 만큼 그의 이론이 회자되었던 시기이지만, 정윤형은 『민족경제론』을 박현채 이론의 핵심으로 보았기에 '1970년대 전성기론'을 제기한 것이었다.

'금서'의 딱지가 붙었음에도
동시대와 호흡한 명저

사실 『민족경제론』의 출생은 그리 순탄치 않았다. 불온한 저자의 불온한 내용을 담은 책이 평온할 리 없었다. 박정희 정권은 빨치산 경력에다 김대중의 '경제정책 브레인'이라는 이유에서 오래전부터 박현채의 주위에 덫을 놓고 있었다. 권력의 우상들이 이성의 대변자 리영희와 그의 저작물을 덮쳤듯이 박현채 역시 놓치지 않았다.

1978년 『민족경제론』이 시중 서점에 깔렸을 때 반응은 예상보다 좋았다. 당시 한국의 출판 시장에서 경제 관련 서적은 잘 팔리지 않

박정희 정권은 언론과 출판을 철저하게 통제하며 이른바 '불온서적'으로 분류된 책들은 판매 금지까지 시켰다. 심지어 외설적이거나 불온한 것으로 낙인찍힌 서적들을 공원에서 공개적으로 불태우기도 했다. 1970년, 장충단공원에서 불량 서적을 소각하는 모습.

는 분야로 분류된 지 오래였다. 한길사 대표 김언호는 "『민족경제론』은 출간되자마자 젊은 독자들의 비상한 반응을 불러일으켰다"고 회고한다. 하지만 독자들의 걱정도 잇따랐는데, 1977년 『우상과 이성』이 출간되자마자 리영희가 구속된 데다가 송건호의 『한국 민족주의 탐구』, 고은의 『역사와 더불어 비애와 더불어』, 안병무의 『시대와 증언』 등으로 한길사의 '오늘의 사상신서' 시리즈가 정부의 주목을 받고 있었기 때문이다. 정부에서는 『민족경제론』과 관련하여 한길사에 경고를 한 적도 있다. 한 정부 당국자가 『민족경제론』이 문제의 소지는 있지만 판매 금지까지는 가지 않을 것 같으며 다만 조심해달라는 이야기를 전했다고 한다.[13]

하지만 출간 3달 뒤 『민족경제론』은 정부에 의해 판금(販禁) 딱지가 붙어 서점에서 자취를 감추게 되었다. 그사이에 이미 초판 5천 권이 판매되어 알 만한 사람은 이미 책의 존재를 알게 되었다. 정부에서는 판매 금지를 시키면서도 구체적인 이유를 밝히지 않았다. 저자 '박현채', '민족'이라는 용어, 여기에 짧은 기간에 많이 팔렸다는 복합적인 이유가 작용했을 터였다. 이유를 하나 덧붙인다면, 검열 관계자들의 무지 탓도 있었을 것이다. 막스 베버(Max Weber, 1864~1920)와 성이 같다는 이유로 마르크스를 같은 계열의 인물로 이해하면서 『자본론』이 공산주의가 아닌 자본주의를 예찬하는 책으로 오인되어 검열에 통과되었다고 하니, 이들 검열 관계자의 수준에서 박현채의 『민족경제론』을 이해하기란 쉽지 않았을 것이다.

사실 박현채의 글은 어렵고 난삽하기로 소문이 나 있었다. 이 책을 편집한 김학민은 원고를 들여다보며 맞춤법, 띄어쓰기, 약호 등을 정리하다보면 눈앞이 캄캄해졌다고 한다. 맞춤법, 띄어쓰기를 바로 잡기는커녕 무슨 글자인지 해독조차 불가능한 글자가 부지기수였다는 것이다. 중질지에 괘선이 그어진 싸구려 원고지에 만년필로 휘갈긴 글은 잉크가 번져 있기 일쑤였다. 여기에 박현채의 난필, 악필이 더해지고 초서체에 가깝게 흘려 쓴 한자가 암호처럼 드문드문 박히니 천하의 필적 감정가도 그 해독이 쉽지 않았을 것이다.[14]

그런데 『민족경제론』은 우두머리 우상이 암살되고 이른바 '서울의 봄'이 열리면서 다시 햇빛을 보게 되었다. 1980년 3월에 계엄사령부 검열관의 '검열필'을 받게 되었는데, 조건이 따랐다. 『세대』 1974년 5월호에 발표되었던 「민중과 경제」의 몇 대목을 잘라내라는 것이었

1979년 박정희가 피살되면서 이른바 '서울의 봄'이 시작되었다. 그러나 곧이어 신군부의 쿠데타가 일어나면서 이 잠깐의 봄기운은 사그라진다. 쿠데타로 권력을 장악한 전두환이 대통령으로 취임하면서 제5공화국이 시작된다.

다. 출판사와 박현채는 몸통을 살리기 위해 신체의 일부가 잘리는 아픔을 감내하지 않을 수 없었다.

　부분적으로는 이 책 19쪽의 "경제 외적 강제로 매개된 수탈은 직접적 생산자로서의 민중을 빈곤에 짓눌리게 하는 중요한 경제적 조건이었다"라는 구절이 문제가 되었다. 이 구절은 "현 사회의 밑바탕을 구성하는 민중은 정치적으로는 피통치 집단이었지만, 그 사회를 지탱하는 정치적·경제적 힘은 민중에 의해서 비로소 성립된다"는 구절로 바뀌치기 되었다. 그리고 통째로 잘려나간 부분은 다음과 같다.

곧 역사는 민중의 생활이며 경제의 직접적 담당자는 민중이다. 그러나 그들은 그들의 노동의 성과에 정당하게 참여하는 것을 거부당해왔다. 그리고 정당한 참여에의 요구는 번번히 배신의 쓰라림을 맛보아야 했다. 그래서 오늘도 우리는 그간의 지속적인 경제성장에도 불구하고 의연히 민중의 빈곤 문제를 안고 있다. 경제에 대한 인류의 역사는 자본주의 성장이 그랬던 것처럼 시대의 힘찬 발전이 시작되려고 할 때는 어떠한 모습으로든지 민중의 부의 형성을 볼 수 있었다고 한다. 이것은 바꾸어 말하면 민중에의 보다 많은 경제 잉여의 귀속이 새로운 것, 보다 창조적인 것을 약속한다는 것을 뜻한다.[15]

박현채의 『민족경제론』은 수난을 겪었지만 그럼에도 고전의 반열에 오르게 되고, '민경'이라는 약칭으로 불리면서 대학생들의 필독서가 되었다. 1970~1980년대 리영희, 송건호 등의 일련의 저서와 함께 청년들의 '의식화'를 위한 저작이 된 것이다. 진보 진영에는 시대의 복음서였지만 보수 세력에게는 저주의 금서였다. 이들 작품은 많은 청년들에게 폭압과 질곡의 시대를 극복하게 하는 정신적 자양분이 되었다.

한편 이 책에 대해서는 일본 학계에서도 비상한 관심을 보였다. 한국의 사회경제사 연구에 조예가 깊은 가지무라 히데키(梶村秀樹, 전 일본 가나카와대 교수)는 1985년 10월 발행된 『한국 자본주의와 민족운동』의 일본어판 서평에서 '민족경제론'에 대한 평을 덧붙였다. 우선 그는 한국 재야의 실천적 경제학자이자 민족운동의 지주로서 박현채를 소개한다. 그리고 『민족경제론』을 일반적인 사회 발전사를 파악하는 방법론에 기초하여 한국 자본주의의 역사적 구조를 가능한 한 정확하고 구체적으로 해명하려 한 노력의 결정이라고 보았다. 그는 식민지시대의 한국 자본주의가 단순히 일제의 식민정책에 의해 말살된 것이 아니라 일정한 법칙에 따라 전개되었다고 전제한 점, 그리고 해방 이후 남북이 분단되고 외세가 개입하기 시작하면서 식민지 경제구조의 청산에 실패한 점, 이후 독점자본주의의 완성 단계에 이르렀지만 민중이 해결해야 할 실천적 과제로서 민족경제의 확립이 요구된다는 점 등을 민족경제론의 특이점으로 거론하고 있다.[16]

민족이 곧 민중이고, 민중이 바로 민주주의다

편집자의 증언대로 『민족경제론』에서는 그 어디에서도 '민족경제론'이라는 용어가 등장하지 않는다. 책의 정신과 바탕에는 '민족경제'의 광맥이 흐르고 있지만, 박현채 본인이 이 용어를 사용하지는 않은 것이다.

　박현채가 민족경제론을 보다 정치하게 정리한 것은, 『민족경제론』이 출간된 지 6년 뒤인 1986년에 발표한 논문 「민족경제와 국민경제」에서였다. 이 논문에서 박현채는 민족경제의 개념을 다음과 같이 정의한다. 다소 길지만 인용해본다.

일찍이 우리는 민족경제를 좁은 의미에서 두 측면으로 다음과 같이 규정했다. 그것은 존재로서의 민족경제이고 다른 쪽에서는 당위로서의 민족경제다. 존재로서의 민족경제는 다음과 같은 것이다. 첫째, 민족경제는 범세계적인 자본운동의 과정에서 한 민족이 민족적 순수성과 전통을 유지하면서 그것에 의거, 생활하는 민족 집단의 생활 기반이다. 둘째, 이것은 순수 경제적인 자본운동의 측면에서는 국민경제의 형식에 포함되는 하위 개념이다. 셋째, 민족주의적인 관점에서는 국민경제보다 높은 상위 개념이다. 넷째, 곧 민족경제는 경제적으로 민족주의의 근거이며 외세의 지배하에서도 면면히 계승되는 민족사의 정통의 장이라고 말할 수 있다.

이것에 대해 당위로서의 민족경제는 다음과 같은 것으로 된다. 첫째, 민족경제는 한 민족의 정치 · 경제적 통일체이어야 하며, 둘째, 민족을 위한 힘과 부를 창조하는 과정임과 동시에 장으로서의 민족의 내면적인 생활 통일체이어야 한다. 셋째, 민족경제는 그 완성된 경제적 내용을 국민경제의 자주 · 자립을 실현할 수 있는(국민경제의 형식과 내용이 하나로 되는) 국내적으로 완결된 자율적 재생산 구조로 한다는 것이다.

이와 같은 민족경제의 개념은 넓게는 모든 민족사적 시기에 적용할 수 있다. 그리고 이와 같은 광의의 민족경제의 개념은 민족경제를 다음과 같이 말하게 할 수 있다. 민족경제는 민족사에서 민족적인 것을 유지하고 그것을 발전시키는 경제적 기초다. 이것은 사회적 인종 공동체의 제1단계(민족, 민족체: 민족 단체의 공동체)에 존재하는 것으로 이 역사에서 사회적 · 인종적 형태(민족적 형태)로 상대적 독립성을 지니고 자기의 발전 가운데 먼 과거의 요소로서 전승되는 정서에서 논리적인 이데올로기 그리고 민족 정책에 이르는 것으로서 그 구체적인 생활양식에 대한 요구로 되는 '민족적'인 뜻의 경제적 기반으로 된다. 이런 의미에 있어서 민족경제는 한 민족 집단에 있어서 본래적인 것인 데서 정상적인 민족적 생활에서 크게 두드러진 것으로 되는 것도 아니다. 그것은 다른 민족 집단과의 관계에서 민족적 생활양식이 위기에 처했을 때 보다 두드러지고 강조되게 된다.

민족적 위기에 처해 민족적 생활양식이 위협받을 때 자기 생활을 지키기 위한 민중적 저항이 구체화되는 것은 전체적인 민족경제의 존재를 반영하는 것이다. 그리고 이런 것들은 근대 자본주의 사회에서 보다 명확한 것이 된다. 자본주의는 사회적 인간공동체의 최고의 완성 단계인 민족공동체에 그 경제적 기초를 두는 것이지만 자본운동의 범세계성 때문에 민족 간 그리고 다른 사회적 인간공동체와의 접촉을 낳고 이들 간의 민족적 모순을 생기게 한다. 그리고 근대 자본주의에 의한 시장 개방의 요구는 개방을 강요받는 나라들에 있어서 민족적 생활양식 그리고 민족경제에 대한 위협으로 된다. 여기에 자본주의 발전의 서로 다른 유형에서 민족주의적 표현 양식의 서로 다른 양태가 주어지게 된다. 그리고 이런 것들은 전후의 신식민주의 상황에서도 약간의 표현 양식을 달리하면서 관철되고 있다. 곧 경제 쪽에서 민족주의의 경제적 기초는 민족경제에 있다.[17]

사실 그가 학문 세계에 발들일 때에는 농업 문제에 관심을 기울이고 있었다. 해방 뒤 인구의 70~80퍼센트가 농어민인 상황에서 농업 문제는 민족주의자로서 피할 수 없는 핵심 관심사였던 것이다.

그래서 석사 논문에서도 '소농 경제'의 문제를 다루었다. 그런데 박정희 정권이 1962년부터 농어촌의 희생을 기반으로 수출 산업을 강화하는 경제개발 5개년 계획을 추진하면서 이후에는 외자도입법이 제정되고 관세무역일반협정(GATT)에도 가입하는 등 국제경제가 한국경제에 더욱 큰 영향을 미치게 되었다. 이에 박현채는 본격적으로 개방 체제에 관심을 기울이면서 이에 대한 비판적인 작업을 벌여 나간 것이다. 당시에 그의 사상은 마르크스와 게오르크 리스트(Georg List), 칼 뮈르달(Karl Myrdal)의 영향을 받고 있었다.

경제 자립 문제에 골몰해 있던 박현채는 1970년대로 넘어오면서 '민족혁명형 경제 모델'을 구체화시켰다. 때로는 남의 이름을 빌려 글을 발표하면서 생각을 발전시켰는데, 정윤형·안병직과 함께 한국 자본주의 성립사론을 정리하기로 합의한 후 한 사람의 박사 논문을 대신 써준 적도 있었다. 이런 모든 과정이 '민족경제론'이라는 대이론을 펼치기 위한 과정이었다.[18]

한편 『민족경제론』의 위광으로 빛을 보진 못했지만 비슷한 시기에 출간된 『민중과 경제』는 박현채의 초기 저작물로서는 값진 책이다. 『민족경제론』은 1978년 4월 1일에 초판이, 『민중과 경제』는 8개월 뒤인 12월 20일에 초판이 나왔다. 『민중과 경제』는 문고판보다는 조금 크고 일반도서보다는 약간 작은 형태의 143쪽짜리 책으로 '정우 교양신서' 시리즈의 일곱 번째 도서로 출간되었다.

당시에 박현채는 시대 상황의 변화와 '신분'의 한계로 실천적 사회 참여를 하기 어려운 처지였다. 따라서 글쓰기 외에는 달리 다른 길을 찾기 어려웠다. 청탁하는 매체가 많지는 않았지만 그때마다 마다

하지 않았고, 더러는 가명이나 타인의 명의로 원고를 쓰는 경우도
있었다. 박현채는 『민중과 경제』의 머리말에서 저간의 심중의 일단
을 밝혔다.

참여는 바로 자기 학습의 과정이기도 하다. 참여와 자기 학습의 소산
인 몇 개의 글을 다시 여기에 묶었다. 이렇게 함으로써 우리 문제에 관
심 있는 모든 사람들의 참여와 자기 학습에 극복을 위한 자료를 줄 수
있고 민중의 보다 나은 내일에 조금이나마 기여할 수 있으리라 생각되
었기 때문이다.[19]

박현채에게 '민족'이나 '민중', '민주주의'는 국민학교 시절부터 의
식과 심장의 한가운데에 자리 잡은 가치관이었다. 일제 식민지와 동
족상쟁, 이승만 · 박정희 시대의 반민족 · 반민중 · 반민주주의 체제
를 겪어오면서, 이런 가치에 대한 열망은 더욱 체화되었다. 그래서
민족이 곧 민중이고 민중이 바로 민주주의라는 삼위일체의 등식을
신념화하면서 이를 위한 경제학 논리를 전개했다. 그의 수많은 경제
평론에는 주제가 무엇이든 민족 · 민중 · 민주가 바닥에 깔려 있다.
이를 바탕으로 1970~1980년대에는 직접 '민중론'의 중심에 서기도
했다.

책 제목을 '민중과 경제'라고 한 것도 이런 깊은 속내 때문이었다.
책의 첫 논설로 실린 「민중과 경제」는 『민족경제론』에 수록된 같은
제목의 글과는 전혀 다른 내용이었다. 박현채는 4 · 19혁명으로부터
점차 치솟는 기층 민중의 역량에 때로는 감탄하고 때로는 좌절하면

서 역사에서 민중의 역할에 천착했다.

그는 당대의 민중이 수동적 · 피조자적 · 주체적 민중으로 뒤섞여 있으나 더욱 능동적이고 주체적인 민중이 구체화되어가고 있다고 보았다. 계급의식, 민족의식, 시민의식, 인류의식 등을 매개 삼아 새로운 의식에 이르고 있다고 본 것이다. 또한 민중들이 자각하여 정당, 노동조합, 농민조합 등의 자발적 결사를 조직함으로써, 자기주장을 관철시키면서 자신들을 소외시키는 세력에 저항한다고 생각했다.[20] 이는 사회학자들의 교과서적인 '민중론'이 아니라 이 땅에서 토속적 민초들의 삶을 살아온 박현채의 육화된 '민중론'이다. 이 같은 인식을 전제로 그는 '민중과 경제'의 관계를 탐구한다.

경제적 관점에서 민중은 역사적으로 직접적 생산자이면서도 노동 생산의 결과, 즉 사회적으로 생산된 경제 잉여의 정당한 참여에서 소외된 광범한 사람들을 주된 구성으로 한다. 따라서 역사에 있어서 민중은 사회적 생산력의 주된 담당자였으며 국부(國富)의 생산자였다. 그러나 그들은 한 사회의 구성상 피지배 상태에 처해 있었고, 따라서 노동의 결과에서 소외된 채 인간적 요구의 관철을 저해 받아온 사람들이다.[21]

박현채는 국민학교를 졸업하면서 책상물림이 아닌 생산노동자의 길을 걷고자 했다. 하지만 그의 신체 조건과 시대 상황은 이를 허용하지 않았고, 결국 민중과 함께하는 민족경제학자의 길을 걸어갔다. 박현채는 생산자이면서도 생산된 경제 잉여의 배분에서 소외된 민중의 아픔을 대변하고자 하는 많은 글을 썼다.

박현채는 「민중과 경제」에서 '근대 이전의 민중', '근대 이후의 민중', '우리 역사에 있어서의 경제와 민중' 등을 기술한 후 다음과 같이 결론을 맺는다.

한국에 있어서 민중의 상황은 그 역사적 위치에도 불구하고 주체적 · 능동적이지 못하다. 그리고 이것은 국민경제의 상황에서 경제성장 결과의 광범한 민중 소외로 사회적 불균형을 확대시키고 있다. 국민경제에 있어서 민중의 소리는 근원적인 국민경제의 구조에서 이미 주어지고 있으나 우리의 경우 국민경제의 성장 유형은 이를 더욱 심화시키는 요인으로 되고 있다.

오늘 우리나라 민중이 당면한 문제는 많다. 그것은 민주주의, 평화, 민족과 통일, 인권에 이르는 광범한 자기 과제에서 제시된다. 계급적 · 계층적 이해의 조정에서 공동의 자기 요구를 정립하는 것은 오늘 우리가 직면한 상황에 대처하는 중요한 계기다.[22]

30년도 더 지난 오늘날 다시 읽어도 빈틈없는 진단이고 합당한 처방이다. 이후 상황은 더욱 악화되어 현재까지도 민중들은 '99대 1'의 아픔을 겪고 있고, 소수 재벌들에게 권력과 자본이 집중되는 양극화 현상이 지속, 확대되고 있다.

피로 물든 시대,
묵숨을 건 외침

인간성 회복을 위한
경제이론을 추구하며

박현채는 '사자는 토끼를 잡을 때에도 혼신의 힘을 다한다'라는 좌우명을 마음에 품고 매사에 성실함을 보였다. 특히 글쓰기에 그러했다. 재야 경제학자, 경제평론가, 시간강사, 보따리 장사 등의 꼬리표를 달고 열심히 공부하고 집필했다. 비록 필체는 난필이고 내용은 난해했지만 정신은 옹골찼다. 수필 한 편도 허투루 쓰지 않아 글쟁이의 전범이 되었다.

박 선생께서는 어떤 주제 글을 청탁받으면 우선 주제에 해당하는 자료를 수집하고 수집된 자료를 일일이 검토하면서 줄거리를 메모합니다. 이때 천재적인 박 선생의 머릿속에는 한 편의 논문이 정립되어 있는 듯 구술할 수 있게 되고 이를 받아쓰기만 하면 한 편의 논문이 완성되는 것입니다. 이처럼 우리는 하룻밤에 원고지 50매, 심지어 밤샘으로 100매

이상의 원고를 완성하기도 하고, 이와 같은 작업을 주야로 계속하기도
했습니다.

이 과정에서 제가 하는 일은 난해한 용어를 가능한 한 풀어쓰는 것, 일
본 말투를 한글세대의 말투로 하는 것, 각주를 다는 일 등이었습니다.
그럼에도 불구하고 박 선생의 글이 세상에서 난해한 글의 대명사가 된
걸 보면 필화 사건을 피하고자 하는 의식도 작용했을 것입니다. 박 선생
자신은 이를 '현실의 몽둥이'라 표현했고, 또한 역사적 오류를 남기지 않
기 위해서 '역사의 몽둥이'라고 표현하면서, 매번 이와 같은 두 개의 몽
둥이 사이에서 고심을 다한 것입니다.[1]

김대중의 『대중경제론』의 집필을 함께했고 이후 시국 사건에도 함
께 연루되어 고초를 겪었던 임동규(현 민족도장 경당 총재)가 곁에서 지
켜본 박현채의 글쓰기 '습성'이다. 이와 같은 정력과 사명감을 바탕
으로 박현채의 글쓰기 작업은 쉼 없이 진행되었다.

1978년 『민중과 경제』, 『민족경제론』을 출간하기 전에 박현채는
평민사에서 『전후 30년의 세계 경제사조』를 펴냈다. 이 책에는 「전
후 30년의 세계 경제사조」, 「국부론과 자본론」, 「한국 노동운동의
전개과정」, 「다시 등장한 소작제도」라는 4편의 논문을 실었다. 박현
채는 이 책의 머리말에서 자신이 생각하는 경제이론의 개념을 제시
한다. 그는 이를 논리의 조작이나 명상의 산물로 보는 게 아니라, 근
대 시민사회의 배경 및 형성과 궤를 같이하는 사회적 필요에 의한
소산이라고 보면서 이는 삶을 살아가는 사람들의 요구에 기초하여
제시된다고 밝혔다. 즉 이 책에 묶은 논문들은, 비록 충분히 구체화

되지는 않았지만 민중의 현실을 해명하면서 그 생활에서의 요구를 어떻게 실현할 것인가 하는 문제의식에서 비롯된 것이다.[2]

책 제목이기도 하고 책을 관통하는 주제 글이기도 한 「전후 30년의 세계 경제사조」는 30쪽에 이르는 학술 논문이다. "경제학의 당면 과제는 성장이 아니다. 경제이론 및 경제사상의 새로운 요구는 정치 경제학으로의 복귀, 보다 심오하게는 인간성의 회복이다"라는 발문에서 보듯이, 박현채 경제학의 본질은 '인간성의 회복'에 있었다. 이는 세계 경제사조나 국내 경제사조에서나 마찬가지였다. 자본주의 경제체제가 강화될수록 상품을 추구하는 경향이 강화되고, 따라서 빈부 격차가 심해지면서 비인간화 현상이 나타난다는 것이다. 이 논문의 마지막 부분을 보면 역시 30여 년 시차를 뛰어넘을 만큼의 '현재성'이 느껴진다.

오늘날 세계경제는 일찍이 경험하지 못한 새로운 양상에 직면하고 있다. 무원칙한 성장은 자원의 낭비와 공해, 사회적 분배에 있어서 불균형을 심화시켰고, 세계경제에 있어서 중단되지 않는 인플레이션 과정에서 일찍이 경험하지 못한 불황을 가져왔다. 그리고 이는 세계경제를 구성하는 민족 간 대립을 첨예화시켰을 뿐 아니라 한 사회구성 내에서 계급 간의 이해 대립을 격화시킴으로써 세계를 혼돈 속으로 몰아넣고 있다.[3]

이 책에 실린 「국부론과 자본론」도 한 번쯤 읽어볼 만한 역작이다. 다섯 개의 장으로 구성된 42쪽 분량의 이 논문을 여기에서 자세히 소개하기는 어려우므로, 그 대신 각 장의 핵심 화두를 담고 있는 '발문'을 살펴보자. "『자본론』과 『국부론』은 상호 대립하는 두 개의 계급적 이해를 제시하며 두 개 세력의 역사적 흐름을 밑받침한다." "애덤 스미스는 경제인은 인간의 본래적 유형이며, 경제인적으로 행동하는 것이 '정의의 법'에 합치된다고 했다." "『국부론』의 경제학적 업적은 국부의 원천을 노동에서 구하고 이의 증대의 능동적 원인을 이기심에서 구한 데 있다." "마르크스에게 있어 제1전제는 인간의 감성적인 행동, 그 끊이지 않는 감성적인 노동과 창조였다." "애덤 스미스가 상정한 시민적 질서나, 마르크스의 자본주의 경제 제도는 현실 세계에서 존재하지 않는다."[4]

이어서 네 개의 장으로 구성된 「한국 노동운동의 전개과정」의 각 장 발문들도 함께 살펴보면 다음과 같다. "노동운동은 노동하기를 소망하는 자, 그리고 노동하다가 직업을 상실한 노동계급 전반의 연대 위에서만 자기의 올바른 길이 발견될 뿐이다." "노동운동을 규정지은 내·외부적 조건은 근로계급의 역사적 성격, 정치·경제·사회·법률적인 조건들이다." "노동조합 민주화의 계기는 끊임없는 투쟁 속에서 투쟁을 허구화하려는 노조 상층부의 어용화를 폭로하는 데 있다." "우리나라 노동운동은 역사의 단절이 아니라 지속적인 흐름이며, 이 흐름은 발전을 낳는다고 입증할 수 있다."[5]

엉뚱한 사건에 연루,
다시 옥고를 치르다

40대 중반의 왕성한 필력으로 연구 성과를 쏟아내던 박현채에게
1979년 한 해는 '저술 연대기'에서 공란으로 남았다. 엉뚱한 이유로
구속되었다가 1년여 만에 집행유예로 풀려났기 때문이다. 박현채는
앞서 소개한 오랜 친구 임동규와 함께 1979년 3월 13일 치안본부
대공분실과 남영분실에 연행되었다. 통혁당의 재건을 기도했다는
혐의였다. 물론 임동규와 가까운 박현채를 엮기 위한 음모가 작용했
다. 다음은 이 사건과 관련한 임동규의 증언이다.

그래저래 연행된 사람은 나름대로 이유가 있었지만 박 선생님만은 아
무런 이유 없이 연행된 것입니다. 표면적인 이유는 임동규와 무슨 연관
이 있지 않겠느냐 하는 것이지만, 진정한 이유는 가명이든 차명이든 박
선생이 전개하는 논리가 거슬렸기 때문입니다. "박현채 이 자식을 집어
넣어야 하는데 잡을 건덕지가 없단 말이야!" 하는 것이 매번 수사 과정
에서 여과 없이 내뱉은 수사관들의 말이었습니다. 그때에 수사가 거의
끝나갈 무렵 저의 집을 압수수색하는 과정에서 제가 박 선생님에게 빌
린 『독일의 농민전쟁』이라는 책이 나왔고, 박 선생과의 대화를 집요하
게 추궁하던 과정에서 아무런 관련이 없다는 것을 강조하기 위해 "제가
박현채 씨에게 한국에서는 도시 게릴라가 가능할까?" 하고 물은즉 박현
채 씨가 "안 돼! 다 죽어!"라고 했을 뿐이라는 진술을 근거로 연행했던
것입니다.[6]

박정희의 유신 권력은 비판적 민족경제학자를 잡으려 덫을 놓고 기다렸으나 그는 좀처럼 걸려들지 않았다. 그래서 임동규를 체포한 후 몰아붙였다. 그리고 이렇게 '도시 게릴라'를 거부하는 발언을 빌미로 구속하고 재판에 넘겼던 것이다. 몰상식과 야만의 극치를 보여준다. 통혁당 재건위 사건에 박현채가 연루된 데 대해 월간 『다리』의 주간으로 박현채와 가까이 지냈던 임헌영은, 박현채의 실수나 과오가 전혀 없었으나 고약한 시대의 불운이었다고 말하기도 했다.[7]

박현채는 서대문구치소에 수감되어 재판을 받다가 1980년 2월, 10개월 만에 무혐의로 풀려났다. 그는 감옥에서 박정희가 김재규의 총탄에 쓰러졌다는 소식을 들었다. 이에 대해서는 박현채가 따로 소견을 밝힌 적은 없는 듯하다. 그 대신 둘째 딸의 언급에서 가족의 정서를 어느 정도 읽을 수 있다.

이제 두 아이의 엄마가 된 둘째 딸 금정 씨는 "나는 언제 죽을지 모르는 사람이다. 아빠 없다고 생각하고 마음 든든히 먹고 커야 한다"는 얘기를 귀에 못이 박히도록 듣고 자랐다. 그래서인지 몰라도 자립심이 남보다 강한 것 같다며 웃는다.

금정 씨는 1979년 박정희 대통령 시해 사건 당시의 상황을 이렇게 회상한다. "박정희 대통령이 총에 맞아 죽을 때 나는 고등학교 2학년이었어요. 학교에 가보니 모두들 울고 있는데, 나는 너무 기쁘더라고요. 뚜렷한 정치의식이 있었다기보다는 그저 우리 아버지를 괴롭히던 사람이 죽었구나 하는 생각이 들어 박수를 쳤어요."[8]

1962년 4월 28일, 박현채의 결혼식 사진. 이 시기는 박현채의 삶 가운데서 얼마 되지 않는 안정되고 행복한 시절이었다.

여기서 박현채의 가족사에 대해 한번 살펴보자. 그는 대학원을 졸업한 후 농연의 연구원으로 일할 때 이화여대 사범대 졸업반이던 김희숙을 만났다. 그리고 김희숙이 대학을 졸업하던 1961년 봄에 두 사람은 결혼했다. 이후 줄줄이 3남 1녀를 낳았고, 박현채의 대학 강사료와 원고료로 근근이 생활을 꾸려 나갔다. 그가 구속되고서 강사료와 원고료가 끊어지자 부인이 가계를 떠맡았다. 그런 중에도 아이들은 모두 잘 자랐고 공부도 꽤 잘하는 편이었다.

김 여사는 아이 키우는 일에서 가정 경제, 맏며느리 역할을 동시에 해내야 했다. 그러나 후회는 없다면서 자신이 희생한 만큼 박 선생은 우리 사회를 위해 많은 일을 하지 않았느냐고 반문한다. 김 여사가 양보할 수 없었던 것은 아이들 교육 문제였다. 그는 딸 셋이 모두 비사회과학을 전공하게 하는 데 영향력을 행사했다. 큰딸 순정 씨는 서울대 생화학과, 둘째 딸 금정 씨는 연세대 영문과, 셋째 딸 현희 씨는 이화여대 시청각 교육과에 들어갔고, 막내아들 정근 씨만이 한신대에서 경제학을 전공하고 있다. 정근 씨는 박 선생의 민족경제론을 완성시키겠다는 야심을 갖고 있다.[9]

어려운 환경에서도 잘 자라준 자녀들은 박현채에게 축복이었다. 부단히 힘겨운 가족의 노고와 자활 능력 덕분에, 그는 온갖 탄압과 역경 가운데서도 뜻을 굽히지 않으면서 저작 활동에 전념할 수 있었다.

한편 1979년 박정희가 피살되는 10·26사태가 일어난 후, 같은 해 12월 12일에 박정희의 품 안에서 성장한 전두환 등의 정치군인들이 다시 쿠데타를 일으켰다. 이들은 군권을 장악하고서 기회를 노리고 있었다. 1980년 '서울의 봄'은 이들의 음모에 따라 안개가 끼다가 곧 먹구름으로 덮여갔다.

1980년 2월에 출감한 박현채는 광주에 머물면서 옥고로 상한 육신을 추스르고 있었다. 그러던 중 서울에서 '지식인 시국선언'을 준비한다는 연락이 왔다. 송건호를 비롯하여 장을병, 서남동, 유인호, 이호철 등 가까운 지식인들이 참여한다는 소식이었다. 계엄령 해제와 민주화를 촉구하면서, 국토방위의 신성한 임무를 수행하는 국군은 정치적으로 엄정하게 중립을 지키라고 요구하는, 134명이 서명한 선언문이었다. 박현채는 지체 없이 참여했다. 5월 15일 선언문이 발표되었다. 그러나 계엄사령부의 검열로 언론에는 한 줄도 보도되지 못했다.

5·18 민주항쟁 전야,
심상치 않은 광주에서

광주에서는 1980년 3월부터 신군부 세력을 규탄하고 민주화를 요구하는 집회와 시위가 연일 계속되었다. 집회의 연속선상에서 5월 17일 저녁 양서협동조합 주최로 광주여자기독교청년회관에서 '한국 경제의 오늘과 내일'이라는 주제로 강연회가 개최되었다.

이날의 연사는 다름 아닌 박현채 형이었다. 강연은 1층 대강당에서 열렸는데 입추의 여지 없이 시민, 학생들로 꽉꽉 들어찼다. 당시 광주 시민들의 민주화 열기를 반영하는 듯했다. 특히 고등학생들도 많이 모였는데 학교 측의 방해 공작에도 굴하지 않고 모인 것을 보면 당시 고등학생들의 선진적인 의식도 엿볼 수 있다.

강연회를 무사히 마치고 우리는 자주 이용하는 식당으로 가서 뒤풀이 행사를 가졌다. 자정이 지날 무렵, 라디오에서 이상한 방송이 흘러나왔다. "전국에 비상계엄령 확대 실시"라는 내용이었다. 이 소식을 접한 박 형이 대뜸 "낌새가 이상하다. 무언가 일이 일어날 것이다. 앞으로 서로 연락하지 말고 뿔뿔이 흩어져 지내자"는 말과 함께 "문병란 선생을 잘 모시고 공부하라"고 당부하면서 헤어졌다.[10]

이날 밤 전두환 군부는 계엄령을 전국으로 확대하면서 민주 인사들을 대거 체포했다. 이튿날부터 광주에서는 이에 저항하는 시민항쟁이 전개되었고, 신군부는 공수부대를 투입하여 수천 명의 시민과

1980년 5월 광주에는 전쟁과 다름없는 광풍이 휘몰아쳤다. 계엄령 확대에 반대하는 시민들은 부지기수로 학살되었으나, 그럼에도 시민들은 뜻을 모아 광폭한 군대에 대응했다.

학생들을 무차별 살상했다. 광주 학살이 자행된 것이다.

박현채는 광주 학살의 광풍 속에서 서울로 올라왔다. 박현채의 이력으로 미루어본다면, 이 과정은 다소 이해하기 어려운 부분이다. 당시 광주에서는 수많은 이들이 신군부 세력의 퇴진을 요구하면서 무장 항쟁을 벌이고 있었다. 그런데 소년 빨치산 출신으로 격렬한 투쟁에 참여한 이력이 있는 박현채가 무자비한 학살이 자행되고 있는 현장을 빠져나온 것이다.

사실 그에게 광주는 '외지(外地)'였는지라 저항에 나설 수 있는 여건은 아니었다. '조직적 연대'의 인맥이 없었던 것이다. 그럼에도 불구하고 민중항쟁의 현장에서 이탈한 것은 평소의 신념과는 다른 처신이었다. 이와 관련해 그의 지우(知友)인 박중기는 자신이 박현채의 부인을 만나 "자칫 개죽음을 당할지 모르니 광주로 내려가 어떤 수단을 써서라도 남편을 서울로 모셔오라" 하여, 무사할 수 있었다고 증언한다.[11]

광주항쟁을 진압한 신군부 세력은 저항 세력에 대한 탄압에 나섰다. 박현채도 '지식인 시국선언'에 참여한 것과 관련해서 서대문경찰서에 끌려가 1주일 동안 조사를 받고 풀려났다. 송건호와 이호철 등이 중앙정보부에 끌려가 혹독한 고문을 당한 것에 비해 비교적 수월하게 풀려난 것은, 출소한 지 얼마 되지 않았고 주모자가 아니라는 것이 밝혀졌기 때문이었다.

1980년 9월 1일 신군부 세력의 수장이었던 전두환이 제11대 대통령으로 취임하고, 10월 22일 국민투표를 통해 헌법이 확정되면서 이른바 제5공화국이 시작되었다. 이듬해 3월 3일 또다시 체육관 선

거를 치러 전두환은 제12대 대통령이 되었고, 3월 25일 제11대 총
선이 실시되면서 5공 체제가 수립되었다. 10 · 26사태로 한때 찾아
온 민주화의 봄은 그렇게 권력의 맛을 본 정치군인들에 의해 저물어
갔다.

광기의 시대,
'농민 조직화'를 주장하다

박현채는 거듭되는 한국 사회의 정치적 변란과 세월의 변조 속에서
지식인으로서의 무력감을 느껴야 했다. 연치(年齒)는 어느덧 40대 후
반에 이르렀고, 시대의 먹구름 속에서 생활은 더욱 쪼들렸다. 5공의
폭압 속에서 그를 연사로 부르는 강연회가 있을 리 없었고, 원고 청
탁도 가뭄에 콩 나듯 했다. '서울의 봄' 기운으로 한때 잘 팔리던 저
서도 날개를 접었다.

박현채는 그동안 여기저기에 기고했던 농민 · 농업 관련 글을 모
아 1981년 4월 『한국농업의 구상』을 출간했다. 한길사에서 '오늘의
사상신서 23'으로 출간한 것이었다. 360쪽의 이 신서에는 21편의
농민 · 농업 관련 논문을 실었다. 가장 많은 시련과 소외를 겪으면서
도 가장 적게 이익을 보고 있는 농민들에 대한 애정을 담아 쓴 글들
이었다.

아무리 폭압 정권이라도 '천하지대본'이라는 농민 · 농업 문제를
다룬 책을 막을 명분은 없었다. 출판사도 이런 틈새를 노려 '감히'

5공 초기에 박현채의 책을 낸 것이었다. 우선 이 책의 본문 구성을
살펴보자.

IV. 농민에 의한 농민의 기구

농업에 있어서 국가자본의 역할

한국농업 발전의 방향 정립

농민에 의한 농협 운동

V. 움직이는 인간으로서의 농민

농민의 자각과 농민운동

농민운동과 농업 발전

책의 목차를 소개한 것은 박현채의 농민·농업·농정 전반에 걸친 해박한 지식과 대안 제시의 스펙트럼을 살피기 위해서다. 그는 여느 전문가 못지않게 농업·농민 문제 전반에 걸쳐 폭넓은 지식과 대안을 갖추고 있었다.

「저자의 말」을 살펴보면 박현채의 농업·농민에 대한 인식을 엿볼 수 있다. 그는 농업을 "낭만 어린 목가적인 사업도 아닐 뿐만 아니라 변함없이 향수를 안겨주는 대상도 아니"라고 말한다. 농촌은 농민들의 생존을 위한 장(場)일 따름이라는 것이 그의 생각이었다. 농업이 자본주의적인 지배체제에 편입되면서 농촌에도 메마른 경제 논리가 들어왔다고 본 것이다. 그렇다고 해서 근대에만 농촌이 이러했다고 파악한 것은 아니었다. 역사적으로 고찰해보면, 과거의 농촌에는 자연과의 직접적인 상호 접촉에서 오는 정감이 있긴 했지만 그것이 우리가 관념적으로 생각하는 낭만적인 것은 아니었다고 말한다. 즉 인간 간의 상호 관계는 과거에도 메말랐다고 본 것이다.[12]

『한국농업의 구상』의 마지막에 실린 「농민운동과 농업 발전」은

『창작과 비평』 1978년 겨울호(제50호 기념 특집호)에 '농민운동의 과제와 방향'이라는 제목으로 실려 화제를 모았던 글이다. 단행본에서는 제목을 살짝 바꿔 수록했는데, 이 글이 화제가 되었던 것은 유신 말기의 상황에서 박현채가 본격적으로 농민운동을 제기했기 때문이었다. 그는 이 글에서 농민운동의 과제를 다음의 세 가지로 제시했다. 첫째, 토지 공개념의 확대를 통해 국유화를 실현하면서 농민 해방을 시도함으로써 토지 문제를 해결해야 한다. 둘째, 농민의 진화를 통해 소경영 양식을 극복하고 자본제적 진화를 시도해야 한다. 셋째, 이와 같은 경제적 기초 위에서 농촌의 민주화가 실현되어야 한다.[13]

『한국농업의 구상』에 수록된 논문 중 또 하나 주목해볼 만한 글은 「농민의 입장에서 본 경제정책」이다. 이 글은 원래 『기독교 사상』 1978년 7월호의 특집 '농민의 현실과 농촌 선교'에 게재되었다. 『기독교 사상』의 특집에는 박현채의 논문 외에도 배종열의 「한국 교회와 농촌 선교」, 최병욱의 「농협, 무엇이 문제인가」가 함께 실렸다.

농업 경제정책과 관련하여 박현채는 "농민의 자기이해 실현을 위한 정치경제적 조직은 해방 후의 약간의 시기를 제외하고는 지속적으로 거부되어왔다"고 지적하면서 "유일한 경제조직인 농협은 일반 농민의 참여가 사실상 봉쇄된 기관으로서 상품 실현을 위한 도구로 전락 이용되어왔다"고 진단했다.[14] 이어서 농민층 스스로가 조직화를 시도하여 자기 이익을 실현시키고 광범위하게 현실에 참여하는 노력을 기울여야 한다고 역설했다.[15] 지금 보면 지극히 상식적인 말 같지만, 유신 말기의 광기가 넘치는 시대에 이 같은 주장은 그리 쉬운 게 아니었다.

왕성한 필력,
멈추지 않는 학문적 열정

광주민주화항쟁 이후의 폭압적 시기에, 박현채는 농업 문제에 대한 관심을 놓지 않으면서 자본주의 및 경제이론에 대한 연구도 이어갔다. 1981년 4월에는 『자본주의 발달사 연구서설』이라는 책을 편역하여 한길사에서 펴냈는데, 수록된 논문은 모두 일본 경제학자들이 쓴 글들이었다.

그런데 박현채가 왜 이 시점에서 『자본주의 발달사 연구서설』을 편역했는지는 의문이다. 이에 대한 실마리는 편역자로서 직접 집필한 「자본주의 발전에 대한 인식」에서 찾을 수 있을 것 같다.

박현채는 자본주의의 고전적 유형인 선발선진자본주의형의 특징을 철저한 시민혁명의 경과, 국민경제의 동질적 통합, 경제 외적인 것의 거부, 사회 내적인 내재적 생산력의 발전 등이라고 보았다. 즉 신발신진자본주의형은 능동적인 자기 발전을 통해 현 체제를 구축한 것이다. 그런데 후발 주자라 할 수 있는 후발선진자본주의형과 식민지종속형은, 선발선진자본주의형의 역사적 전개를 외부적 조건으로 받아들여야만 했다. 민족의 멸망을 막기 위해 자본주의적인 생산양식을 받아들여야만 했던 것이다. 이에 따라 후발선진자본주의형에서는 철저한 시민혁명의 결여, 이중 구조의 잔존, 국가자본주의에의 의존, 외부적 충격에 의한 발전 등이 특징으로 드러난다. 또한 식민지종속형에서는 시민혁명의 결여, 국민경제의 이중 구조와 이식적인 식민지 경제구조, 강요된 희화적인 근대화, 식민지 종속을

1980년대 초반에 박현채는 민족경제론을 발전시키는 한편 서양의 다양한 이론들도 국내에 소개했다. 박현채가 국내에 소개한 경제학자들로, 윗줄 왼쪽부터 마르크스, 슘페터, 케인스, 아랫줄 왼쪽부터 오이켄, 하이에크, 갤브레이스 등이 있다.

통한 상품경제에의 편입, 경제 외적 관계의 온존이라는 특징이 나타난다.[16]

『자본주의 발달사 연구서설』을 펴낸 다음 해에 박현채는 또 한 권의 비중 있는 책을 편역한다. 저명한 경제학자들의 논설을 선정하여 묶은 『현대경제사상사』였다. 1982년 8월 전예원 출판사에서 발행한 이 책에는 마르크스, 슘페터(Joseph Schumpeter, 1883~1950), 케인스(John Maynard Keynes, 1883~1946), 로빈슨(Joan Robinson, 1903~1983), 오이켄(Rudolf Eucken, 1846~1926), 하이에크(Friedrich Hayek, 1899~1992), 갤브레이스(John Galbraith, 1908~2006), 볼딩(Kenneth Boulding,

1910~1993), 뮈르달 등 20명의 저명한 경제학자들에 관한 논문을 실었다. 집필자들은 대부분 일본의 경제학자들이었고, 박현채는 「아담 스미스와 칼 마르크스: 『국부론』과 『자본론』」을 집필했다.

박현채는 "혼미를 거듭하고 있는 현대경제학을 이해하는 눈을 계몽시켜줄 뿐 아니라 독자 개개인이 갖고 있는 독자적인 경제사상을 체계화시키고 그것에 대응하는 이론적 무기를 검토하는 기회를 만들기 위해" 이 책을 구상했다고 밝혔다.[17] 그가 일본인 학자들의 저술만을 선정한 것은 아무래도 외국어 독해의 한계 때문인 것 같다.

한편 1982년 9월 박현채는 『한국경제의 구조와 논리』를 펴냈다. 이 책 역시 1970년대 후반부터 1980년대 초반까지 쓴 4편의 논문을 묶은 것으로 『씨올의 소리』, 『신동아』, 『정경연구』 등에 실렸던 것이었다. 이 책에서는 특히 「복지국가와 민주주의」라는 논문을 주목해 볼 만하다. 박현채는 이 논문에서 뮈르달의 '계획 민주주의' 개념을 소개한다. 뮈르달은 당대의 부유한 나라들에서 대규모 기업이 시장을 지배하고 노동조합이나 농민 단체 등이 성장함으로써 현실은 자유주의적인 이상 상태로부터 괴리되고 있다고 보았다. 따라서 이러한 상황을 극복하기 위해서는 국가의 대규모 간섭이 필요하다는 주장을 편다.[18] 박현채가 뮈르달의 이론을 통해 제기하고 싶어했던 이러한 문제는 마치 오늘날 한국의 상황을 말해주는 것 같다. 포식성 신자유주의라는 괴물이 시장 질서를 어지럽히는 문제를 그는 1980년대 초에 제기한 것이었다.

6장

경제평론가에서
경제사상가로 거듭나다

사회구성체 논쟁의
시대가 열리다

박현채에게 1970년대가 '민족경제론'의 시대였다면 1980년대는 '사회구성체(사구체) 논쟁'의 시대라 할 수 있다. 『창작과 비평』 1985년 가을호에 발표한 「현대 한국 사회의 성격과 발전 단계에 관한 연구 (1)」은 이 시기 박현채의 사상적 지향을 보여주는 글로, 1990년대 초반까지 이어지는 사구체 논쟁의 불씨가 된다. 가정사로 본다면, 문제적 삶을 살았던 박현채 때문에 평생 마음고생을 피할 수 없었던 그의 부친이 작고한 후 박현채가 집필한 글이었다.

　당시의 시대 상황을 살펴보면, 1985년 2월 12일 실시된 제12대 총선에서 김대중과 김영삼이 이끄는 신민당이 돌풍을 일으키면서 민주한국당을 압도하고 제1야당으로 부상했다. 이어서 5월 23일 대학생들이 미문화원 점거 농성을 벌였고, 서울 구로공단의 대우어패럴 노조를 비롯하여 전국 도처에서 노동자들이 파업을 벌이는 등 강고

1985년 초는 제12대 총선을 앞두고 대학생과 노동자들의 시위가 잇따랐고, 신민당도 여기에 가세해 한껏 민중들의 목소리가 고조되었다. 사진은 1985년 2월, 거리에서 시위 중인 사람들의 모습.

한 5공 체제에 지각 변동이 일어나고 있었다.

이러한 시기에 발표된 「현대 한국 사회의 성격과 발전 단계에 관한 연구 (1)」에는 '한국 자본주의의 성격을 둘러싼 종속이론 비판'이라는 부제가 달려 있었다. 당시에 지식인들은 종속이론에 관한 논쟁을 활발하게 벌이고 있었는데, 이 논문은 이러한 논쟁에 대한 박현채 나름의 답변이기도 했다.

박현채 경제사상의 핵심이기도 한 이 논문은 '한국 사회의 성격과 발전 단계 해명의 의의', '한국 사회의 성격 및 발전 단계에 대한 논의', '역사 인식에 있어서 보편성과 특수성'이라는 3개의 장으로 구성되었는데, 내용을 요약하는 것이 그다지 쉽지 않다. 그의 글에서 일반적으로 나타나는 현상이기도 하지만 대목 대목이 전체 맥락과 이어지기 때문에, 어느 한 부분을 떼어내서 설명하고 평하기가 어려운 것이다. 우선 박현채가 구상한 사구체에 대한 내용을 엿볼 수 있는 부분을 인용해본다.

한 사회의 성격을 밝힌다는 것은 그 사회에서 인간 간의 상호 관계에서 주어지는 모순 관계를 밝힌다는 것을 의미한다. 먼저 그것은 한 사회에 있어서 기본적인 내적 모순을 밝히는 것이다. 한 사회에 있어서 기본적 내적 모순을 밝힌다는 것은 사회구성체로서의 한 사회에 존재하는 기본적 모순을 역사적으로 이어지는 사회 발전의 단계에 비추어 제시하는 것이다.

한 사회의 성격이 사회구성체로서 자본주의냐 아니냐는 바로 그와 같은 것들이다. 그리고 한 사회에 있어서 내적 모순은 때로는 한 사회를 구성하는 경제제도 또는 생산양식 안에서의 모순으로 이야기되기도 한다. 그러나 한 사회의 성격을 밝힌다는 것은 때로는 한 사회에 존재하는 여러 모순 가운데 주요한 것을 밝히는 일이 되기도 한다.

한 사회에서 주어지는 인간 간의 상호 관계에는 부차적인 것이 있을 뿐 아니라 이들 사회가 밖으로 연관되면서 여타의 많은 외적 모순을 가지며 이와 같은 부차적이거나 외적 모순은 기본적인 것을 젖히고 주요 모순이 되기도 하기 때문이다. 기본 모순은 일정한 사회구성 또는 경제제도(또는 생산양식) 안에서 주어지는 인간 간의 사회적 관계의 대립 또는 모순이고, 주요 모순은 기본 모순을 내재적인 것으로 가지면서 일정한 사회구성 또는 경제제도 상호 간에 주어지는 모순이라는 것은 그런 의

미에서다.[1]

박현채는 한 사회의 내적 모순이 사회를 구성하는 경제제도나 생산양식의 모순으로 이어진다고 보았다. 그리고 일정한 역사적 시기에 외적 모순이 주요 모순으로 전화함으로써, 많은 혼란을 야기하며 한 사회에 대한 성격 규정이나 해명이 필요해진다고 설명한다. 식민지·반봉건사회론에 의거한 한국 사회의 사구체적 성격 규정은 바로 이러한 고민에서 비롯된 것이다.[2]

박현채는 종속이론과 주변부자본주의론에 대한 분석에 이어 사회구성체론을 보다 정밀하게 정리한다. 그는 한 사회의 경제적 기초를 생산양식이라 하고, 생산양식이 존재하는 데 필요한 사회의 식을 상부구조라고 규정했다. 그리고 이들 생산양식과 상부구조를 사구체 혹은 사회체제라 하며, 사구체 특유의 생산관계를 경제적 토대라고 보았다. 따라서 박현채에게 사구체란 내부적으로 균형과 조화를 이루는 하나의 전체이고 직관적으로 존재하는 하나의 역사적 사실이다.[3]

이러한 전제하에 박현채는 국가독점자본주의론을 주장하면서, 그와는 다른 견해라 할 수 있는 식민지·반봉건사회론이나 주변부자본주의론에 이의를 제기한다.

역사 인식에 있어서 경제적 인식은 다른 역사 인식, 전체적인 역사 인식에서 고립되어서 존재하는 것은 아니다. 그것은 전체적인 역사 인식과의 관련에서 주어지고 현상은 모든 것의 서로 얽힘이다. 따라서 경제적인 쪽에서의 올바른 역사 인식은 그 경제적인 쪽에서는 물론 전체적인 역사 인식을 위한 완결된 체계(그것이 아직 완벽한 것은 아니고 인간 능력의 유한성 때문에 끝내 완벽한 것이 되는 것도 아니다)를 갖춘 것이어야 한다. 그뿐만 아니라 논의의 창조적 발전을 위해서는 개념이나 분석 수단과 같은 기초적 범주에 대한 정확한 인식이 선행되어야 한다.

결론적으로 한국 사회의 성격과 발전 단계의 해명을 위한 분석 이론으로서의 주변부자본주의 사회구성체론이나 식민지 · 반봉건사회론은 동기나 배경에도 불구하고 올바른 역사 인식을 위한 노력에서 중요한 예단 또는 오류에 빠져 있다고 말할 수 있다.[4]

박현채의 이 논문이 수록된 『창작과 비평』 1985년 겨울호에는 이대근(현 성균관대 명예교수)의 논문도 함께 수록되었는데, 박현채는 국가독점자본주의론을, 이대근은 주변부자본주의론을 주장하면서 경제학계에서는 좀처럼 보기 드문 논쟁이 시작되었다. 이 논쟁은 경제학과 사회학의 영역을 넘어서 인문사회과학을 비롯한 진보적 영역으로 확대되었으며, 그간의 논쟁이 운동권에 의해 촉발되었던 양태에서 벗어나 오히려 운동권에 지대한 영향을 미치며 변혁 운동의 일부를 '지도'하는 위치로까지 격상되었다. 또한 전공 분야나 정치 성향을 불문하고 소장 연구자나 지식인층의 공통적인 관심사로 자리 잡았다.[5]

사구체 논쟁과 관련해 박현채의 회고를 살펴보자.

원래 당시 논쟁은 자연발생적인 것이 아니라 사전에 의도된 것이었는데, 논쟁 자체는 충분한 것이 되지 못했죠. 1985년 상황은 이론적으로 상당한 혼미를 거치고 있었고, 그것이 사회적 실천성에 있어 허다한 문제를 불러일으키고 있었습니다. 따라서 먼저 이 같은 혼미를 이론적으로 극복하려는 역사적 소명에의 충실한 입장으로부터 두 사람이 시작한 겁니다. 『창작과 비평』의 폐간과 논문 발표 이후의 지나치게 큰 반향에 대한 위축감으로 논쟁이 올바르게 진행되지 못한 데 대해서 상당히 안타깝게 생각합니다. 쭉 논쟁을 계속하고 개입했어야 하는데 그것만 하고 딱 끝내버렸거든요. 우리로서는 감당할 수 없으리만큼 너무 커졌다, 이거지요.[6]

현대사 연구자인 정현주가 역사와 사회를 사구체론을 통해 바라볼 때 갖는 의의에 대해 질문하자 박현채는 "사회구성체적인 인식은 한 사회의 기본적인 모순을 인식하는 것"이라고 설명했다. 그리고 사회의 성격을 논의한다는 것은 한 사회의 주요 모순을 해명하는 것이고, 그런 의미에서 사회구성체적인 입장에서 문제를 다루기보다는 사회 성격 문제로서 당면한 주요 모순을 명확히 제시하는 것이 필요하다고 지적했다.[7]

『사회와 사상』 기획위원 정민은 「사회구성체 논쟁」이라는 글에서 "1985년 촉발되어 예상 밖으로 확대된 이 논쟁은 그 영향력이나 격렬성, 대중적 호응도에서 선례를 찾기 어려울 정도"라고 전제하면서 이 논쟁의 의미를 다음과 같이 간명하게 정리했다.

박현채-이대근 논쟁은 1980년대의 사회 성격 논쟁의 직접적인 서막이었고, 세계를 인식하는 철학적 태도에서부터 한국 자본주의 분석의 방법론이나 한국 근현대사 성격에 대한 관점에 이르기까지 주로 원칙적·방법론적인 차원에서 입장 개진이 있었다. 하지만 이론적 틀의 정교화나 실증적 분석은 과제로 남게 되었다. (……)

박현채-이대근 논쟁은 곧바로 주변부자본주의론은 소시민적 이론이고 국가독점자본주의론의 '승리'로 대체로 결말지었다가, 그 후 한편으로는 국가독점자본주의론의 방법론적 정당성을 인정하면서도 현실 분석에서 그것을 '내재적 비판'을 통해 일정하게 '수정'하려는 시도가 광범위하게 등장하고, 다른 한편으로는 양자의 입장 자체가 기본적으로 같은 문제점을 공유한다고 보면서 새로운 출발을 제시하는 시도가 개진된다.[8]

경제사상가의 반열에 올라, 논쟁을 전개하며

민족경제론을 제기하고 사구체 논쟁을 거치면서 박현채는 경제평론가, 경제학자에서 경제사상가의 반열에 올라선다. 5·16쿠데타로 유신 체제를 겪으면서 다수의 지식인들이 시대정신을 잃고 '도구적 지식인'으로 전락했을 때 그는 실천적 학문의 탐구에 열정을 쏟으면서 한국 지식인 사회에서 독특한 위상을 차지할 수 있었다.

박현채의 경제학 연구에 큰 영향을 끼쳤던 애덤 스미스, 칼 마르크스, 조지프 슘페터는 단순한 경제학자가 아니라 사상가이기도 했다.

이와 마찬가지로 박현채 역시 이제 경제 분야를 뛰어넘어 폭넓은 학문을 수렴하면서 민족 모순과 시대 모순의 현장에서 위엄 있고 담대한 발언을 서슴지 않게 되었다.

박현채가 앞서 제기하고 불붙인 사구체 논쟁은 1980년대 중반 한국 지식인 사회의 거대한 담론이 되었고, 운동론과 결합하면서 더욱 확장되었다. 도서출판 죽산은 1988년부터 박현채와 조희연(현 성공회대 사회과학부 교수)을 편자(編著)로 하여 『한국사회구성체논쟁』을 단행본으로 묶어내기 시작했다. 1989년 1월 발행된 『한국사회구성체논쟁』 제1권에서 편자들은 자신들의 의도를 이렇게 밝혔다.

1980년대 이후 한국 사회의 구조적 성격과 그것의 실천적 함축을 둘러싸고 전개된 다양한 논쟁을 총괄하여 '한국 사회구성체 논쟁' 혹은 '한국 사회 성격 논쟁'이라고 불러왔다. 이 논쟁은 1980년경 공개적인 논쟁으로 전환된 이후, 이론적 역량과 실천 경험의 축적에 상승하여 보다 더 높은 수준의 논쟁으로 발전되어왔다.

그런데 논쟁이 발전되어가면서 논의의 영역이 확대되고 논의의 심도가 깊어지면서, 최근에는 학술 연구자들이나 관심 있는 일반인들 사이에서 "논쟁이 너무 복잡하고 전문적이어서 갈래를 잡을 수 없다"라는 지적이 많이 나오고 있다. 그동안 이 논쟁에 '직간접으로 관련을 맺어온' 편자들로서는 이러한 문제점을 극복해야 한다는 '책무' 같은 것을 느끼게 되었다.[9]

사구체 논쟁이 확대되자, 근래 보기 드물게 대중적인 호응을 얻으

'변혁' 규명 향한 80년대 '지적 활화산'

한국사회 성격논쟁

Ⅰ 연재를 시작하며

Ⅱ 한국자본주의 성격 　—한국자본주의의 성격과 전망
　　　　　　　　　　 —사회성격논쟁의 현단계

Ⅲ 국가권력의 성격과 민족운동 　—국가의 역사적 성격
　　　　　　　　　　　　　　　 —사회 성격과 민주변혁

Ⅳ 통일과 민중운동 　—통일은 계급 아닌 민족의 문제
　　　　　　　　　　 —민중은 진짜 통일을 원한다

Ⅴ 사회성격논쟁의 실천적 의미

우리 사회의 성격문제를 둘러싼 '사회구성체논쟁'은 주로 사회과학 단행본을 통해 진행되면서 80년대 최대 논쟁으로 부각되고 있다.

이론·운동권 실천 논의 맞물려 진행
종속론 비판서 발화…분화·합의 거듭

무크 '장비'로 등장

민족모순론의 대두

상호 비판속 발전

사구체 논쟁은 1980년대 한국 사회를 뜨겁게 달구며 1990년대 초반까지 이어진 논쟁이었다. 진보 진영에 걸쳐 있는 지식인과 운동권들 거의 대부분은 직간접적으로 이 논쟁에 참여했다. 사구체 논쟁을 연재, 보도한 『한겨레』 1989년 6월 16일자 기사.

면서 전개되는 유의미한 학술 논쟁이라는 유용론(有用論)과 함께, 실천과 유리된 현학적이면서도 관념적인 논쟁이라는 무용론(無用論)이 겹쳐서 제시되었다.

사구체 논쟁이 진보 학계의 거대 담론으로 부상하자, 출판사는 이후 『한국사회구성체논쟁』을 3권 더 간행하여 논쟁을 확산시켰다. 이들 4권 책의 부제는 각각 '80년대 한국 사회 변동과 사회구성체 논쟁의 전개', '현 단계 사회구성체 논쟁의 쟁점', '논쟁의 90년대적 지평과 쟁점', '동유럽 사태와 우리 사회 변혁론 논쟁'이었다. 박현채는 이 책의 1권에 『창작과 비평』에 실렸던 「현대 한국 사회의 성격과 발전 단계」와 「민족경제론의 구성과 기초 이론」, 「한국 자본주의의 전개과정」을 수록했다. 이후 계속 간행된 책에는 더 이상 자기 글을 수록하지 않고 다른 사람들의 논문을 실으며 논쟁을 이끌었다.

'사구체 논쟁'의 사회적 배경과 전개과정을 연구한 여현덕(현 유엔 평화대학 아태센터 사무총장)은, 우리 사회에 변혁 운동의 과학적 이론 정립과 실천의 문제가 제기되었을 때 사회 발전의 역할과 근거를 총체적으로 해명해보려는 시도로서 사구체론이 도출되었다고 보았다. 그는 논쟁의 주요 내용과 의의를 다음의 네 가지로 분석, 정리했다. 첫째, 사회 발전에 있어서 모순의 본질과 위치 및 상호 관계를 파악하고, 그 단계의 성격을 규명하고자 했다. 둘째, 그러한 성격 규명을 바탕으로 변혁의 대상과 성격, 동력을 설정했다. 셋째, 그 가운데서 사회 변혁의 논리와 주체·동맹·제휴 세력을 분석했다. 넷째, 이러한 분석에 근거하여 변혁 주체들에게 전략·전술의 기초를 제공해주었다.[10]

즐기던 술·담배도 줄이고
글쓰기에 전념하다

박현채는 1980년대 중반 들어 점차 당뇨가 늘고 혈압도 별로 좋지 않았다. 즐기던 술·담배를 줄이면서 호걸풍의 그로서는 다소 호기(豪氣)가 줄어들기도 했다. 하지만 그 대신 청렬(淸烈)한 글쓰기에 더욱 열정을 더해갔다. 1985년과 1986년에는 정치 상황이 다소 호전되면서 여기저기서 원고 청탁이 밀려왔다. 여전히 할 말이 많았고, 그만큼 관심 분야도 넓어졌다. 경제뿐만 아니라 민족·인권·국제·현대사·분단 문제 등에 두루 천착하게 되었고, 이와 관련해서 적잖은 글을 썼다. 인문사회과학 전반에 걸쳐 통섭적인 연구를 하며 글을 쓰던 시기였다.

박현채는 논문, 평론, 시론, 에세이를 막론하고 어떤 글이든 허투루 쓰는 법이 없었다. '글쟁이'라면 누구나 마찬가지겠지만, 특히나 박현채는 발표 매체에 따라 들이는 공을 달리하지 않았다. 그가 2년 동안 쓴 글 중 확인된 것만 70편이 넘는다. 그중에는 신문에 기고한 원고지 10매 안팎의 시론도 없지 않지만, 대부분이 논문이거나 평론이다. 박현채의 박식과 열정이 엿보인다.

한편 박현채가 이 시기에 집필한 「통일론으로서의 자립적 민족경제의 방향」은 오랫동안 그가 탐구해온 정신적·이념적 지형을 보여주는 글이다. 민족경제론에서부터 제기해온 '민족'과 '경제'라는 키워드를 1980년대 들어서 다시금 자신의 이론으로 정립해 보여준 글인 셈이다.

민족은 인류가 만든 최고의 인종공동체다. 그리고 그것은 단순한 자연의 산물이 아니라 사회적 존재로 되는 인간의 부단한 사회적 실천의 소산이다. 자본주의에서 근대 자본주의 사회의 소산이 되는 민족은 그밖의 나라에서는 밖으로부터 외세의 침략 앞에 자기를 지키기 위한 싸움의 과정에서 이루어진다. 따라서 그것은 보다 격렬한 싸움의 소산이다. 우리 역사에서도 근대적 민족의 형성은 1860년대에서 비롯된 민족적 저항기와 일제 식민지 통치하 민족해방운동의 과정에서 주어진다.

전후의 과정에서 우리는 민족국가 건설을 위한 길에서 주어진 모든 견해차를 민족 안에 수렴할 수 없었다. 그리고 이런 것들은 외세의 이중의 개입과 일부 친일 동조 세력의 재대두로 8·15를 민족적인 변혁으로 하지 못하고 역으로 남북 분단으로 되게 한다.

그뿐만 아니라 남북 분단은 단순한 국토의 분단이 아니라 민족공동체의 해체로 되게 했다. 그것은 민족공동체 안의 견해 대립으로 되었어야 할 이데올로기적 대립을 민족공동체 밖으로 끌어내고 그것을 민족 위에 세우는 깃으로 간주했기 때문이다.[11]

이러한 고민의 방향은 계급 문제와 결부해서도 유사하게 나타난다. 1986년에 발표한 「한국 민족주의 주체와 계급 문제」는, 1983년 창작과비평사에서 펴낸 『한국민족주의론』 제2권에 실린 「분단 시대 한국 민족주의의 과제」에서 펼쳤던 문제의식의 연장선상에 있는 논문이다. 이 논문에서 박현채는, 한국의 민주화를 위해서는 단순한 헌법의 개정이 아니라 진정한 민족해방의 실현에 의한 자주독립, 낡은 것의 청산을 통한 민주주의 실현, 그리고 민족 분단 상황의 극복

에 의한 통일이 필요하다고 보았다.[12]

한편 박현채가 1985년 10월 『해방 전후사의 인식』제2권에 발표한 「남북 분단의 민족경제사적 위치」는 일명 '해전사'의 성가를 높여주는 글이었다. 이때까지 '남북 분단의 민족경제사적 위치'와 같은 주제의 글은 찾아보기 쉽지 않았다. 모름지기 글은 어떤 내용인가도 중요하지만, 누가 언제 쓴 것인가가 더 중요하다. 이 주제의 필자로는 박현채가 적합했다. 이 논문에서 박현채는 일제강점기와 미군정기부터 비롯된 우리 민족의 경제 문제를 짚어 나가면서 방대한 자료들을 개괄한다. 그는 이 논문에서 다음과 같은 결론을 이끌어낸다.

전체적으로 볼 때 중요한 역사적 시기에서 미군정의 역할은 부정적이다. 그것은 한국 민족의 역사적 맥락에서 주어진 민족 주체적인 힘, 그리고 식민지 유제의 청산을 위한 귀속재산(식민지 자본주의)의 처리에 있어서 민중적 방식, 지주·소작 관계의 청산에 대한 농민적 요구의 건전성에도 불구하고 이것을 부정하는 것이 됨으로써 민족의 분단을 고정화하는 것이었다. 그리고 이런 논의는 미국 쪽에서는 물론 상당한 범위에서 그 타당성이 인정되고 있다. 논의는 미군정의 정책이 구체적으로 어떻게 그리고 무엇 때문에 우리 안에서 주어진 주체적인 힘과 식민지 유제 청산과 새로운 민족경제 확립을 위한 길, 그리고 민족적 통합의 기초가 되는 경제적인 상호 교류의 흐름을 거부했는가가 밝혀지는 것이어야 한다.[13]

유토피아를 꿈꾸며,
공동체주의를 향하여

민주화운동가 출신인 김도연은 1983년 자신이 세운 출판사 공동체에서 "분단 극복의 문화운동"을 제창하며 무크지 『공동체 문화』를 창간했다. 그는 '공동체 문화'라는 말이 제3세계 실천적 민중문화운동의 본질을 나타내는 개념이라고 보면서, 공동체 의식의 회복을 통해 민주주의와 민족 통일에 이르는 과학적 방법론을 모색하기 위해 이 무크지를 창간했다고 밝혔다.

박현채는 1984년 12월에 발간된 『공동체 문화』 제2집 중 '공동체를 어떻게 볼 것인가'라는 특집에 재야 민주화운동가 백기완과 함께 기고했다. 그가 쓴 글의 주제는 '공동체론, 공동체 운동'이었다. 박현채는 1871년의 파리, 동학혁명기의 집강소(執綱所), 1950년대의 지리산, 1980년의 광주 등에서 형성된 코뮌에 관심이 많았다. 그는 "모든 인류가 반드시 경험한, 그리고 지금 경험하고 있는 사회생활의 양식"을 공동체라고 보았다. 즉 그의 공동체 개념은 작게는 가족으로 환원될 수 있지만 크게는 마을 또는 민족으로 확대될 수 있는 개념이었다.[14]

사실 동양에서는 공동체 이론이나 공동체 실천운동이 오래전부터 전개되었다. 이는 이상향을 지향하는 유토피아 사상으로도 이어졌다. 한편 서양에서는 토머스 모어(Thomas More, 1478~1535)의 『태양의 도시』가 출간되면서 한 차례 주목받은 바 있다. 또한 기독교 운동에서도 원용되어, 가난한 이들에게 '약속된 땅'과 '새로운 왕국'을 기약

함으로써 미래에 대한 희망을 주었다. 이러한 공동체에 대한 구상은 1789년 프랑스혁명의 한 흐름이기도 했던 공상적 사회주의에도 영향을 미쳤다.

박현채는 흔히 좌파, 즉 사회주의 이념가로 분류된다. 본인도 1990년대 초반, 동구 사회주의권의 붕괴를 지켜보면서 큰 충격을 받고 정신적인 좌절을 겪었다고 한다. 20세기에 자본주의와 사회주의가 대립하고 있을 때 그가 사회주의적인 지향을 보인 것은 분명하다. 그의 많은 글들에서도 사회민주주의에 대한 지향성이 다분히 엿보인다. 하지만 박현채 사상의 핵심은 현실 자본주의와 사회(공산)주의를 뛰어넘는 이데올로기로서 공동체(코뮌) 정신이 아닐까 싶다. 그런 의미에서 '공동체론, 공동체 운동'은 박현채에게 대단히 중요한 주제였다.

농업 문제에 관심이 많았던 박현채는 1960년 4월혁명 이후에 '협업농' 이론을 제기하기도 했다. 지나치게 영세한 농업 구조로는 농민의 삶을 향상시키기 어려우므로, 이러한 상황을 탈피하기 위해 협업 체제가 필요하다는 주장이었다. 임동규의 인터뷰를 통해 박현채의 생각을 살펴보자.

이론적으로는 한국농업 빈곤의 원인이 구조적인 데에 있다. 지나치게 영세한, 규모의 영세성, 이런 것이 생계 농업 이상을 벗어날 수 없지 않느냐, 그래서 어느 정도 농업이 구조적으로 생계 농업에서 기업농으로 이렇게 되어야 하는 거 아니냐. 그러려면 규모가 커져야 되지 않겠느냐, 좌우간 그런 취지로 문제제기가 됐고, 그러면 열 농가가 합쳐서 경종 농업이면 경종 농업대로 키워서 하고, 그러면 남는 잉여 노동은 어떻게 할 것이냐, 그러면 협업으로 축산도 하고 여러 가지, 말하자면 내포화, 경영의 내포화를 통해서 규모를 점차적으로 키워 나갈 수밖에 없지 않느냐 그런 것이었는데 (······).[15]

하지만 5·16쿠데타 이후 '멸균실' 수준의 반공 체제에서는 협업농과 같은 농업생산 구조 문제를 거론하는 것 자체가 불온시되었다. 이러한 측면에서 본다면 '협업'이란 수십 년 동안 박현채의 마음속에서만 숙성되어온 꿈인데, 이것이 '공동체 이론'으로 펼쳐진 것이다.

박현채는 동서양 공동체의 역사를 추적했는데, 한국의 공동체로는 두레패, 군포계(軍布契), 대동계(大同契), 향약(鄕約) 등을 그 예로 들었다. 그는 계급이 자리 잡지 못한 공동체에서 수확물은 기본적으로 자기 노동을 통해 얻은 것이므로, 수확의 증대는 결국 자기 노동의 증대를 뜻한다고 보았다. 그리고 공동체 안에서 인간의 일생이라는 시간성의 측면에서 본다면, 결국 공동체 자체의 재생산, 즉 영원성이 보장된다는 것이 박현채의 공동체에 대한 인식이었다.[16]

그는 공동체 이론이나 공동체 운동을 당대의 실천적 과제로 여겼지만, 당시로선 경험이 부족했고 일반화되지도 않았으며 이론적으로도 정립되지 않은 초보 단계라고 보았다. 그렇다면 박현채가 구상하는 공동체의 실체는 어떤 것이었을까? 그는 계급 분화가 없는 원시공동체에서는 공동체적인 삶이 주어지지만, 계급 사회에 이르면서 수탈과 억압의 삶이 시작된다고 보았다. 원시공동체의 민중적 성

박현채가 토머스 모어를 존경한 데에는 그만한 이유가 있었을 터. 모어가 유토피아를 꿈꾸었던 것을 비롯하여, 명문가이자 논쟁가였던 점은 박현채와도 상당히 유사해보인다.

격, 즉 공동체의 긍정적 성격이 역사 발전 단계에 따라 달라진다고 본 것이다.[17]

이렇게 본다면, 박현채에게 공동체란 그야말로 유토피아였다. 그래서인지 그는 유독 토머스 모어를 좋아했다. 1981년 자유문고사에서 출간된 『내가 생각하는 멋진 사람들』은 각계 인사 20명이 각자 멋진 사람들을 추천해서 쓴 글을 묶은 책이다. 문학평론가 김병걸은 「볼테르와 볼리바르」, 작가 이문구는 「민중의 벗 이토정」, 언론인 홍사중은 「자로(子路)」를 집필, 수록했다. 여기에서 박현채는 토머스 모어를 추천하고 그에 대한 글을 썼다.

박현채는 에라스무스의 말을 빌려 모어를 "순백한 눈보다도 맑고 깨끗한 때 묻지 않은 양심의 사람이고 영국에서 일찍이 볼 수 없었던 천사적 지성을 지닌 사람"이었다고 소개한다.[18] '때 묻지 않은 양심의 사람'이라는 평가는 박현채 자신도 지향하는 인물상이었다. 그가 모어를 '멋진 사람'으로 꼽은 것은, 모어가 권력에 굴하지 않고 신넘을 좇아 죽음도 마다하지 않는 지성과 용기를 지녔기 때문이었을 것이다. 그와 함께 모어가 『유토피아』의 저자였던 점도 그에게 매력으로 작용하지 않았을까 싶다.

모어는 이상과 현실의 괴리 가운데서 '유토피아'를 제시했지만, 군주의 이해관계를 좇아야 하는 현실이 이상의 실현을 가로막고 있다고 생각했다. 따라서 그는 불편이 따르더라도 자기 능력과 에너지를 공공의 이익을 위해 써야 한다고 결심하면서 자기 책임을 강조한다.[19] 이러한 모어의 생각은 박현채에게 상당한 깨달음을 주었을 것으로 짐작된다. 박현채는 모어에 대해 "인문학자로서 기지와 여유를 준 인물이며 개인의 양심을 지키기 위해 일어선 위대한 순교자로 존경할 만한 인물"이라고 평했다.[20]

누구보다 치열하게 현실의 변혁을 추구했던 박현채를 '유토피아론자'라고 한다면 납득하지 않을 사람이 많을 것이다. 하지만 후대에 크게 변질된 '유토피아'나 잘못 번역된 '이상주의'와는 달리 '공동체'라는 용어를 대입한다면 달라질 것이나. 박현채는 그렇게 자신의 이상을 펼치고 있었던 것일지도 모른다.

왕성한 저술 활동으로
이론을 펼치다

무크지의 시대,
단골 필자로 등장하다

'동아자유언론수호투쟁위원회' 출신 김언호는 "우리 시대의 삶과 사상의 구조를 밝히고 이 땅의 역사적 현실을 해석하는 공개된 자리"를 만들겠다는 사명을 내걸며 『한국사회연구』를 창간했다. 한길사에서 1983년 여름부터 펴낸 이 무크지는 연 2회 발행되었다. 창간호에는 박현채를 비롯하여 리영희 · 송건호 · 김진균 · 송기숙 · 전철환 · 이대근 · 신경림 등 진보적인 학자 및 문인들이 참여했다. 박현채는 '1945년 이후사의 조명'이라는 연속 기획 지면에 「해방 전후 민족경제의 성격」이라는 논문을 실었다. 5공 체제 이후 대중매체에 비중 있는 평론으로는 처음이었다.

경제 전문가의 논설에서는 피할 수 없는 일이지만, 박현채의 글에는 각종 증빙 자료와 통계, 도표 등이 꼼꼼하게 붙어 있는 탓에 일반 독자들로서는 글에 접근하기 어려운 측면이 있다. 주변에서 이를 지적해도 그는 바꾸려 하지 않았다. 그만큼 학자로서의 성실성을 견지하려 했던 것이다. 하지만 독자들은 어지간한 인내심이 아니고서는 그의 글을 읽어내기가 쉽지 않았다.

「해방 전후 민족경제의 성격」도 그러한 글 중 하나였다. 박현채는 이 논문에서 민족경제의 성장 및 발전 과정으로서가 아니라 일본 독점자본의 식민지적 초과이윤 실현의 과정으로써 식민지 시기의 한국경제가 자본제화(資本制化)를 이룩했다고 전제한다. 그리하여 이 시기에 한국경제는 민족경제와 국민경제가 괴리되었는데, 이는 달리 본다면 외국자본의 이해와 민족적 이해 사이의 괴리이기도 했다. 따라서 이때의 자본제화는 민족 모순이 반영된 것이면서 동시에 식민지 억압에 대한 민족적 저항의 주요한 경제적 근거가 된다고 보았다.[1] 박현채는 이러한 주장에 대한 근거로 조선은행에서 발행한 『조선경제연표』 등의 자료를 제시하며 당대의 경제 상황을 면밀히 추적했다.

박현채는 『한국사회연구』 제3권에도 「분단 40년의 한국 사본주의와 농업」이라는 논문을 싣는다. 이 논문은 '민족경제의 현실과 노동자·농민운동'을 다룬 특집 기획으로 유인호의 「민족경제의 발전과 왜곡」, 김윤환의 「노동자의 사회적 지위와 노동운동」과 함께 수록되었다. 이 글에서 박현채는 농업에 대한 이전의 관점을 견지하면서, 한국농업이 소경영 양식을 극복함과 동시에 농민적 진화를 실현해야 한다고 주장했다. 그리고 이를 위해서는 크게는 한국 자본주의의 종속적 구조가 청산되어야 하고, 농업 내부적으로는 생산의 공동화에 의한 협업 경영이 실현되어야 한다고 말한다.[2]

한길사에서 『한국사회연구』를 발행할 즈음 창작과비평사는 『한국민족주의론』이라는 무크지를 발간하기 시작한다. 1980년대 들어서 민족주의 담론이 이렇게 무크지의 주제로까지 등장하며 생명력을 얻게 된 것은 광주민주화항쟁 당시 미국의 입장 및 역할이 문제시되었기 때문이었다. 학생운동 지도자들이 미문화원을 점거, 방화한 것도 이 같은 상황 인식에서였다.

『한국민족주의론』의 제1권에는 정창렬 · 강만길이, 제2권에는 박현채 · 강만길이, 제3권에는 박현채 · 정창렬이 각각 편자로 선임되었다. 박현채는 제2권에서 「분단 시대 한국 민족주의의 과제」를, 제3권에서는 「일제하 민족해방운동의 과제와 농민운동」을 맡아 집필했다.

무크의 바람은 계속되어, 도서출판 돌베개 역시 무크지 발행의 대열에 합류한다. 1985년부터 『해방 40년의 재인식』을 발간하기 시작했는데, 박현채는 1986년 11월에 발행된 제2권부터 한상진과 함께 편자로 참여했다. 그는 이 무크지에 자신이 쓴 「70년대 노동자 · 농민운동」을 비롯하여 여러 편의 글을 엄선해 수록했다. 이 시기에 박현채는 비판적 재야 지식인으로서 출판계의 단골 필자이자 무크지의 편자로 대두되었다. 그의 위상과 글은 그만큼 '활용 가치'가 있었던 셈이다.

한편 도서출판 풀빛에서 발간한 무크지 『현실과 전망』은 1984년 11월에 창간되었는데, 그다음 해 4월에 "민중 시대의 힘찬 전진과 함께 살아 움직이는 현실과 전망"이라는 담대한 구호와 함께 제2권이 발간되었다. 제2권의 표제는 '민족운동과 종속 경제'로, 편집자는

1982년 3월, 부산 미문화원에 화재가 일어났을 때의 모습. 이 사건은 투쟁의 대담성 때문에 세인들뿐만 아니라 운동권에도 엄청난 충격을 주었으며, 선도적 투쟁임을 감안하더라도 그 격렬한 투쟁 방식으로 인해 운동권 일각에서 비판의 대상이 되기도 했다.

이 주제를 담은 이유를 다음과 같이 밝혔다.

　민족운동과 종속 경제는 1970년대 이후 성장해온 민중적 이해에 기반
한 노동·농민·학생운동 등 부문 운동을 전 세계적 자본운동과의 긴장
관계 속에서의 민족운동이라는 큰 테두리로 통일적으로 파악하고, 갈수
록 심각해지는 한국경제의 대외종속성 해부에 힘을 기울여, 매일 매일
의 긴박한 당면 문제 해결에 몰두하면서 자칫 소홀해지기 쉬운 장기
적·전략적 상황 점검에 관심을 환기한다.[3]

　박현채는 이 무크지에 「한·미·일 경제 유착의 민중사적 의미」라
는 논문을 발표했는데, 그가 '한·미·일의 경제 유착 문제'를 본격
적으로 다룬 것은 이것이 처음이었다. 그간 여러 논문에서 이 문제
를 간헐적으로 취급했으나, 여기에서는 아예 이를 주제로 내걸고 천
착에 나섰다. 박현채는 한·미·일 삼각 동맹이 경제적 관계를 넘어
서 군사·정치적 관계까지 확장되고 있다고 보면서 문제를 제기했
다.[4] 아마도 그는 한·미·일 관계에 대한 글을 쓰면서 다음과 같은
메시지를 독자들에게 전하고 싶었던 것 같다.

　그간의 선진자본의 운동이 낳은 한국 자본주의의 상황은 민중 생활을
열악한 것으로 만들고 있을 뿐 아니라 경제생활 이외의 정치·사회·문
화·군사적인 면에서 민중의 요구나 민족의 요구를 부정하고 있다는 데
서 반민족적이고 반민중적이다. 그리고 그렇게 될 수밖에 없었던 이유
는 자본의 논리 관철에 대응하는 민족주의적인 민중적 실천이 이것을

극복할 만큼 강력하지 못했다는 데 있다.

　민족의 자주·자립과 통일 그리고 민중의 소외로부터의 해방은 바로
이와 같은 한·미·일 간의 경제적·종속적 결합 관계를 대등한 자주적
관계로 변화시키는 데서 비로소 그 단서가 주어질 수 있다.[5]

민족의 한이 서린
지리산을 답사하다

한길사는 1984년 봄부터 『오늘의 책』이라는 교양 계간지를 발행하
면서, 자사 간행물에 대한 홍보 및 저자들과의 연대에 나섰다. 박현
채는 여기에도 몇 편의 글을 썼다.

　1986년 여름에 발간된 제10호에 그는 「지리산의 민족사적 위치」
를 기고했는데, 이 글은 한길사에서 그해 5월 제1회 '한길역사기행'
이라는 이름으로 추진한 지리산 답사에서의 연설문이었다. 이는 단
순한 산행기가 아니라 젊은 날 자신의 이상과 좌절이 절절이 배인
회한의 기록이기도 했다. 박현채는 "저자의 피로 쓴 글만이 읽을 가
치가 있다"라는 니체의 마음으로 지리산 굽이굽이를 걸으며 이 글을
썼을 것이다. 하지만 글은 문학인의 서정성보다 사회과학도로서의
리얼리즘 및 그 분석 틀을 기본으로 삼았다. 박현채는 '한길역사기
행'에 참여하여 34~35년 전의 험난하고 피로 얼룩진 국토의 상처
를 가슴으로 안으면서, 그러나 감정을 자제하면서 이 글을 썼다.

　산을 보는 데 있어서 산을 자연 그 자체로서 인식하는 것은 정당한 것

1986년 5월, 박현채는 한길사에서 주최한 '한길역사기행'에 참여한 후 지리산에 관한 글을 남겼다. 지리산에 대한 회환의 감정이 고스란히 드러날 법도 하건만, 그의 글은 견고한 사회과학적 틀에서 벗어나진 않았다.

은 아니다. 그것은 인간과 자연과의 관계, 그것도 인간 간의 사회적 관계 위에서 자기를 규정받고 있는 인간과의 관계에서 인식되어야 한다. 일정한 사회에 있어서 지배계급으로 되고 있는 사람들에게 산은 좋은 목재의 산출처나 명당자리, 아름다운 산수, 그리고 좋은 수렵처로 인식될 수 있으나 피지배 상태에 놓여 있는 민중 쪽에서 산은 처절한 삶의 터전이었다. 사회적 상황에 따라 다르나 그것은 수탈을 피하고 삶의 터전을 주는 은신처가 되기도 하고 억압에 저항하는 거점으로서의 역할도 또한 지니고 있었다. 그런 의미에서 산은 민중적 삶에 있어서는 아버지로서의 의미를 지닌다고 말할 수 있다.[6]

© 박현채 진강

이 땅의 산 가운데 어느 곳인들 겨레의 상처가 배지 않는 곳이 없지만, 특히 지리산과 백두산, 한라산은 우리 근현대사에서 항쟁과 주검으로 뒤덮인 곳이었다. 백두산은 항일 빨치산, 한라산은 4·3항쟁, 지리산은 동학혁명의 패잔병과 빨치산 유격대의 피로 물든 곳이었다. 그래서 어느 법승의 "산은 산이고"와는 또 다른 의미에서 이들 산에는 민족의 통한이 서려 있었다. 박현채는 자신의 글에서 조선 말기, 일제 치하, 한국전쟁 전후의 시기로 나누어 지리산의 역사를 개괄했다.

특히 그는 전후 남북 분단과 자주적 민족국가 수립을 둘러싼 민족적 대립이 지리산을 거대한 군사 기지로 전환시켰다고 보았다. 앞선 식민지 시기에는 외세에 저항하여 민족 해방을 추구하는 것이 민족적 에너지였을 텐데, 전쟁이 터지면서 민족의 새로운 젊은 싹들이 잠들었으며, 그 탓에 박현채는 수난의 땅으로서의 지리산의 한(恨)이 생기게 되었다고 본 것이다.[7]

상기(喪家)에 기보면 혼주들 중에 유난히 부모상에 섧게 곡히는 사람이 있다. 같은 자식이라도 자신의 처지에 따라 슬픔의 강도가 다르고, 호곡의 질량도 차이가 있다. 박현채가 지리산을 바라보는 관점은 여타의 평범한 이들과 달리 특히 섧었을 것이다.

지리산이 민족·민중운동의 역사에서 큰 한을 머금은 처절한 땅, 산으로 되고 있음을 알 수 있다. 젊은 생명을 자기 조국을 위해 바친 수대에 걸친 죽음이 층층이 쌓여 있는 산, 그것은 민족의 역사이기도 하고 더욱 깊은 것으로 되어가고 있는 풀 길 없는 민족적 한의 크기이기도 하다. 그런 의미에서 산으로서의 지리산은 우리 밖에 있지 않고 우리 속에, 우리들 그 자체로 있다고 말할 수 있으리라 생각된다. '남한 대토벌 작전'에서 해남 반도의 땅끝이 갖는 상징적인 의미와 함께 지리산은 우리의 역사에서 민족 그 자체이다.[8]

민중문학으로
관심을 확장시키다

1980년대 중반을 전후하여 야당, 학생, 지식인, 노동자들의 저항이 격화되면서 전두환 정권은 점차 수세에 몰리기 시작했다. 쿠데타와 광주 학살의 태생적 범죄를 안고 태어난 전두환의 5공 정권은 시민들의 줄기찬 저항을 폭압적으로 다스렸지만, 그때마다 한계에 봉착했다. 저항 세력은 점차 조직의 확대와 연대를 통해 민주화를 요구하고 시민들의 참여를 끌어냈다. 1980년대 한국 사회의 민주화 투쟁은 해방 이후 가장 격렬하고 줄기찬 민중운동으로 전개되었다. 사상사적으로는 동학혁명, 3·1운동, 4·19혁명, 광주항쟁으로 이어지는 저항의 맥락이었다.

　1970년대 동아·조선 언론 자유 투쟁 과정에서 쫓겨난 언론인들과 학생운동 출신 엘리트들이 출판계에 진출하면서 1980년대 중반에는 각종 이념 서적, 무크지, 계간지가 속속 발간되었다. 정부는 금서 조처와 세무 조사 등의 탄압 정책을 펴기도 했지만, 출판계는 위축되지 않고 정권과 싸우면서 역설적이지만 그 어느 때보다 호황기를 맞게 되었다. 그동안 묶여 있던 외국의 각종 금서가 출판되어 비밀리에 팔렸고, 금제의 푯말이 찍혔던 국내 비판적 지식인들의 저서 역시 출판되어 일반인과 학생 및 노동자들의 필독서가 되었다.

박현채에게도 여기저기서 원고 청탁과 강연 요청이 잇따랐다.『창작과 비평』,『실천문학』,『기독교 사상』등의 청탁을 받고 여러 편의 비중 있는 글을 썼다. 1980년대 초에 무크지로 출발한『실천문학』이 1983년 제4권에서 '삶과 노동자 문학'을 특집으로 다루면서 박현채의「문학과 경제」를 실었다. 이 평론에는 '민중문학에 대한 사회과학적 인식'이라는 부제가 붙었다. 경제평론가 박현채는 이 글을 계기 삼아 본격적으로 '문학과 경제'라는 주제로 사유의 지평을 넓혔다. 당시에 민중문학론이 제기되어 지식인들의 관심을 모았는데, 이 영역에 박현채 역시 관심을 기울인 것이었다. 우선 민중문학에 관한 박현채의 인식을 살펴보자.

민중문학이 어떤 것으로 되어야 하느냐에 대하여는 여러 가지 논의가 있을 수 있으나, 나는 일단 민중문학의 사명이 다음과 같은 데서 주어질 수 있다고 생각하고 있다. 곧 민중문학의 사명은 ① 역사적 진실을, ② 생활하는 민중의 쪽에 서서 민중을 대상으로 하여, ③ 주어진 사회적 상황에서 발현되는 삶의 고뇌와 인간적 요구를, ④ 감성적인 일상적 표현에서 추구하고, ⑤ 역사에서 민중의 사회적 실천에의 요구에 답하는 것이어야 한다는 것이다. 민중문학에 대한 이와 같은 규정은 문학과 경제와의 상호 관련을 보다 불가결한 것으로 하기에 이른다.[9]

박현채의 민중문학에 대한 인식은 문학평론가 수준을 넘어선다. 그렇지만 자신의 '전공'은 어쩌지 못해서인지 이 평론에서도 문학보다는 경제 분야에 훨씬 치중된 서술을 선보였다. 또한 이 평론에서는 '민중'에 대한 그의 사회과학적 분석이 상당히 돋보였다.

오늘의 역사에서 민중은 바로 삶과 노동의 관계에서 노동으로부터 소외의 대상이 되고 사회적 생산에의 참여에서 배제된 노동하는 사람, 그리고 노동하고자 하는 사람들이다. 이들에게 있어서 진정한 삶의 실현은 소외의 극복이다. 그것은 원초적인 삶과 노동의 관계를 되찾는 것이다. 인간의 역사는 이와 같은 삶과 노동의 관계에서 인간 간의 사회적 관계 때문에 삶과 노동이 원초적 관계에서 점점 멀어지면서 동시에 인간의 사회적 실천에서는 소외의 극복을 위한 보다 더한 시도를 강화해 왔다. 역사에서 민중문학이 대두하는 것도 바로 이와 같은 보다 강화된 소외 극복을 위한 시도의 하나로서다.[10]

'민중'은 박현채의 자아이자 사상이고 이념이자 이상이었다. 백성·인민·국민·민중이라는 때마다 달라지는 용어와는 상관이 없었다. 이 땅의 주인이면서도 수탈을 강요당해온, 그러면서도 이 땅을 지켜온 사람들의 총칭이었다. 그는 민중의 해방을 위해서 빨치산이 되었고, 반체제 지식인이 되었고, 민족경제학자가 되었다. 늘 억눌리고 짓밟히고 쫓기고 궁핍에 시달리면서도 추구해온 가치였다.

박현채는 오랜 역사의 과정에서 소외되어왔던 민중이 이제 역사의 지평에 강력한 힘으로 자기 해방을 위한 시도를 하고 있다고 평했다. 그는 민중문학이 제기되는 것 또한 그런 노력의 일환이라고 보았다. 이에 총체적으로는 노동의 소외를 극복함으로써 삶과 노동의 원초적 관계를 회복하는 리얼리즘 문학을 민중문학의 사명으로 제시한다.[11]

민중문학의 기치를 드높인 박현채의 평론은, 문학과 경제의 상관성을 논하면서 다음과 같은 비장한 메시지로 마무리된다.

오늘 우리 사회에서 민중 소외의 논리의 관철과 그것에 따른 민중적 상황은 이것을 거부하는 주체적인 민중적 노력의 낮은 수준에도 중요한 이유가 있다. 그리고 역사는 이해 당사자의 자기 해방을 위한 노력에서만이 진전을 이룩했다. 그런 의미에서 민중의 자기 해방, 삶과 노동의 원초적 관계의 회복을 위한 노력은 민족적 요구인 민주주의, 통일, 자주와 함께 우리의 문학, 우리의 경제학이 걸머져야 할 거부할 수 없는 과제로 된다.

문학가에게는 민중의 쪽에 서서 민중을 대상으로 하여 역사적 진실을 밝히고 민중과 더불어 새로운 창조에 참여하는 것은 또한 자기 해방의 길이 될 것이다.[12]

'한길역사강좌'의 인기 강사로 자리매김하다

도서출판 한길사는 5공 체제에서 여러 책들이 판매 금지 처분을 당

'한길역사강좌'에서 민족경제론을 강의하는 박현채. 그는 자신의 글을 펴냄과 동시에 강좌를 통해 자신의 목소리를 사회에 전해나갔다.

하자, 1985년 가을에 '한길역사강좌'를 개설했다. 주로 자사의 저자나 비판적 지식인들을 불러 강좌를 연 후 그 내용을 책으로 펴냈다.

박현채는 '한길역사강좌'의 첫 연사로 초청되어 '민족운동을 어떻게 볼 것인가'라는 주제로 강의를 했다. 한길사 강당에서 열린 강좌에는 많은 시민과 학생들이 참석했다. 김언호는 "한길역사강좌와 한길역사기행은 개인적 삶과 사회적 삶, 민족적 삶을 아울러 생각하는 우리 모두의 만남과 참여에 의해 이루어지고 가능하다"라고 기획 의도를 밝혔다.[13]

통상적으로 이 강좌는 1시간가량 연사가 주제를 발표하고, 1시간 정도 참석자들과 토론하는 식으로 진행되었다. 박현채는 어느 연사 못지않게 청중의 환영을 받았다. 그의 기구한 생애와 올곧게 살아온 삶의 궤적이 함께하여 이러한 평가를 끌어낸 것이었다.

강연이 끝나고 진행된 질의응답에서 박현채는 '민중적 민족주의의 취약점은 무엇인가?'라는 질문에 민중이 처한 조건으로 보면 여러 가지 긍정적이고 발전적인 가능성을 갖고 있으면서도 현실적으로는 그렇지 못하다는 점이 문제이지만 민중과 더불어 통일을 소망하는 사람들이 민중으로 하여금 올바른 위치를 찾게 한다면 통일에 대한 자생적 힘이 주어질 것이라 생각한다고 답했다.[14]

이후 박현채는 두 번 더 '한길역사강좌'의 연사로 나서서 '한국 자본주의와 민족 자본', 그리고 '일제 식민지시대의 민족운동'을 주제로 강연을 했다. 특히 후자의 강연에서 그는 민족경제에서 민중문화를 거쳐 민족운동으로 자신의 연구 영역을 넓히면서 전방위적인 지식의 통섭을 보여주었다. 사실 '민족운동'이라는 주제는 새삼스러운 것이 아니었다. 소싯적부터 민족운동에 직접 참여하고, 기회가 되면 늘 그에 관한 책을 읽고 자료를 모아온 터였다.

한편 박현채는 줄기차게 자본수의의 문제점과 위기를 점검하면서, 1983년에는 도서출판 학민사에서 『논쟁―전후 자본주의의 재검토』라는 책을 편역했다. 미국은 물론 전 세계적으로 자본주의 경제체제가 활력에 넘치던 시점에, 그는 이미 자본주의 체제 내의 검은 그림자를 발견하고 국제적으로 저명한 전문가들의 글을 모은 것이다. 박현채는 이 책에 대해 국가독점자본주의에 대한 평가를 둘러싸고 발표된 논문들을 묶었다고 말하면서, 경제 문제만이 아니라 광범위한 '우리의 문제'를 제대로 보기 위해 현대 자본주의에 대한 평가가 필요하다고 밝혔다.[15]

박현채는 이 책에 실린 자신의 논문에서 스태그플레이션과 함께 국가독점자본주의의 한계가 드러난 상황에서 1973년의 석유 파동, 1974~1975년의 공황 이후 장기 침체가 계속되고 있다고 진단하면서, 다음과 같은 결론을 이끌어낸다.

확실히 전후 세계 자본주의를 지탱해온 기구로서의 IMF-GATT 체제나 정책으로서의 국가독점자본주의는 파산했다. 그러나 이것에 대체되는 새로운 질서의 수립, 그리고 질서에의 수립을 위한 노력은 미미한 것으로 되고 있다. 여기에 우리는 전후 세계 자본주의에서 구조적 불안정기가 갖는 의미를 따지면서, 경제적 민족주의가 적나라하게 드러나는 역사적 상황에서, 국가독점자본주의를 둘러싼 논의가 오늘에 갖는 의미와 함께 세계 자본주의의 재생산 기구 속에 그간의 경제 시장의 결과 때문에 깊숙이 편입된 한국 자본주의의 내일에 대한 전망을 하게 된다.[16]

고은, 리영희 등 지식인·문인들과 막역한 교우

'1980년대는 어떤 의미에서 박현채와 함께 시작되었다고 할 수 있다'고 평가한 시인 고은(高銀, 1933~)은, 박현채의 「문학과 경제」를 읽고 그를 민족문학작가회의 평론분과 회원으로 가입시켰다. 경제학자가 민족문학작가회의의 정식 회원이 된 것은 그가 처음이었다.

오래전부터 두 사람의 관계는 막역했다. 박현채는 평소에 농담 삼

아 고은의 출가 시절의 법명인 '일초(一超)'를 '일초(一樵)'로 바꾸라고
했다. 세사를 초월한다기보다 하나의 나무꾼이 더 어울린다는 뜻이
었다.[17]

박현채는 역시 막역한 사이였던 리영희에게도 아호(雅號)를 지어주
었다. '말갈(靺鞨)'이라는 다소 엉뚱한 아호였다. 물론 리영희는 내켜
하지 않았고, 이 아호를 쓰지 않았다. 말갈은 퉁구스족의 일족으로
삼한 시대에 생긴 이름인데, 시베리아·만주 동북 지역·함경도에
걸쳐 살면서 여러 부족으로 나뉘어 있었다. 고구려가 건국하면서 이
에 복속하고, 고구려가 망하자 대조영이 세운 발해에 예속되었으며,
일부는 신라에 들어왔다. 리영희의 생김새와 투박한 북방 언어를 두
고 박현채는 반농담으로 '말갈'이라는 아호를 지은 것이었다.

박현채의 민족경제론은 특히 참여문학 진영으로부터 좋은 반응을
얻었고, 민족문학의 정립에 많은 영향을 끼쳤다. '민족문학의 기수'
백낙청의 증언이다.

민족문학에 관한 나 자신의 생각을 발전시키는 과정에 박현채 선생의
민족경제론에 힘입은 바 크다는 것은 기록에도 뚜렷하다. 그러나 한걸
음 더 나아가 민족문학 자체의 일부로 그의 업적을 인식할 필요는 없는
것인가? (……) '민족경제' 개념을 중심으로 수행해온 박 선생의 문필 활
동이, 문학에 관한 명시적인 언급이나 민족문학론의 전개에 미친 영향
을 넘어서, 그리고 간혹 독자들의 불만을 사온 그 문장의 딱딱함에도 불
구하고, 우리가 '문학'의 범위를 옛사람들처럼 넓게 생각한다면 마땅히
이 시대의 문학적 성과 중에 꼽히리라는 생각을 나는 오랫동안 해온 터

유신 체제에 반대한다는 이유로 학교에서 내몰린 해직 교수들의 모임. 왼쪽부터 백낙청, 이문영, 한 사람 건너 리영희, 안병무 등이 자리하고 있다. 박현채는 이들과 교우하면서 뜨거운 동지애를 나누었다.

이다.

민족문학론이 그에게 빚진 바가 기록으로 남아 있다고 했지만, 박 선생과 관련한 숱한 사실이 그렇듯이 이 문제도 기록을 대충 보아서는 정확히 드러나지 않는다. 가령 내가 민족문학에 대한 개념 정리를 처음으로 시도한 1974년의 글에서 '국민경제'와 구별되는 '민족경제'의 개념을 원용했고, 이듬해 발표한『민족문학의 현단계』는 4 · 19를 논하면서『창작과 비평』1973년 봄호에 실렸던 「한국경제개발계획의 사적 배경」이라는 글을 인용했지만 그중 어느 곳에서도 박현채라는 이름이 나오지 않는다.

1978년부터 간행되기 시작하는, 그러니까 예의 내 글보다 뒤에 나온 그의 저서들 여기저기를 들춰봐야 비로소 그러한 인용문들이 주인 자신의 문패 아래 얼굴을 내밀고 있다. 1970년대 초반만 해도 자기 이름으로 글을 내기가 힘들던 저자의 처지와 시대적 분위기, 그런 암흑한 상황에서도 가능한 모든 방법으로 지식인적 실천을 계속해간 본인의 집념과 그렇게 할 수 있게 만든 동지들의 감싸줌, 이런 것들을 빼놓고 '실증적' 자료에만 의존한다면 어떤 엉뚱한 결과가 나올지 상상함 직하다.[18]

1980년대의 진보적 문학운동 단체 '자유실천문인협의회(자실)'를 이끌었던 작가 박태순은 박현채와 문인 사회의 관계를 다음과 같이 회고한다.

'경제평론가'라는 직함의 박현채 선생의 존재가 한국 문인들에게 알려지고 아울러 다가오게 된 것은 1970년대 초중반 문예 계간지 『창작과비평』에 간간이 발표되던 그의 글들과 그리고 문학운동 단체 '자유실천문인협의회'의 활동에 매개되면서부터다. 비판직 사회분석 담론이라 할 그의 문필 활동은 과학적 인식론이 허약한 문인들에게 소경이 눈 뜨듯하는 경각심을 일깨우게 했는데, 이 무렵 한국문학의 일각(자실)에서는 한국 사회의 개발 독재, 또는 독재 개발 상황에 대하여 전혀 다른 방향과 관찰로서 '민중문학/민족문학'이라는 새로운 패러다임을 마련해가는 중이기도 했다.[19]

특히 앞서 소개한 박현채의 「문학과 경제」는, 양심적 한국 문인들을 감동시키면서 문학의 사회과학적 인식론에 눈뜨게 했다. 이 평론에 대해 박태순은, "한 세상 속에 매이면서도 다른 세상의 꿈을 버리지 아니하여 두 세계를 살아간 이의 업적과 그 꿈을 어떻게 이어받을 것인가. 문학과 경제는 둘이 아니라 하나라는 사실을 거듭 확인한다"라고 평했다.[20]

6월항쟁의
격랑 속에서

저항적 지식인들,
출판계로 몰려들다

1987년의 6월항쟁은 한국의 정치 지형뿐만 아니라 지식인을 비롯한 국민들의 의식에도 큰 변화를 가져왔다. 사회적인 분위기를 살펴보면, 4월혁명 이래 축적되어온 민주화에 대한 열망은 광주항쟁을 거치면서 더욱 확산되었고 부분적으로는 격렬함을 띠고 있었다. 학생들에게도 민족주의의 열기가 점화된 상태였다.

이 같은 열기가 가장 뜨겁게 달아오른 곳이 바로 출판계였다. 유신과 5공 체제에서 순치된 제도 언론이 제 기능을 하지 못하면서 출판계는 언론 및 학술의 기능을 담당하게 되었다. 반독재 투쟁 과정을 거치면서 다수의 젊은 엘리트들이 출판계로 유입되었고, 출판계는 비판적 지식인들의 광장이 되었다.

여러 출판사들은 변혁의 물결을 타고 경쟁적으로 무크지와 계간지를 창간했다. 『역사비평』, 『사회비평』, 『사회와 사상』, 『노동문학』

등이 앞서거니 뒤서거니 하면서 1987~1988년 사이에 고고지성(呱呱之聲)을 울리고 세상에 나왔다. 이들 잡지에서는 한결같이 진보적 담론을 기획 특집으로 엮었다. 여기에 진보적 지식인들이 필자로 동원되었다. 박현채는 6월항쟁의 격랑 속에서 이념적 지표를 제시하는 많은 글들을 집필했다.

민주주의 체제의 장점 중의 하나는 다양한 인재가 자기 전문 분야에서 자유롭고 창의적으로 활동할 수 있다는 점이다. 독일에서는 히틀러가 정권을 장악하면서 수많은 학자, 예술가, 작가들이 나치를 피해 해외로 망명했다. 그 가운데 상당수가 미국에 정착하여 자유로운 분위기에서 연구에 매진해 많은 업적을 남겼다. 당시에 미국은 학문의 측면에서 유럽에 크게 뒤진 상태였는데, 이들의 참여로 미국의 학문이 유럽의 그것과 비등한 수준으로 올라서게 된다. 반면 각계의 유망한 인재들이 유출된 독일에서는 히틀러 집권 기간에 문화·예술·학문적으로 유럽 국가 중에서 가장 뒤처지게 되었다. 이런 의미에서 히틀러는 미국이 학술 기반을 넓히고 수준을 높이는 데 큰 공을 세운 셈이다.

박정희의 유신 체제와 전두환의 5공 체제에서는 수많은 비판적 지식인들이 직장에서 쫓겨나거나 사회 활동을 억압당했다. 관제와 어용만이 활개치고, 아첨하는 이들과 기회주의자들이 날뛰었다. 그만큼 지성과 양식이 증발되었다. 하지만 1980년대 중반부터는 민중의 힘으로 반독재·민주화가 추진되면서 박현채도 글을 쓸 수 있는 지면이 많아지고 강연 횟수도 늘어났다.

1986년에는 집안에 겹경사가 있었다. 6월에 둘째 딸이 이경호와

국민경제연구소 사무실에서 포즈를 취한 박현채. 이곳은 1980년대에 그가 가장 많은 시간을 보낸 곳이자 그의 글을 생산하는 '공장'이었다.

결혼했고 이어서 7월에는 장녀가 이규호와 결혼하여, 박현채는 한 해에 사위를 두 명이나 맞게 되었다. 가장이 변변한 직장도 없고 걸 핏하면 수사관에 쫓기는 등 어려움을 겪는 가운데서도 자녀들이 기 죽지 않고 잘 자라서 짝을 찾아 결혼한 것은 여간 대견스러운 일이 아니었다.

민주화가 진척되고 각종 진보 매체가 창간되면서 박현채의 일상 은 다시 바빠졌다. 원고 청탁을 받아 글 쓰는 시간이 늘었다. 자택에 서 글을 쓰기도 했지만, 글의 주된 '생산 공장'은 그가 매일 출근한 서울 "중부경찰서 맞은 편 골목길, 움푹 들어간 곳의 작은 사무실" 이었다.[1] 거창하게 '국민경제연구소'란 간판을 걸어놓았지만 비좁은 공간이었다. 다음의 글은 이 무렵 박현채의 연구실에 종종 드나들었 던 고은의 회고다.

그의 시내 연구소는 이런 집안의 서재와는 영 딴판이다. 어디 한 군데 발을 디딜 데 없이 서적과 자료가 쌓여 있다. 한편의 흐리멍덩한 유리창 말고는 3면 벽의 천장까지 꽂혀 있거나 쌓여 있는 것들은 물론 경제 · 정치에 관한 책들이 주종을 이룬다. 또한 구하기 어려운 식민지 시대와 해방 정국의 자료들도 적지 않다. 그뿐 아니다. 그는 그의 전공만으로 만족할 수 없는 듯 광범위한 분야의 책을 가지고 있다.

그런데 그런 연구실 광경은 한마디로 혼돈 그것이다. "어디서 무엇을 찾을 수 있겠어?" 하고 물으면 그는 태연하다. "응. 환히 알고 있어"라고.[2]

박현채는 1986년 그동안 쓴 경제 관련 글들을 모아 일월서각에서 『한국경제구조론』을 발행했다. 『민족경제론』만큼은 아니었으나 독자들의 반응도 좋았다. 그의 책은 문장이 난삽하고 내용이 어렵긴 했지만 일정한 독자층이 형성되어서 꾸준히 판매되었다.

지식인들의 산행 모임
'거시기 산악회' 참여

박현채는 1982년부터 유신 및 5공 체제에서 핍박받은 일군의 지식인들과 함께 '거시기 산악회'에 참여하여 정기적으로 산행을 했다. 산행은 건강을 유지하기 위한 운동이자 뜻 맞는 동지들과 회포를 푸는 자리이기도 했다. 이돈명 · 리영희 · 송건호 · 박중기 · 한승헌 ·

© 박현채 제공

'거시기 산악회' 회원들과의 산행 기념 촬영. 박현채를 비롯한 당대의 비판적 지식인들에게 산행이란 건강 유지를 위한 운동의 장이자 뜻 맞는 동지들과 회포를 풀며 의견을 교환하는 자리였다.

이호철 · 임헌영 · 김정남 · 박석무 등 비판적 지식인들이 산악회 멤버였다. 북한산을 비롯해 전국의 명산을 두루 답사하면서 시중에서는 하기 어려운 이야기들을 산중에서 거리낌 없이 논했다.

멤버들 대부분은 권력에 '찍힌' 인물들인지라 주위에는 항상 검은 그림자가 얼씬거렸고, 전화가 도청되어 대화도 쉽지 않았다. 이들이 등산을 즐겼던 이유다. 하산하여 뒤풀이를 할 때면 빈대떡에 소주나 막걸리가 전부였으나 한없이 즐거운 시간이었다. 박현채는 술을 매우 좋아하는 두주불사 스타일이었지만, 절대 취하는 법이 없었다. 그의 흐트러짐 없는 학문적 자세와도 상통하는 면모였다.[3] 술값은 대부분 변호사인 이돈명이 냈다.

1981년 7월쯤이던가. 한 시대의 무도한 독재 권력으로부터 얻어터지며 살아온 이른바 민주 인사들과 그 가족들이 한 무리를 이루어 설악산을 오르게 되었던 것.

몹시 무더운 여름 날씨에 나는 가뜩이나 허약해진 몸을 이끌고 앞서 가는 이의 뒤를 그럭저럭 따라가는 식이었다. 도중 파라솔 매점 그늘에서 우연히 몇 사람이 함께 쉬게 되었다. 거기에 박현채 교수가 합류해서 조화순, 이해동 두 목사님과 나 이렇게 네 사람이 둘러앉아 땀도 식힐 겸 이런저런 이야기를 하던 중, 우리 넷이 모두 34년생, 개띠[甲戌生]임을 확인하고 한바탕 웃었다. 그 자리에서 함께 모임을 만들자는 이야기가 나왔고, 개띠끼리니까 이름을 '개 파티'로 하자는 제안도 나왔다. 그때 누군가가 개에 무슨 파티인가, 개가 모이는 판이니까 '개판'이라고 하는 편이 더 좋겠다고 했다. 이렇게 하여 마침내 '개판'이란 모임이 탄생했다.

우리 사이의 공통점이란 이 점 말고도 우선 반독재 민주화를 위한 싸움의 동지이자 빵잡이(手監者)들이었다는 점을 들 수 있었다. 그리고 어느 정도 인고의 삶을 헤쳐 나왔다는 점도 비슷했다.[4]

그러나 1980년대 후반에 들어서는 차츰 건강에 이상이 생기면서 술을 줄이게 되었다. 술을 통해 발산되던 호기는 내면으로 침전되었고, 정신의 충전은 많은 글로 나타났다.

한편 박현채는 노래 부르기를 좋아했으며, 집에서는 수백 쪽의 난을 키우고 금붕어와 새를 길렀다. 그에게는 감성적인 면이 많았다.

감성적인 것도 굉장히 중요시하셨어요. 한 동생이 꽃밭이 있는 꽃을 보고 섰을 때, 감정을 잘 느껴봐라 가르쳐주시고, 그리고 새도 여러 종류로 다 키웠어요. 그때 생각해보면 저희가 경제적으로 부유한 편이 아니었거든요. 그런데 아버지가 그중에도 새를 쌍으로 하나씩 저희들에게 사주셨어요. 누구는 카나리아 한 쌍, 누구는 다른 거, 이렇게 해서 키워보라고 하시고, 금붕어도 종류별로 키우시고, 저희보고 항상 그걸 지켜보고, 오늘은 뭐가 어떤 일을 했는지 써봐라 이렇게 얘길 하시고 그래서, 요즘에 생각해보면 옛날엔 뭘 자꾸 귀찮게 하라고 그러시나 그랬는데, 인성 교육 같은 걸 해주신 것 같거든요.[5]

박현채 가족은 오랫동안 서울 성북구 수유리 472-54번지에서 살았다. 부모님이 아들을 찾아 서울로 이사 오면서 마련한 단독주택이었다. 1964년경부터 이 집에서 살다가 1979년경부터는 서울 마포구 상수동 93-5번지로 옮겼다. 역시 단독주택이었다. 박현채로서는 평생 집 살 돈을 마련하기 어려운 '실업자' 신세였으나, 아내의 노력으로 집 걱정은 면할 수 있었다. 박현채의 가까운 벗이었던 박중기에 의하면, 박현채의 아내는 남편이 구속되었을 때 '보따리 장사'를 하면서 가족의 생계를 도맡았고, 집을 지어서 팔고 다시 지어 가정집으로 삼았다고 한다. 상수동 집은 2층이어서 박현채의 서재도 마련하게 되었는데, 난을 특히 좋아해 100여 개의 난을 키웠다고 한다. 그러나 식구가 많은 데다가 일정한 수입이 없었던 탓에 생활은 언제나 쪼들렸고 쌀이 떨어지는 날도 있었다.

박현채는 50대 중반까지 시간강사, 즉 지식 보따리 장사로 연명했다. 늘 글을 썼고 더러 강연을 하여 푼돈이 생겼지만 공안 사건이 벌어지거나 정치적으로 급격한 변화가 있을 때면 그마저도 중단되었다. 친구들이 "언제까지 실업자 노릇을 할 거냐"고 농담 삼아 물으면 자기는 '실업가'이지 '실업자'는 아니라고 태연히 받아넘기면서 결코 궁핍을 드러내지 않았다. 하지만 가족이 밥을 굶은 적이 한두 번이 아니었다. 광주서중 동창으로 오랜 친구인 언론인 김중배는 다음과 같이 증언했다.

제일 내가 가슴 아팠던 것은, 아침마다 이 사람이 나와서 집 앞에서 운동을 한다고 가벼운 체조 같은 것을 했던 모양입니다. 그 사람이나 나하고 동기동창인 어떤 친구가 회사에 다니는데 출근길이 꼭 그 사람 집 앞을 지나게 되었대요. 옛날 세대이니까 그랬겠습니다만, 아침 인사가 "너 밥 먹었어?" 하지 않습니까? 그런데 아침을 굶고 체조를 하고 있는데, 그 친구가 지나가면서, "너 밥 먹었어?" 그래서 얼떨결에 "먹었어" 그러니까 지나가더랍니다. 사실은 쌀 살 돈이 없어서 그놈이 아침에 지나가겠지, 그러면 나와 있다가 돈을 좀 빌려달라고 해야겠다고 생각을 했는데 "밥 먹었어?" 하니까 그냥 "먹었어" 하고 대답이 나오더라고, 그 얘기를 웃으면서 해요. 그런데 그게 웃으면서 할 얘기가 아니죠. 듣는 사람들이 가슴이 쓰린 그런 경험을 했습니다.[6]

박현채는 일정한 직장이 없어서 시간에 구애받지 않는 자유분방한 생활인이었지만, 대단히 부지런한 사람이었다. 생계의 어려움으로 가슴이 먹먹할 때에도, 고난과 시련으로 마음이 울연할 때에도, 부지런히 책을 읽고 글을 썼다. 그토록 많은 글을 쓰게 된 것은 이런 근면성 때문이었다. 큰딸의 회고에 의하면, 밤늦게까지 술을 마시고 들어오고서도 새벽 일찍 일어나 글을 쓰곤 했던 게 인상적이었다고 한다.[7] 또한 박현채의 오랜 친구인 임동규는, 괴팍한 성격 때문에 비판을 받기도 했지만 그럼에도 사람의 가슴을 뭉클하게 하는, 따뜻함과 격정이 있는 사람으로 박현채를 기억하고 있다.[8]

한편 한국 근현대사 연구에서 빼놓을 수 없는 부분이 있다. 민족운동, 독립운동, 통일운동, 민주화운동 등을 했던 이들의 가족사 문제다. 박현채의 가족과 친척들은 여타의 운동가 가족들과 마찬가지로 신산한 일들을 겪어야만 했다. 서울에서 함께 사는 가족은 말할 것도 없지만 친척들도 정보기관에서 조사를 받았다. 형제들 중에는 직장에서 쫓겨나거나, 심지어 군대에서 정신병원에 수용된 경우도 있었다.[9]

박현채의 동생들 사연을 좀더 살펴보자. 한 동생은 입대하여 부대에 배치된 후 박현채를 어떻게 생각하느냐는 질문을 받았다고 한다. 이에 "훌륭한 민족주의자라고 생각한다"고 답했다가 바로 보안사 헌병대로 끌려갔고 결국 제대를 당했다. 또 다른 동생도 형에 대해 "민족주의자"라고 답변했다가 59후송병원의 정신병동에 수용되었고, 이후 전역 처분을 받았다. 그 동생을 담당했던 군의관은, 자기도 박현채의 책을 많이 읽었다면서 나중에 억울하면 재판을 받으라고 했다고 한다.[10]

사유의 영역과 폭이 넓어진
'논설의 생산 공장'

1987년의 한국 사회에는 군부독재를 종식시키려는 거대한 변혁의 물결이 요동치고 있었다. 마침내 노태우는 국민들의 대통령 직선제 개헌 요구를 받아들이면서 6·29선언을 발표했다. 7월부터 노동자 대투쟁이 시작되었는데, 8~9월에는 전국에서 200만여 명이 파업에 참가, 3300여 건의 파업이 벌어지고 1200여 개의 신규 노조가 결성되었다. 2학기 개강과 함께 전국 95개 대학의 학생들이 전국대학생대표자협의회(전대협)를 결성하면서 항쟁의 불길은 더욱 뜨겁게 달아올랐다.

정계에서는 김대중·김영삼이 대통령 후보 단일화에 실패하면서 양김이 독자 후보로 나서 군부 세력을 대표하는 노태우와 대결하게 되었다. 민주화 투쟁의 전위에 있던 비판적 지식인들도 이념의 성향 및 지역·인맥에 따라 두 패로 갈렸다. 이들 중 상당수는 김대중을 비판적으로 지지했다. 그러나 대선 결과는 군부 정권의 연장으로 마무리되었고, 민주 진영에서는 양김 분열을 막지 못한 것을 두고 땅을 치며 한탄했으나 기차는 이미 떠난 뒤였다.

이 무렵 한 언론인이 박현채를 찾아갔다. 박현채는 김대중과 가까웠으므로 당연히 김대중 지지론을 펼 것이라고 보았지만, 그보다는 당시의 국면에 대한 그의 인식이 궁금했기 때문이었다. 대선에 대한 박현채의 입장을 살펴보자.

6·29선언 이후 직선제로 대통령 선거를 치렀으나, 야당의 후보 단일화 실패로 노태우가 대통령에 당선되었다. 1987년 12월 16일, 노태우가 대통령 당선 기자회견장에 입장하는 모습.

우리의 힘이 결코 크지 않기 때문에 보수 야당을 이용할 수밖에 없다. 김대중 후보는 보수 정치인으로서는 변화의 가능성을 최대한 추구하여 운동의 보호막 역할을 할 수 있기 때문에 지지해야 한다. 후보 단일화는 결코 이뤄질 수 없는 것이고, YS로 단일화한다고 해도 노태우를 이길 수 없었던 것이다. 대선 30일 전에 분당한 DJ가 600만 표를 얻었다는 것만으로도 비전이 있다. 이제 운동권은 합법 영역을 확장하기 위해 평민당에 들어가야 한다.[11]

박현채는 "철저하게 현실주의적 입장에서 역사와 현실을 조망했다. 좌편향이든 우편향이든 이상주의를 늘 경계했다."[12] 그는 공허한 이념이나 이론을 경계하고 실천성이 없는 학문이나 단체를 배격했다. 물론 그는 '공동체주의'에 대한 신념을 품고 있었지만, 그렇다고 해서 정치적 시류에 휩쓸리거나 편벽된 선택을 하지는 않았다.

급격한 정세 변화 때문이었는지, 박현채는 1987~1988년에 특히 글을 많이 썼다. 사유의 영역은 더욱 넓어지고, 글을 발표하는 매체도 다양해졌다. 지인들은 그를 두고 '논설의 생산 공장'이라 부르곤 했다.

1987년 12월에는 그동안 쓴 글 중 34편을 묶어 『역사 · 민족 · 민중』이라는 단행본을 출간했다. 이전의 저술과 비교해보면, 주제도 다양해졌고 내용의 질적 수준도 높아졌으며 사회 현상에 대한 인식과 평가도 그만큼 확장되었다.

이 책에 수록된 「한국 현대사를 어떻게 다시 쓸 것인가」는 눈여겨볼 만하다. 그전까지 한국 현대사 분야는 학자들 사이에서 방치되어 있었는데, 1980년대 들어서 송건호, 리영희 등 언론인 출신의 진보적 학자들이 이 문제를 천착하기 시작했고 박현채도 여기에 합류하였다. 그는 이후 『청년을 위한 한국 현대사』를 편찬할 만큼 현대사 연구에 열정을 쏟았다. 박현채는 이 논문에서 "역사를 제대로 쓴다는 것은 바로 내일을 위한 역사적 작업"이라고 주장하며 한국 현대사에 대한 관심을 피력했다.[13] 그는 우선 한국 현대사 기술의 방법론을 다음과 같이 제시한다.

한국 현대사의 기술 방법은 객관적 사실에 입각한 주체적 기술이어야 한다. 역사는 객관적 사실의 인식이어야 한다. 그것은 사실이 그 배후에 내재하고 사실을 구체화시킨 인간 간의 상호 관계 위에 서는 역사적 흐름을 인식하게 하는 중요한 매개 수단이기 때문이다. 역사는 단순한 사실의 확인은 아니다. 그것은 역사의 거대한 흐름에 대한 인간의 상호 관계 위에서의 확인이고 그것 위에 서는 내일에의 제시여야 한다.[14]

'역사'에 대한 그의 인식은 상당히 정교하다. '객관적 사실에 입각한 주체적 기술'이라는 정의는 기능적인 해석이라 할 수 있고, "역사에 있어서 진보는 직접적 생산자의 보다 많은 경제 잉여의 귀속이다. 이것은 다른 말로 광범한 민족 구성원을 빈곤에서 벗어나게 하여 민족적 생활양식에 좇아 보다 잘살게 하는 것"이라는 것이 그의 입장이었다.[15]

박현채는 역사 기술론을 언급한 데 이어 자신의 역사관에 대한 인식도 피력한다. 그는 역사가 사실을 기초로 삼아야 하지만, 단순한 사실이 아니라 역사관에 의해 확인된 사실에 기초해야 한다고 주장한다. 시대적 상황에서 유리한 위치에 있었던 이들의 시선으로 바라봄으로써 사실이 왜곡되거나 소멸되는 것을 경계한 것이다.[16]

혁명가나 사상가들을 보면 역사를 보는 눈, 즉 사관에 의해 자신의 행동반경이 결정되는 경우가 적지 않다. 한 사람의 사관은 곧 그의 실천성과 결부되는 것이다.

『역사·민족·민중』에 실린 「8·15의 사회경제적 의미」도 박현채의 민족 사상을 잘 보여주는 대표적인 글이다. '민족사에 있어서 8·15의 위상'이라는 부제가 보여주듯이, 그는 이 글에서 8·15에 독특한 역사적 의미를 부여한다.

오늘의 우리 역사에서 중요한 전환기적 계기로 되는 8 · 15에 대한 역사적 인식 기준은 먼저 그 시기 한국 민족주의의 요구, 그리고 역사에 있어서의 진보적 기준에 따르는 것이어야 한다고 생각된다.

먼저 역사 인식의 기준이 민족주의적 요구에 따른 것이어야 한다는 것은 다음과 같은 의미에서다. 8 · 15는 우리의 역사, 그것도 식민지 억압과의 관련에서 중요한 의미를 지니고 민족공동체의 정상적 실현에서 큰 의미를 지니기 때문이다.

민족적 요구는 한민족을 구성하는 제 계급 · 제 계층의 요구라는 프리즘을 통해 자기를 표현하고 관철시킨다. 그것은 민족주의운동이 민족공동체를 구성하는 제 계급 · 제 계층의 생활양식 그 자체로 되는 민족적인 것의 보다 나은 생활의 충족을 위한 사회적 실천 운동 그 자체이기 때문이다.[17]

『창작과 비평』은 1980년 전두환 정권에서 강제 정간되었다가 7년만인 1988년 초에 전두환의 몰락과 함께 복간된다. 박현채는 '민족문학과 민중문학'을 특집으로 다룬 복간호에 「분단 시대의 국가와 민족 문제」를 실었다. 우열을 가리기는 쉽지 않지만, 이 무렵에 집필한 많은 글들 중 이 평론은 그의 대표작에 속한다. 이 평론은 1987년 10월 지방사회연구회 제2회 심포지엄에서 발표한 것을 토대로 집필한 것이었다.

박현채는 자신의 글에서, 일제 식민지 통치 이후 전승되어온 민족적 과제에다가 8 · 15로 민족과 국가가 분단되면서 형성된 민족적 과제가 더해지면서 민족 통일이 중요한 과제로 대두되었다고 전제하면서 다음의 내용을 전개한다.

역사에 있어서 국가의 존재 양식은 1민족 1국가가 이상이고 민족국가
는 바로 이와 같은 당위의 실현이다. 낮은 차원의 민족체는 민족적인 것
을 기초로 하여 하나의 국가로 통합됨으로써 근대적인 민족체로서의 민
족을 이룩하게 된다. 여기에서 우리는 차원 다른 민족체의 발전 단계에
서 민족체와 국가 간의 괴리를 발견할 수 있다. 그러나 우리의 가장 큰
관심사는 어떠한 유형으로건 자본제화를 이룩하고 근대적인 민족으로
서 자기를 완성한 한 민족이 분단에 의해 서로 다른 국가를 형성하고 있
는 경우다. 1민족 2국가 또는 1민족 다국가 형태로 되는 분단 상황은 제
2차 대전 후 독일, 베트남, 중국 그리고 한국에서 구체화되었다.[18]

박현채는 분단 시대를 살아가는 지식인으로서 국가와 민족 문제
에 대해 끊임없이 탐구하고 천착했다. 남북의 갈등 구조가 날이 갈
수록 견고해지고 있었고, 민주화의 진척에도 불구하고 냉전을 부추
기는 언론 및 지식인들이 극성을 부리는 상황이어서 이 문제는 박현
채에게 더욱 절실했다.

그는 기본적으로 민족적인 것을 민족적 생활양식의 소산이자 그
것의 반영이라고 보았다. 또한 수천 년 동안 이어져 내려온 사회적
실천 및 생활의 소산이라는 점에서 민족적인 것이란 사회적 인종공
동체의 발전 과정에서 형성되는 영토적·경제적 관계의 소산이라고
주장한다.[19]

이러한 전제하에 박현채는 민족 문제를 경제 문제와 결부시키며

민족 문제 해결을 위한 경제적 기초에 초점을 맞췄다. 이는 식민지 시기부터 이어져온 경제구조에 대한 문제제기이면서 동시에 외국자본의 영향을 받는 경제 환경에 대한 성찰이기도 했다.

외국자본 지배의 확대 속에서 국민경제의 반쪽만의 양적 성장은 식민지 경제구조의 확대 재생산을 낳고 민족적 삶에 있어서 부정성을 더욱 확대·심화시키는 것이었다. 경제 잉여의 중층적 수탈 구조에서 오는 누출 메커니즘은 민중의 생활상의 빈곤은 물론 대외 채무를 누적시켰고 경제 밖의 민족적 삶에서 민주주의적인 기본권의 부정, 반민족·비민주적인 정치권력의 정당화, 그리고 사회·문화 쪽에서 민족적인 것의 상실과 매판적인 외래문화의 만연을 가져왔다.[20]

당대의 경제구조를 분석한 박현채의 관심은 결국 민주화에 대한 열망 및 분단의 극복으로 모아진다. 정치권력 및 국가권력의 민주화를 민족 문제 해결의 열쇠로 바라보면서 민주화를 통한 분단의 극복을 희구한 것이다.

분단에서 농어촌 문제까지, 시대의 화두를 아우르며

한길사는 1988년 9월 '사상의 대중화를 위하여'라는 구호를 내걸고 월간지 『사회와 사상』을 창간했다. 박현채는 리영희·강만길·김진균·임헌영과 함께 편집위원으로 위촉되었다. 한길사는 잡지 창간 기념행사로 8월 22일 서울 명동 YMCA강당에서 통일 문제 대강연회를 열었다. 박현채는 문익환, 이종석과 함께 연사로 나서 강연을 했다. 청중의 반응은 뜨거웠다.

창간호에 실린 리영희의 「남북한 전쟁 능력 비교 연구」는 사회적으로 큰 파장을 일으켰다. 또한 문익환·김대중·김낙중 등 6인이 통일 방안을 제시하기도 했다. 박현채는 강만길과 대담을 나누었는데, 이는 「80년대 민족운동사적 의미」라는 기사로 정리되었다. 이 기사 역시 화제가 되었다.

박현채는 이후 『사회와 사상』에 몇 차례 평론과 시론을 썼다. 1989년 2월호에 실린 「남북 경제 교류의 이념과 방향」은 대단히 시의적절한 글이었다. 당시의 상황을 살펴보면, 세계적인 해방 무드가 진행되는 가운데 88올림픽을 전후해 북방 외교가 진전되면서 1988년 7월 7일 노태우 대통령이 대북 정책 특별선언을 발표했다. 그리고 다음 해 1월에는 동구 공산권 국가와는 처음으로 헝가리와 수교를 맺었다. 이 무렵 정주영(당시 현대그룹 명예회장)이 한국 기업인 최초로 북한의 초청으로 평양을 방문했다.

박현채는 남북한의 경제 교류가 통일을 위한 상호 접근이어야 한다고 주장했다. 즉 단순한 물질적 재화의 교류가 아니라 민족공동체를 복원하고 새로이 창조하는 것이 되어야 한다는 뜻이었다.[21] 그는 통일을 목표로 경제 교류를 하고자 할 때의 구체적인 방안까지 제시했다.

먼저 남북은 상호 제공 가능한 상품 품목을 제시하고 이것의 상호 교환을 위한 검토를 해야 한다. 이것을 위한 노력은 초기 단계에서는 초보적인 경제적 합일점의 추구라는 낮은 차원의 것이지만 점차적으로 이행하면서 민족공동체의 복원 내지는 새로운 창출을 위한 경제적 기초인 민족경제의 확대를 위한 것으로서 적극적인 노력으로 될 것이다. 그리고 그를 위한 노력으로 첫째는 우리 안에서 활동하고 있는 외자 그리고 외국 관련 자본과의 대결을 위한 상호 보완으로서의 상품 교류의 내용을 이루어야 한다.

둘째는 이런 것들은 일정한 축적을 기초로 하여 남북을 총괄하는 비교우위에 의한 분업까지로 확대되어어야 할 것이다. 다음으로 이와 같은 단위 상품의 상호 교류는 종국에는 경제통합으로 되어 통합적 경제계획 기구의 창출로 되면서 정치적 통합의 진전과 함께 혼합적 경제체제를 조성해가는 것으로 되어야 한다.

문제는 단순한 경제 교류의 실현이라는 데 있지 않다. 정치적 합일을 기초로 한 경제 교류 그리고 그것을 매개로 한 보다 더한 성치적 통합과 민족공동체의 회복이라는 데에 핵심은 있다.[22]

박현채의 학문은 점차 성숙하여, 특히 경제나 민족 문제에 있어서는 대안까지 제시하는 경륜을 보이게 되었다. 「남북 경제 교류의 이념과 방향」에서 제시한 대안들은 북한에 적대적인 정권이 물러나고 남북 교류와 협력에 힘쓰는 민주 정권이 수립되면 언제든 검토, 채택될 수 있는 방안이었다.

한편 도서출판 나남의 대표 김상호는 1988년 6월 "자본주의에 훼

손당한 인간적 가치를 되찾고 역사적 물결 속에서 주체적으로 서기 위한 시각을 가다듬기 위해서"『사회비평』을 창간했다. 창간 특집으로 '변혁기의 한국 사회: 현상과 본질'을 기획하면서 박현채·한완상·최일남의 권두 대담을 마련했다. 「변혁기의 한국 사회, 무엇이 이루어지고 있는가」라는 글로 정리된 이 대담에서는 남북통일, 미국과의 관계, 노동 문제, 지식인 및 중산층 문제 등을 다루었다.

박현채는 여기에서 특히 '중산층'이라는 용어에 대해 강경하게 비판했다. "내가 중산층이란 말을 왜 싫어하냐면 바로 언어의 희롱이기 때문입니다. 중산층이 있으면 대산층도, 소산층도 있어야 할 것 아닙니까? 우리나라에서 역대 정권이 가장 선전해온 것은 '너는 중산층이다' 하는 것입니다"라면서 중산층과 서민층의 논리가 맞아떨어질 때 비로소 안정 논리를 찾을 수 있다고 주장했다.[23]

6월항쟁을 전후하여 들불처럼 일어난 노동계에서도 몇몇 잡지와 무크를 창간했다. 실천문학사에서는 1988년 1월에 무크지『노동문학』을 창간했는데, 창간사에서 "우리는 무엇보다도 민족문학운동의 지난 성과를 역사의 빛나는 새 흐름과 바르게 잇는 일에 주력하고", "다음으로 우리는 '노동'이란 말의 본래적 의미에 충실하려 한다"라고 그 나름의 포부를 천명했다. 이어서 "'일함'을 통하여 세상을 지탱하며 묵묵히 역사를 일궈가는 다수 이웃들의 삶에 두루 관심을 갖고자 하며, 그 관심을 통해 그러한 삶에 깃든 새로운 문화적 가치들을 바르게 읽어내고자 한다"라며 잡지가 나아갈 바를 밝혔다.[24] 이 무크지의 창간호 기획 논단 첫머리에 박현채의 「국가독점자본주의 하에서의 노동운동」이 실렸는데, 들불처럼 타오르는 노동운동의 현

1988년 연세대학교에서 열린 전국노동자대회 모습. 민주화운동의 결과 노동자들도 세력을 형성, 자신의 권리를 주장하며 거리로 나서기 시작했다.

장을 분석한 그의 글은 많은 노동자들에게 국가독점자본주의에 대한 인식의 눈을 뜨게 했다.

또한 박현채는 김흥명(현 조선대 명예교수)과 공편으로 사계절 출판사에서 『통일전선과 민주혁명』을 발간했다. 1권은 1988년 10월에, 2권은 그다음 해에 발간했는데, 박현채는 2권에 「한국 사회민주화의 성격과 과제」라는 글을 수록했다. 박현채와 김흥명은 이 책의 편찬 배경으로 "민족해방운동과 민주주의 혁명의 노력을 이론적으로 체계화시킬 절실성에 직면"했음을 내세웠다.[25] 박현채는 1980년대 후반의 혁명적 열기 속에서 민족 해방과 민주주의 혁명을 주창했던 것이다.

이러한 가운데 그는 학계에 입문할 때부터 관심을 갖고 연구에 매진했던 농업에 대한 고민을 계속 놓지 않고 있었다. 박현채는 1988년 8월 이우재가 주관하는 한국농어촌사회연구소와 함께 『한국농업·농민문제연구』(전 2집)를 편찬했다. 그는 이 책의 1권에 「한국 자본주의의 전개와 농업·농민 문제」를 수록했다. 이 글은 농업과 관련한 박현채의 철학을 담은 대표적 논문 중 하나다.

한 나라의 국민경제에서 농업에 주어지는 요구에는 다음과 같은 것들이 있다. 한 나라 경제의 재생산에서 주요한 것으로 되는 소재 시장이라는 쪽에서 보면 먼저 소재의 보전이라는 면에서 농업은, ① 기초산업으로서 국민경제의 재생산에 필요한 원자재를 값싸게 공급할 수 있어야 한다. ② 농업은 비농업 부문에서 사회적 생산에 종사하는 사람들을 먹일 수 있도록 값싼 식량용 농산물을 사회적 수요에 상응하게 공급할 수 있어야 한다. 그뿐만 아니라 ③ 농업은 자본을 위해 값싼 노동력을 필요에 따라 공급하는 산업예비군의 공급원으로서의 자기 역할을 지니고 있다. 그리고 시장 면에서의 농업의 역할은 보완적 시장으로서의 역할이다. 이것은 자본주의 경제제도하에서 생산의 사회적 성격과 그 취득의 사적·자본가적 형태 간의 모순에서 생기는 시장 부족에 대하여 농업이 중요한 균형 요인으로 작용하는 데서 온다.[26]

박현채는 민족경제의 자립을 통해서만이 농업·농민 문제가 근본적으로 해결된다고 보았다. 즉 농업·농민 문제를 해결하려면 일단 소농 경영의 극복이나 과거 청산 문제가 제기되지만, 그에 그치는 것이 아니라 총체적인 사회 변혁이 필요하다고 본 것이다.[27]

외골수 지식인,
고난 끝에 날개를 달다

보상 바라지 않는 삶을
생활신조 삼아

박현채는 『민족경제론』으로 제2회 단재학술상을 수상한다. 한길사가 주관한 것으로, 단재 신채호 선생을 기리는 상이다. 이해는 단재가 뤼순(旅順) 감옥에서 옥사한 지 60년이 되는 해였다. 친일파를 기리는 각종 상과 장학회, 기념관은 많아도 독립운동가를 선양하는 경우는 드문 현실에서 이런 상의 제정은 반가운 일이었다. 박현채의 사상이 단재의 민족 사상과 잘 어울린다는 평도 뒤따랐다.

서울 출판문화회관 강당에서 열린 시상식에서 박현채는 1948년에 어떤 선배가 한 말이라며 "섣부른 창작보다는 고전의 해석에 충실한 자가 되려는 노력이 보다 큰 창조를 가져올 것이다"라는 말로 수상 소감을 시작했다. 또한 그는 "역사에 충실한 삶이란 오늘에 있어 보상받지 아니하고, 오늘에 있어 보상받길 원하지 않는 삶"이라며 이를 오래도록 자신의 생활신조로 삼고 있었다고 밝혔다.[1] 현실에서 보상받지 않고 이를 원치 않는 삶, 바로 자신의 생애이기도 했다. 이어서 박현채는 이런 소감도 밝혔다.

나는 오늘의 수상을 나 자신의 경제학 연구에 대한 업적 그 자체에 대한 평가보다는 그와 같은 연구 결과를 평가하게 하는 역사적 상황 진전에 보다 큰 의미를 부여합니다. 저의 경제학 연구에 있어서 더할 것 없는 성과는, 주관적으로 역사 앞에 충실한 삶을 다짐하면서 역사적 요구가 있는 곳에 참여한다는 원칙 위에 선 소신입니다. 민족경제론이라고 불리는 이론적 체계는 그런 의미에서 처음부터 의도된 것은 아닙니다. 그것은 다양한 현상의 사회적 실천상의 요구에 따른 보다 정확한 인식을 위한 계속적 노력의 입안으로 제기된 것입니다. 곧 민족경제론은 식민지 종속이론에서 비롯된 한국 자본주의의 식민지 상황과 오늘에 있어 반식민지적 상황을 한국 민족주의의 역사적 과제의 실현이라는 사회적 실천상의 요구에서 설명, 그것을 답하기 위한 노력에 의해 제기되었습니다.[2]

단재상은 그가 사회에 나와서 처음으로 받는 상이었다. 시대와 불화하면서 타협을 모르는 외골수의 삶, 서리서리 한도 많고 시련도 많았다. 출판사가 주는 상 하나, 상금 몇 푼으로 보상받기는 어려운 것이었으나, 감회는 남달랐을 것이다. 단재 선생을 오래전부터 사숙해온 터였기에 더욱 그러했으리라. 다음 날에는 상금으로 온 가족과 모처럼 푸짐한 외식도 즐겼다.

1987년 3월 13일 단재상 시상식장에서. 사회에 나와서 처음 받는 상이었기에 그의 감회는 남달랐을 것이다.

줄탁동시,
박현채와 조정래의 만남

박현채가 단재상을 받을 수 있었던 것은 그의 말대로 '역사적 상황의 진전' 때문이었다. 전두환의 폭압 통치에 대한 시민의 저항이 증폭되면서 1987년 한국 사회는 거대한 용광로처럼 뜨겁게 달아오르고 있었다. 6월항쟁의 전야였다.

이 무렵 조정래는 대하소설 『태백산맥』을 힘겹게 연재하면서 한국전쟁기 지리산의 빨치산들을 찾고 있었다. 이 소설을 관심 있게 읽었던 박현채 역시 자신의 이야기를 남기고 싶어했다.

박현채와 조정래의 만남은 선가에서 말하는 '줄탁동시(啐啄同時)'였다. 줄탁동시는 『벽암록』에 나오는 말로, 공안(公案)의 하나이며 선불교(禪佛敎), 특히 간화선(看話禪)에서 많이 인용되는 말이다. 달걀은 어미 닭이 품었다가 달이 차면 부화한다. 그때 알 속에 있는 병아리가 안에서 껍질을 쪼는 것을 '줄(啐)'이라 한다. 반대로 어미 닭이 병아리 소리를 듣고 밖에서 쪼아 껍질을 깨트려주는 것을 '탁(啄)'이라 한다. 이것이 '동시'에 일어나야만 병아리가 껍질을 깨고 나와 온전한 세상을 접할 수 있다고 한다. 이 비유에는 선가(禪家)에서 스승이 제자를 이끌어 깨달음으로 인도하는 과정이 담겨 있다.

"조정래가 누구여? 나랑 잠 만났으면 쓰겄는디."

이 말을 앞세워 출판사에서 연락이 왔습니다.

"나 박현채라고 허요. 근데, 소설 참 맛나게 잘 썼습디다. 아조 재미지게 읽었는디, 앞으로 빨치산 얘그가 본격적으로 나와야 쓸 것 같등마. 위째, 나가 그짝얼 쏘께 아는 것이 있응께로 들어볼 맴이 있소?"

그 투박한 진짜배기 전라도 사투리가 하고 있는 말이 무엇인가! 빨치산 얘기를 해주겠다는 것이 아닌가! 저는 솟구치는 반가움을 그대로 드러내며 대답했습니다.

"예, 예, 그런 분을 찾고 있던 참입니다."

"잉. 그러문 마침 잘되았소. 내 자서전 대신 써준다고 생각허고 내 이약얼 듣도록 허면 되겄소."

이렇게 홀연히 제 앞에 나타난 경제학자 박현채. 빨치산 간부 출신에, 중학교 선배고, 특출한 기억력을 가진 데다, 먼저 경험담을 이야기하고 싫어하니 그보다 더 잘 어울리는 찰떡궁합이 어디 있을 것인가. 그 흔한 천군만마(千軍萬馬)라는 말, 박현채 선생이 제 앞에 출현한 것을 표현하는 데 이보다 더 잘 어울리는 말은 없을 것입니다.[3]

박현채와 조정래는 쉽게 의기투합하여, 작가는 '황홀한 글감'을 찾아 그의 비좁은 사무실을 찾아다녔다. 이때까지도 한 달에 두 번씩 중부서 형사가 '동향 조사'를 하러 와서 대화가 중단되기도 했다. 박현채는 조정래와 함께 지리산 현장 취재도 마다하지 않았다. 그 멀고 험한 지리산을 여러 차례 동행하며 빨치산 활동상을 들려주었다.

박 선생은 지리산 준령을 넘고 넘으며 수많은 이야기를 해주었습니다. 아무도 엿듣는 사람이 없고, 옛날의 비극이 점철된 현장에 들어서 있으니 선생의 이야기는 깊은 회한과 함께 실타래 풀리듯 풀려나오는 것이었습니다.

세석평전(細石平田)의 드넓은 분지에 가을 달빛이 넘치고 있었습니다. 소주잔에 담긴 달빛까지 마시며 선생의 슬프고 안타까운 이야기는 자정을 넘기고 있었습니다.

"여기 세석평전에서 경남도당이 몰살을 당해부렀어. 밑에서는 포위한 군경이 밀고 올라오고, 우에서는 비행기가 네이팜탄을 퍼부어대는디 워쩔 수가 있었겄냐. 시체가 늘펀하니 여그덜 다 덮어부렀제. 여그서 지천으로 피는 철쭉은 그냥 철쭉꽃이 아닌 것이여."

깊은 한숨으로 선생의 목이 메이고, 두 볼에는 굵은 눈물이 소리 없이 흘러내리고 있었습니다.

그날 밤 과음하신 선생은 발을 헛디뎌 한 길 넘는 낭떠러지로 곤두박이치고 말았습니다. 그 사고로 선생은 목을 다쳤고, 침을 맞으며 서너 달 치료를 해야 했습니다. 저는 죄송스러움으로 어찌할 바를 몰랐습니다.

그런데 저는 염치없고 뻔뻔스럽게도 또 지리산을 가자고 했고, 선생은 또 씩 웃으며 "가야제" 하는 것이었습니다.[4]

두 사람은 거듭 지리산을 찾았고, 이런 과정을 거쳐 『태백산맥』에 등장하는 매력적인 인물 조원제가 태어났다. 박현채가 소설 속에서 '복원'된 것이다. 소년 전사 조원제를 통해 박현채를 복원한 조정래는 뒷날 모델의 원형을 이렇게 평가한다.

선생은 준수한 인물에 강건한 체력의 소유자였습니다. 거기다가 천재적인 머리를 지니고 있었습니다. 또한 남자다운 기가 승했고, 논리적 원칙론을 바탕으로 결단력이 강했습니다. 그러면서도 인정이 많았고, 너그러웠으며, 사람을 폭넓게 이해하는 유연성을 가지고 있었습니다. 그분의 카리스마는 그런 모든 것들이 융합되어 피어나는 꽃이었습니다.[5]

조선대학교 경제학과 교수로 취임하다

박현채는 1988년 정윤형 등과 한국사회연구소를 설립하고 이사로 취임했다. 한국사회연구소는 추상적인 공리공론을 지양하고 구체적 분석과 정책 대안을 만들어내는 것을 목적으로 대학원 석사 과정 이상의 연구자 100여 명과 교수 30여 명으로 구성되었다. 실천적 지식인들이 참여하여 활발하게 토론하며 정책 대안을 마련하자는 뜻이었다.

이어 1989년, 그의 생애에 있어 일대 변화가 일어났다. 평생을 아웃사이더로 살아온 그가 처음으로 제도권에 편입되어 대학교수가 된 것이다. '나이 60에 능참봉'이란 속언 그대로였다. 정년을 앞둔 나이라 할 만한 56세에 조선대학교 정교수에 취임한 것이다. 6월항쟁 덕택이었다. 비록 민주정부 수립에는 실패했으나 6월항쟁으로 한국 사회는 상당한 수준의 변혁이 이뤄지고 있었다.

오랫동안 사학 분규로 진통을 겪었던 조선대에 민주화운동의 중심에 있던 이돈명 변호사가 총장으로 영입되면서 '사변'이 일어났다. 이돈명은 유신과 5공 정권에 저항하면서 양심적으로 살아온 일군의 지식인들을 교수로 임용했다. 박현채도 그중 한 명이었다.

박현채는 내가 기용을 했는데, 기용한 이유를 간단히 설명을 하면 지금까지 설명한 바와 같은 그런 훌륭한 나라의 장래를 생각하는 학자라는 점, 그리고 농업경제와 산업정책에 정말 우국적 견지에서 자기 학문을 닦아오고 그것을 계속해서 연구해오고 있는 학자라는 사실. 그리고 그런 학적 공로로 인해서 이미 당국으로부터 미움을 받고 있으니까 각 대학에서 그 사람을 공식으로 교수로 채용은 못해도 과목을 줘서 시간강사 같은 그런 형태로 여기저기, 좋지 않은 눈으로 보면 보따리 장사지만, 그 사람 처지에서는 도리가 없이 그런 일을 해서, 내가 들은 바에 따르면 아주 좋은 반응을 얻었고, 학생들로부터 숭배를 받고 있다는 얘기를 익히 들어서 잘 알고 있거든요. 내가 그 학교로 가기 전부터. 그러던 차에 내가 학교로 가니까, 박현채 개인에 대한 억울함도 풀어주고, 또 조선대학교의 장래를 위해서 이런 교수를 확보해가지고 학교에 두면 얼마나 이 학교의 미래가 밝겠는가, 이런 생각을 가지고 내가 채용을 했죠.[6]

이돈명 정도의 인물이니 박현채를 과감하게 조선대 교수로 초빙할 수 있었을 것이다. 내부 교수진 일부와 외부로부터 심한 반발과 위협이 따랐지만 이돈명은 이를 물리치고 박현채를 끝까지 보호했다. 박현채는 난생처음 안정된 자리에서 월급을 받는 생활을 하게 되었다. 그는 민족경제론을 비롯하여 이제까지 연구해온 경제학을 열과 성을 다해 가르쳤다. 행복한 시간이었다.

조선대에서 '민족자본론'을 강의하고 있던 박현채 선생은 만날 때마다 약간 들떠 있는 것처럼 마냥 기분이 좋아보였다. 오랫동안 일정한 직장을 갖지 못하고 여기저기 대학을 찾아 떠돌음했던 선생이 비로소 조선대 교수라는 안정적 자리를 갖게 되었으니 그도 그럴밖에. 주변 사람들한테 들은 바로는 박 선생이 조선대에서 첫 월급을 받고 의료보험증을 받았을 때 좋아라며 자랑을 하더라고 했다.

박현채 선생은 학생들한테 인기가 최고였다. 오랫동안 진보적 이론에 목말라 있던 학생들은 오랜만에 박현채 선생의 거침없는 강의에 매료당

1982년 8월 서울 명동성당에서 열린 이돈명의 회갑 기념 모임. 앞줄 제일 가운데에 있는 사람이 이돈명이고, 뒷줄 왼쪽이 송건호, 가운데에 박현채의 모습도 보인다.

했다. 비로소 광주의 젊은이들이 사구체의 불씨를 안게 된 것이다.[7]

광주 시절 초기 박현채는 시내 허름한 여관에 숙소를 정하고, 일요일이면 송기숙 등과 무등산과 백아산 등을 등반하면서 행복한 나날을 보냈다. 얼마 뒤에는 무등산이 보이는 아파트에 세 들어 살면서, 운전을 배워 자동차로 출퇴근했다. 당시 광주에서는 『전남일보』가 창간되었는데 순천대학교 교수 문순태가 초대 편집국장으로 영입되어 진보적 목소리를 내면서 성가를 올리고 있었다. 박현채는 종종 이 신문의 좌담회에 참석하고 시론을 써서 지역의 여론 형성에 기여했다. 그리고 이들과 어울려 술을 마시고 토론을 하며 생애의 마지막 불꽃을 태우고 있었다.

언젠가 현역 국회의원으로 광주에서 일을 보려고 충장로를 지나다가 이미 술에 거나해 있던 박 선배를 만났다. 그때는 그래도 조선대학교 경제학과 교수로 약간은 신분적 장애도 풀리고 술 먹을 용돈도 있던 때인데, 제대로 만나고 말았다. 단 둘이 그분의 숙소인 여관에 들어가 소주와 맥주를 사오라고 하여 본격적으로 술을 마시기 시작했다. 그날은 그렇게 윽박지르거나 얕잡아보는 말씀보다는 잔잔한 어조로 정치인들이 해야 할 일을 조근조근 설명해주었다. 특히 동료나 선후배들 사이에서 제법 기대가 크니 참으로 정직하고 깨끗하게 정치하라는 당부를 간곡하게 말씀해주셨다.[8]

오래전부터 박현채는 가까운 동료나 후배들을 만나면 격려를 잊지 않았다. 50세가 넘으면 '죽을 자리'를 찾으라는 말이 있다. 산소나 명당을 찾으라는 뜻이 아니라, 생애의 후반기에 바르게 살고 옳은 일을 하라는 말이다.

1980년대 초반에 제가 계속해서 『동아일보』에 칼럼을 매주 썼지 않습니까. 그러니까 이 사람이 어느 날 찾아왔어요. 소식도 없이 와서 하는 말이, 그때도 "네가 죽을 자리를 찾았구나. 제대로 해야 된다" 이런 얘기를 하고, 어렴풋이 삶을 이어오면서, 나도 나이가 들어가니까, 말년이나 마지막 죽음 같은 것을 막연하게 생각하지 않았던 것은 아니지만, 그 사람의 촉발로 많은 것을 생각하게 됐죠.[9]

박현채의 강의는 금방 학생들에게 소문이 돌았다. 강의 시간에는 언제나 초만원이 되었다. 박중기의 증언에 의하면, 심지어 야간부 대학생들의 항의 시위가 벌어지기도 했다고 한다. 야간부 학생들에게도 박현채의 강의를 듣게 해달라는 주장을 편 것이었다.

학생들의 호응에 부응할 만큼 박현채는 강의를 철저하게 준비했다. 매사에 성실한 생활 태도가 강의 준비에도 그대로 배었다. 한 학기 동안 열심히 준비한 강의록을 출판하겠다는 회사가 줄을 서기도 했다.[10]

글쓰기에 대한 한결같은
열정을 보이며

박현채는 1989년에도 일간지와 대학 신문 기고 등을 포함하여 60여 편의 글을 썼다. 물론 학술 논문도 적지 않았다. 무크지에도 여전히 관여하고 있었다. 한마당 출판사에서 1989년 2월에 창간호를 낸 『사상운동』에는 좌담자로 참여했다. 「사회적 실천에서 사상의 문제」라는 글로 정리된 좌담으로, 사회는 김창호(당시 서울대 강사)가 맡았고 박현채와 함께 법성(당시 무등산 선정암 학당선원 주지)이 좌담에 참여했다. 이 좌담에서 박현채는 이론과 사상의 간극에 대해 다음과 같이 밝혔다.

사상은 일면으로는 이론에 의해 그 내용이 부여되는 것입니다. 그렇지만 사상이란 정밀화된 이론이 없어도 존재할 수 있습니다. 그렇기 때문에 이론이 다르면 반드시 사상이 다른 것은 아니지만, 그 이론이 보다 추상화될 때 사상적 기반을 달리하게 됨으로써 이론이 다르면 사상 또한 다를 수 있다는 것입니다.[11]

1990년에는 박현채의 어머니가 돌아가셨다. 15세에 결혼하여 1년 만에 박현채를 낳고, 평생을 이 아들 때문에 마음 졸이며 살아오신 어머니였다. 우리 나이로 73세에 운명을 달리했으니 짧게 사셨다고는 할 수 없으나 파란만장한 생애였다. 시대와 불화하는 아들 때문에 늘 불안 속에 살다 가셨다. 박현채는 어머니의 유해 앞에 엎드려 눈물을 뿌렸다. 그나마 정식 대학교수의 신분이어서 조문객도 많았고 장례는 초라하지 않았다.

박현채는 1990년과 1991년에도 강의 틈틈이 글을 썼다. 민주화가 진척되면서 원고 청탁이 늘어났다. 아무리 연구 능력과 범위가 넓고 열정이 넘치더라도 환갑을 앞둔 나이에 그토록 치열하게 많은 글을 쓰기란 쉽지 않았다. 그래서인지 1991년에는 예년에 비해 원고 집필량이 줄어들었다.

1990년 도서출판 풀빛에서 내는 『사상문예운동』 여름호(제4호)에서는 박현채·김금수·장기표·채만수·김문수가 참석하여 지상 토론을 벌인 것을 「90년대 민족운동의 전략적 기초를 묻는다: 민족민주운동의 조직적 과제와 정치적 진로」라는 글로 정리해 실었다.

좌장(座長) 격인 박현채는 "현재 우리 운동의 과제는 민중적 기반을 갖지 않는, 그리고 민중적 요구를 추구하지 않는 정당 결성이 아니라 재야 민족민주운동의 새로운 정립을 위한 사회운동의 조직

1990년 1월 22일, 민정당 · 민주당 · 자민련은 전격적인 3당 합당을 발표한다. 이는 영남 지역이 가지고 있던 '야성'을 보수화시키고, 한국의 정치 지형을 전면적으로 바꾸어놓았다.

화 · 활성화라고 할 수 있다"고 주장하며, 재야 신당보다 민족민주운동의 활성화에 무게를 싣는 발언을 했다.[12] 1990년 초 민정당 · 민주당 · 자민련의 3당 야합으로 거대 민자당이 결당되면서 재야 신당설이 나오는 상황에서 이를 저지하는 발언을 통해 민주 세력의 분열을 막고자 했던 것이다.

당시의 상황으로 보면 보수 대연합으로서의 민자당 결성에 대응하는 민주 대연합의 실현은 분명 의미 있는 일이었다. 그런데 박현채는 여기에 전제를 달아, 민주 대연합에서 민족민주운동이 주축이 되고 한정적으로나마 주도권을 확보해야 한다고 주장했다. 평민당의 평민연 그룹을 최대한 매개로 이용하면서 민족민주운동 세력과 보수 정당인 평민당이 연합하는 것이 민족의 자립과 민주주의 그리고 통일을 위해 의미 있는 일이라고 본 것이다.[13]

박현채는 '광주항쟁 10주년 기념 전국학술대회'에 참가해 이수인 · 고은 · 김세균 · 김수행 · 김인걸 · 김진균 · 오수성 · 장을병과 토론을 벌이기도 했다. 이 토론문은 「광주 5월 민주항쟁의 학술적 재조명」이라는 글로 정리되어 『사상문예운동』 제8호(1991년 여름)에 수록되었다. 여기에서 박현채는 일부 식자들이 1950년대를 외면한 데 대해 심도 있는 비판을 했다.

1980년이 1950년보다 앞선다고 누가 이야기합니까? 왜 우리가 사는 역사에서 그걸 빼버리고 1980년을 강조합니까? 5월은 지나치게 과대평가되고 있습니다. 그리고 사실과 다르게 인식되고 있습니다. 과학적 인식 없이는 역사의 발전도 없습니다. 과학적 인식만이 새로운 창조의 기틀입니다.[14]

그렇다고 해서 박현채가 5 · 18을 과소평가한 것은 아니었다. '과학적 인식'이 중요하다는 점을 강조한 것이었다. 또한 그는 무장 항쟁에 대해서도, 특정한 요구의 실현을 위한 의도적인 무장만이 진정한 무장 항쟁이라고 주장했다. 박현채는 "길가에 흩어져 있는 총을 줍는 것은 무장이 아닙니다. 그런 것을 구분하지 않으면 그것이 어떻게 과학적인 태도입니까?"라며 '과학적 인식'을 통해 1940～1950년대의 '의도적 무장'을 5 · 18민주화항쟁과 견주어보려 했다.[15]

한편 1992년에 한국사회연구소와 한겨레사회연구소를 통합하여 창립된 한국사회과학연구소에 박현채는 김중배와 함께 공동이사장으로 취임했다. 연구소다운 연구소를 만들어 수장으로 활동할 수 있는 공간이 열린 것이었다. 연구소가 서울에 있어서 자주 찾지는 못했으나 회의에는 빠지지 않았다. 이해 5월에는 셋째 딸이 결혼하여 김형석을 세 번째 사위로 맞았다.

민족민주운동을 바탕으로 한
한국 현대사 집필

박현채는 1992년 4월 자신의 이름으로 도서출판 소나무에서 『청년을 위한 한국 현대사』를 편찬했다. 리영희, 송건호, 강만길 등이 한국 근현대사와 관련한 각종 저술을 쏟아내고 있을 때, 박현채도 소장 연구가들을 동원하여 민족주의적 · 진보적 시각에서 현대사를 집필 · 편찬한 것이다. '1945~1991: 고난과 희망의 민족사'라는 부제를 붙여 편찬한 이 책은 변혁기의 '청년을 위한' 교재로 마련되었다. 책은 발행한 지 1년 만에 4쇄를 찍을 정도로 인기를 모았다. 우선 책의 목차를 살펴보자.

시작하는 말: 변혁 이론의 현실과 한국 현대사 연구
제1부 해방과 분단
　　제1장 전후 미소의 세계 전략과 민족 분단(김혜진)
　　제2장 미군정과 분단국가 형성(류상영)
　　제3장 해방 후 사회운동과 미국(양동주)

1992년 박현채가 펴낸 『청년을 위한 한국 현대사』의 표지. 이 책은 한국 현대사 입문서로서 학생을 비롯한 일반 대중들에게 폭넓은 사랑을 받는 스테디셀러로 자리 잡았다.

　박현채가 이 책을 편찬할 때는 구소련과 동구 사회주의권이 붕괴
하고 있는 시점이었다. 그가 동구 사회주의의 몰락으로 크게 좌절하
여 심리적 충격으로 병이 도진 것처럼 평하는 논자들이 있는데, 이
는 사실과 다소 차이가 있다. 자신이 긴 세월 동안 이념적 지주로 여
겼던 동구 사회주의의 붕괴는 물론 큰 충격이 아닐 수 없었다. 그가
제2차 세계대전 뒤 미국식 자본주의가 파생한 제국주의의 탐욕, 정
경 유착, 신자유주의 시장 질서, 부익부 빈익빈의 사회구조, 물질 만
능주의로 인한 인간성의 황폐화 등을 지켜보면서 사회주의 이데올
로기를 지향한 것은 사실이다. 하지만 스탈린식의 소련, 모택동식의
중국, 김일성식의 북한 사회주의 노선을 지지한 것은 아니었다. 사
회주의 이데올로기와 현실 사회주의 국가의 실상 사이에는 엄청난
간극이 있었기 때문이다.

　박현채가 『청년을 위한 한국 현대사』의 머리말로 집필한 「변혁 이
론의 현실과 한국 현대사 연구」에는 사회주의 체제의 몰락에 대한
내용이 들어 있다.

　운동과 이론의 이러한 침잠의 직접적인 계기는 사회주의의 몰락이다.

어떤 형태로든 운동과 이론의 현실적인 모델이자 이론의 근거가 되어왔

던 현존 사회주의 체제가 몰락하고, 그로 인해 사회주의 이론이 완전히

무력화됨으로써 남한 사회의 지배 세력과 이데올로그들은 그동안 상당히 몰려 있었던 수세적 국면에서 벗어나서, 동요하는 사회체제를 다시 확고하게 장악하고 변혁 운동의 제 세력들을 무력화시킬 수 있는 생각지도 않은 호기를 잡은 것이다. 또한 이는 통일 문제에도 남한의 지배 권력이 역으로 지배권을 행사할 수 있는 계기가 되었다.[16]

박현채는 현실 사회주의의 몰락으로 자본주의 체제의 모순이 극대화될 것을 오히려 우려했다. 말하자면 그는 현실 사회주의 몰락에 비통해한 것이 아니라, 이를 계기로 자본주의 체제의 횡포와 모순이 극대화되면서 한국 사회의 극우적 이데올로그들이 반격을 펼칠 것을 우려한 것이었다.

설사 과거 사회주의 국가들이 현재와 같이 자본주의적 질서에 편입되어 자본주의적 발전의 길을 계속 모색한다고 하더라도, 자본이 과거와 본질적으로 동일한 방식의 운동 법칙을 답습한다면, 오랜 시간이 소요되겠지만, 결국 어느 시점엔가는 자본의 모순이 전면적으로 폭발하는 계기가 나타날 것이다. 이것은 사회주의가 일시적으로 후퇴했다가 전 세계적인 차원에서 다시 대두하는 것을 의미한다.[17]

박현채는 "오랜 시간이 소요되겠지만"이라고 표현했으나 실제로는 그리 오래 걸리지 않았다. 2010년의 세계적인 금융 위기와 2011년 '시위대'의 월가 점령 등에서 볼 수 있듯이, '99퍼센트 대 1퍼센트'의 대결 양상은 이미 세계적인 추세로 자본주의의 모순이 폭발하고 있음을 알 수 있다. 이는 현재진행형인 것이다. 다만 "사회주의가 일시적으로 후퇴했다가 전 세계적인 차원에서 다시 대두"하게 될지, 아니면 '제3의 길'을 찾을지는 더 지켜봐야 할 것이다.

박현채는 아직까지 규명되지 못한 자본의 또 다른 위력을 예견하면서, 변혁 운동과 변혁 이론의 위기를 극복하고 새로운 출발을 위해서 무엇을 할 것인가를 스스로에게 묻고 다음과 같이 답한다.

먼저, 자본의 세계적 차원에서의 운동 논리에 대한 해명이 여러 각도에서 이뤄져야 할 것이다. '전반적 위기론'을 넘어서는 자본의 역동성의 본질은 무엇인가? 현재의 세계적인 차원에서의 자본의 운동이 어떤 형태와 법칙성을 취하는가? 그것은 과거의 운동과 본질적인 차이점을 취하는가? 이런 문제에 대한 해명을 통해 전체적으로 자본주의화되어 재편되고 있는 세계 질서의 미래를 예측할 수 있는 단서를 찾을 수 있을 것이다. 그리고 아울러 사회주의 와해의 원인에 대한 체계적인 규명이 있어야 한다. 현재의 단편적인 진단을 넘어서서 좀더 근본적인 원인을 체계적으로 설명할 수 있을 때, 몰락상을 보이고 있는 사회주의 체제의 미래를 더욱 확실하게 예측할 수 있으리라고 본다.[18]

한편 맺음말인 「현대사와 민족민주운동」에서는 박현채의 현대사 인식을 좀더 구체적으로 엿볼 수 있다. 이 글에서 그는 한국 현대사에서 민중적 민족주의가 주류가 되었다는 색다른 주장을 펼친다.

현대사는 우리 민족의 역사에서 민중적 민족주의가 주류를 이룬 역사적 시기다. 그리고 동시에 우리의 역사에서 민족적 자주가 실현되지 못하고 그것이 식민지이건 반식민지이건 민족적 생존이 어느 정도 제약되고 있었던, 그래서 우리는 자본제화를 식민지 종속 과정에서 이룩할 수밖에 없었고, 그 형태는 이른바 자본주의 발전에서 식민지·반식민지 종속형이었다. 일본 자본의 대한 진출의 과정이었던 한국의 자본제화 과정은 한국에서 일본 자본의 운동 양식에 의해 단초적으로 규정될 수밖에 없었다.[19]

민중적 민족주의가 주류가 되고서도 "민족적 자주"가 되지 못한 한국 현대사의 모순을 규명한 박현채는, 그럼에도 불구하고 민족과 민중의 전진을 위해서는 민족민주운동이 역사의 주체가 되어야 한다고 거듭 강조한다. 사구체에서의 기본 모순과 민족 모순이 민족민주운동에서 하나로 결합된다고 본 것이다. 즉 식민지 시기 민중적 민족주의의 역할처럼, 민족민주운동이 동시대에 반공 논리를 깨면서 민중의 요구를 받아 안아야 한다고 보았다.[20]

10장

자서전 집필을 뒤로한 채
영면하다

해외 여행길 올라
중국 견문록 쓰기도

박현채는 대학교수로 제도권에 편입하면서 뒤늦게나마 다소 안정되고 평탄한 삶을 살았다. 민주화가 진척되면서 진드기처럼 따라붙던 검은 그림자가 사라지는가 하면, 형사가 찾아와 동향 보고서에 날인하라는 압박도 줄어들었다. 중고였지만 자가용은 출퇴근길을 편안하게 해주었다.

그런데 삶이 안정된 탓은 아니었지만, 그는 이전과는 달리 다소 '일탈'하는 모습도 보였다. 광주의 '우편향' 인사들과 가끔 어울려 술판을 벌이고, 이들과 '백인회'를 창립하여 지역 신문에 크게 보도되기도 했다. 광주 사회에서 박현채를 아끼던 동료들 사이에 '변절' 운운하는 험담이 나돌았다. '옥중 동기'이기도 한 이강의 회고다.

내가 박현채 교수를 댁에서 만나서 백인회에 대한 여론의 문제제기를 전했다.

박현채: 송기숙 교수도 똑같이 그렇게 지껄이더냐?

이강: 송기숙 교수는 물론 모든 교수들이 다 그렇게 주장합니다. 한번쯤 만나서 설명을 하시면 어떨까요?

박현채: 이강 너는 어떻게 생각하느냐?

이강: 교수님께서는 뭔가 생각이 있으시겠지만 민주화운동 교수 분들에게 오해를 남기시는 것은 문제가 있다고 봅니다.

박현채: 광주는 모든 사람이 복잡하게 다 얽혀 있는 곳이다. 여기서 박현채가 매번 민주화운동 교수들과만 어울리면 그들이 어떻게 일을 계속할 것이냐? 내가 여기서 조금이라도 그들과 함께 움직이면 나만 죽는 것이 아니라 그들도 모두 함께 망한다. 나는 어차피 찍혀 있으니까 광주에서는 언제나 우익들과 어울려야만 나에 대한 감시로 인하여 그들이 운동하는 데 크게 지장이 없을 것이 아니냐? 여러 교수들은 물론 송기숙이 보고 앞으로도 계속 틈만 나면 박현채 비판을 계속 떠들도록 방치, 또는 오히려 유인하여라. 이것이 결국 박현채도 살고 송기숙이나 다른 교수도 살길이며 이강 너도 활동하는 데 지장이 없을 것이니 앞으로 그대로 방치하여라. 아아! 얼마나 위대한 지도자의 살신성인인가![1]

박현채는 광주 시절 다양한 사람들과 만나 산을 오르고 토론하고 글을 쓰면서 비교적 여유 있는 삶을 즐겼다. 모두 민주화 덕택이었다. 하지만 박현채의 사회 활동과 집필은 1993년 8월로 사실상 마무리된다. 뇌졸중으로 쓰러져 재활 치료에 들어갔기 때문이다. 만 60

1992년 무등산 입대석 앞에서. 왼쪽은 박현채의 친구 김희종이다. 이 무렵 박현채는 틈틈이 산에 오르고 글을 쓰면서 비교적 여유로운 삶을 살았다.

세였다.

뇌졸중으로 쓰러지기 7개월쯤 전, 박현채는 조정래와 함께 부부 동반으로 영국·프랑스·스위스·이탈리아 등 서유럽을 여행했다. 한 해 전에 잠깐 일본에 다녀오긴 했지만 유럽 쪽은 처음이었다. 6월항쟁으로 민주화가 진척되면서 그나마 해외여행이 가능해졌기 때문이었다.

이에 앞서 그는 1991년 3월에 여행사의 패키지 상품으로 중국에 다녀왔다. 난생처음의 해외여행이었다. 중국 여행은 민족문학작가회의 기관지인 『문학』 창간호에 그 기록을 남겼다. 홍콩-베이징-시안(西安)-상하이 코스로 일주일간이었다. 중국 여행을 준비하면서는 애를 많이 태웠다. 노태우 정부가 여권과 비자 신청에 이것저것 시비를 걸었기 때문이다. 다행히 조선대 교수라는 타이틀 덕분에 출국이 가능했다.

베이징에서는 자금성 · 베이징 대학교 · 만리장성 · 톈안먼(天安門) 광장 · 마오쩌둥기념관 · 인민대표자대회당 등을 둘러보고, 베이징 교외의 인민공사를 찾아 운영 실태를 살폈다. 베이징에서 3박 4일 관광을 마친 후, 시안으로 가서 진시황릉과 병마총을 보고 시안사변의 현장, 8로군 군정서 터, 시안 교외 린퉁(臨潼) 현에 있는 화칭츠(華清池) 등을 둘러봤다.

다음 상하이로 가서 기차를 타고 구이린(桂林)으로 들어가 자연 경관을 구경한 후 다시 상하이로 돌아가 임시정부청사와 임정 요인들이 묻힌 공원묘지, 윤봉길 의사의 의거지 홍커우공원(虹口公園)을 찾았다. 그리고 다시 홍콩으로 가서 김포행 비행기를 타고 서울로 돌아왔다. 이때까지만 해도 중국 본토에는 국적기가 취항하지 않아 홍콩을 거쳐야만 중국 방문이 가능했다.

사회주의를 지향하는 박현채가 사회주의 국가 중국을 첫 해외 방문지로 택한 것은, 역사 고적과 수려한 관광지를 보고 싶어서는 아니었다. 사회주의 국가 건설 반세기에 이르는 중화인민공화국의 실태를 주마간산 격으로라도 보고 싶었던 '사회과학적' 탐구심 때문이었다. 언어의 제약, 접촉 범위의 협소함 때문에 한계가 있었지만, 그럼에도 그 나름으로 중국을 파악할 수 있는 기회가 되었다며[2] 그는 자신의 소견을 다음과 같이 정리했다.

첫째, 경제적 상황은 다른 나라에 뒤떨어졌을지 모르지만 이제는 의식은 해결할 수 있는 상태에 이르렀다. 상품은 시장에 가득했다. 해마다 단경기에 수백만 또는 수천만이 죽어갔던 지난날의 중국의 비극은 이제 끝난 것이다.

둘째, 사기업의 허용은 퇴폐적 자본주의 문화의 침투와 함께 인민들의 사회주의적 윤리 의식을 좀먹고 있다. 인민들이 이중적인 직업을 갖고 있는데, 큰 것은 대개 유흥업소와 서비스업이다. 육체노동자에 비해 훨씬 작은 지식인들의 임금 격차로 지식인들이 불평불만 세력으로 진화되고 있다.

셋째, 개방경제의 실시로 소외가 심화되고 있다. 관광 분야에 집중 투자하고 개방 지역에서는 호텔 시설 등 외부 경제 시설의 대폭적 확충이 있었다. 내국인 중 일부 소득 계층에만 개방함으로써 사회주의 사회의 기본적인 원칙에 비추어 조속히 시정되어야 한다.

넷째, 부분적인 시장경제 원리가 도입되고 있음에도 불구하고 국영의 원칙이 관철되고 있다. 사회적 소유의 기본 형태는 공동적 소유 또는 국가적 소유 형태가 아니라는 데서 중국 사회주의에서 소비재 부문에 있어서 국가적 소유 형태는 완화되어야 할 것이다.

다섯째, 개방경제 체제가 갖는 부정적 측면이다. 부분적인 사경영의 도입과 허용은 직업의 이중화에 의해 많은 사람을 이중 직업자로 만들면서 직업윤리의 부재를 일반화시켰다. 일부 직업자의 치부는 사회적 부패를 더욱 심화시키고 있다.

여섯째, 대만 정책은 상호 접촉의 확대를 위한 정책이 두드러진다. 관광 투자는 대만과 해외동포를 대상으로 한 조국 통일을 위한 투자의 일환이라는 데 특징이 있다는 것 같다. 그들은 분단에서 오는 이질감의 극복을 보다 더한 상호 접촉에서 극복하려고 시도하고 있다.

일곱째, 중국에서 조선족의 위치는 부동의 것이다. 소수민족임에도 불구하고 조선족이 이만한 위치를 차지한 것은 즐거운 일이었다. 그렇게 된 배경에는 중국 혁명의 과정에서 수많은 조선족의 희생이 있었다는 것을 되새기게 했다.[3]

자서전 집필,
그의 말년을 갉아먹다

야생초를 실내에 옮겨 심으면 본래의 싱싱함을 잃는다. 바다의 물고기를 수족관에 넣어도 마찬가지다. 하지만 야생마와 같았던 박현채는 제도권에 잘 적응하면서 활기찬 광주 생활을 이어갔다.

지리산과 백아산, 무등산을 가끔 등반하고 망월동 5 · 18공동묘소도 자주 찾았다. 관절염 증세가 나타났으나 크게 염려할 정도는 아니었다. 의사가 마시지 말라고 당부한 술도 맘 맞는 벗들과 어울리면 '이번만' 마시는 일이 되풀이되었다.

임동규는 "광주에서 아파트로 찾아뵙게 되면 그리도 기분 좋아하시면서 술도 한잔 하시기도 했다"고 회고한다. 박현채는 "워낙 마님께서 엄중 금주령을 내렸지만 말야. 좋은 사람을 만났으니 한잔 안 할 수 있어?"라고 하며 '이번만' 술자리를 되풀이했다고 한다.[4] 박현채는 술판이 흥겨워지면 「보리밭」, 「모닥불」, 「비목」 등을 즐겨 불렀다. 그의 노래는 때로는 너무 진지해서 듣는 사람들을 숙연하게 했다.

박현채는 벗들과 어울려 술에 취하거나 산에 올랐을 때 가끔 '산 사람' 시절 불렀던 「부용가」를 구슬프고 처연하게 부르곤 했다. 이는 1950년대 전남 지역의 어느 고등학교 교사의 작품이라 한다.

부용산 5리 길에
잔디만 푸르러 푸르러
솔밭 사이사이로
회오리바람 타고
간다는 말 한마디 없이
너는 가고 말았구나
피어나지 못한 채
병든 장미는 시들어지고
부용산 봉우리에
하늘만 푸르러 푸르러

그리움 강이 되어
내 가슴 맴돌아 흐르고
재를 넘는 석양은
저만치 홀로 섰네
백합일시 그 향기롭던
너의 꿈은 간 데 없고
돌아서지 못한 채

나 외로이 예 서 있으니

하늘만 푸르러 푸르러

박현채는 1992년 대학 강의를 비롯하여 한국사회연구소 창립, 셋
째 딸 혼사, 일본 방문 등으로 매우 분망했으나 그 와중에도 무게 있
는 몇 편의 평론과 시론을 썼다.

조희연과의 연속 작업인 『한국사회구성체논쟁』을 펴내면서, 「80
년대 민족민주운동에서 5·18광주민주항쟁의 의의와 역할」을 집필
해 이 책에 수록했다. 이어서 「사회주의-자본주의에 후속되는 단계」
를 『창작과 비평』에, 그리고 「위기 시대의 그리운 사람: 민족경제론
과 박준옥 교장 선생님」을 『길을 찾는 사람들』에 기고했다. 언론 개
혁을 주장하며 「단순한 현황 보도 넘어 민족적 당위 제시해야」라는
평론을 『저널리즘』 26호에 쓰기도 했다.

1993년 역시 다르지 않았다. 유럽 여행을 다녀오는 등 분주한 생
활 속에서도 창작의 열정만은 조금도 시들지 않았다. 날이 갈수록
심해지는 병마도 펜을 잡을 때는 육신을 떠나는 듯했다.

하지만 박현채의 육신을 고통스럽게 하는 과제가 몇 가지 있었다.
민족경제론의 논리를 갱신해야 한다는 소장 학자들의 요청과 창작
과비평사로부터 소년 시절 이래의 저항 활동을 비롯해 그동안 알려
지지 않았던 삶에 대한 자서전을 집필해달라는 요청이었다.

박현채는 광주와 서울을 왕래하면서 한여름 무더위 속에서 자서
전 집필을 시작했다. 출생에서 입산 그리고 '산 생활'의 활동상을 써
나갔다. 빨치산 활동을 회고하면서는 스스로 격정에 빠져서 눈물을

쏟느라 집필이 중단된 적이 한두 번이 아니었다. 박현채의 건강이 더욱 나빠지자 가까이에서 그의 구술을 정리하며 자서전 집필을 거들었던 이미숙은 "부인 김희숙 여사는 선생이 한밤중에 워드프로세서를 두드리다 몇 시간씩 흐느끼는 모습을 발견하고는 했다"고 증언한다.[5]

지인들 사이에서 나돌았던 말처럼 자서전 집필은 '박현채 말년을 갉아먹은 독'이었다. 그의 심신을 갉아먹은 노역이 된 것이다. 여기에 더해 동구권 사회주의 국가들의 붕괴는 평생 자신이 견지해온 신념이 무너지는 경험이었을 것이고, 정신적 · 육체적으로 의욕과 생기를 저하시켰을 것이다. 서울과 광주를 1주일에 서너 차례 오간 강행군도 무리가 되었다. 지인들이 항공기 이용을 제안했으나 비용 때문에 기차나 버스를 이용했다.

박현채는 1993년 8월 여름방학을 맞아 서울 자택에서 자서전을 집필하다가 갑자기 쓰러졌다. 뇌졸중이었다. 하지만 신체가 강건하고 천성이 낙천적이어서 고혈압과 합병증에도 별로 개의치 않고 활동을 계속했다. 지리산 '산 생활' 시절의 한 친구가 박현채의 손금을 보더니 "현채야! 너는 18세 때 죽지 않으면 81세 때 죽을 것"이라고 말했다고 한다. 81세가 자신의 정명(定命)이라고 자부했던 터였다. 이돈명의 증언이다.

그때 나이도 그렇게 많지는 않는데, 오다가다 박현채가 갑자기 그렇게 되니까 여러 가지로 그런 얘기[서울과 광주를 오가면서 건강을 해쳤다는 얘기—필자]가 당시에 있었던 것은 사실인데, 나는 그렇게 생각합니다. 오다

가다 병이 난 것이 아니라. 워낙 ○○○〔방송 과정에서 삭제된 부분. 이하 동일 — 필자〕생활에 비추면 그 사람이 고뇌에 차고, 항상 분노와 희열이 뒤죽박죽 얽혀서, 받은 격노의 분을 견딜 수 없는 그런 생활이고, 반은 그 반작용으로 ○○○ 세상, 그런데 그 조화가 제대로 취해지지 못한 가운데에서 일이 차근차근 좀 생겨서 그것이 악화되어서 그 병이 생기지 않았는가. (……)

그것은 내가 제일 일찍 알았어요. 실제는 그 사람이 병 있는 사실을. 그런데 그렇게 해서 가끔 나한테 오고 그러는데 내가 못 물어보겠더라고요. 아무리 가까워도 물어볼 수 없어. ○○○ 본인은 그걸 전혀 못 느꼈어요. 참 아까운 사람이 그렇게 갔습니다.[6]

치열하게 살아온 민족경제학자,
세상을 떠나다

박현채의 와병(臥病)은 지식인 사회에 큰 충격이었다. 무엇보다 민주주의와 평화통일을 추구해온 진보적 지식인들에게 가슴 아픈 소식이었다. 그처럼 강건하고 의욕적이었던 사람이 하루아침에 쓰러지다니, 믿기지 않았다. 처음 쓰러져 서울 보라매병원에 입원했을 때는 언어가 어눌했으나 의식은 명료했다. 경희대 한방병원으로 옮겨 재활 치료를 받으면서 상태가 많이 호전되었다. 그래서 몇 달 뒤 퇴원하여 집에서 안정을 취하며 지냈다.

1995년 1월 초였습니다. 저는 해마다 정초에 선생님을 찾아뵙곤 했었
는데 그 날따라 장담을 하셨습니다. "권형, 나 3월 강의에 나갈 거야!"
라고 하시었지요. 집 마당에는 손잡고 걷기 운동할 나무 걸대가 설치되
어 있었습니다. 실제로 선생님 건강은 많이 좋아 보였습니다. 사모님께
서 열심히 운동하실 것을 독려하셨지요. 그래서 선생님은 고맙다는 응
석으로 "저 사람 때문에 나 못살겠어. 계속 운동을 시키고 있어!"라고
하셨습니다.[7]

차츰 건강 상태가 좋아지자 주말이면 자신이 구술하고 『문화일보』
이미숙 기자가 정리하는 방식으로 자서전 작업 형식을 바꾸어 진행
했다. 하지만 구술은 박현채가 다시 쓰러지면서 중단되고 말았다.
1994년 9월 그는 수유리에 있는 국립재활원에 입원하여 치료를 받
았다. 누구보다 건강하고 투병 의지도 강해서 훌훌 털고 일어날 것
으로 믿었던 지인들은 큰 충격을 받았다. 각계각층의 많은 인사들이
문병하여 재활원 간호사들은 비명을 질렀다.
본인의 끈질긴 투병 노력과 가족의 헌신적인 간호에도 불구하고,
박현채는 현대 의학의 효험을 보지 못한 채 1995년 8월 17일 오후
1시경 서울 중구 정동 삼성병원에서 눈을 감았다. 회갑을 갓 넘긴
61세의 나이에 파란에 찬 생을 접었다. 부인과 1남 3녀, 며느리와
사위들 그리고 12권의 옹골찬 저서를 남겼다. 아들은 아버지가 병마
에 시달리던 1994년 정윤정과 결혼했다. 생전에 자식들의 혼사를
다 마친 것이, 그나마 아비 노릇을 제대로 해주지 못한 자식들에
대한 역할이라면 역할이었다. 다음은 박현채의 사망 관련 부고 기

사다.

민족경제론을 주창한 대표적 민족경제학자이자 민주화운동가인 박현
채 전 조선대 교수가 17일 오후 1시 서울 중구 정동 삼성병원에서 숙환
으로 별세했다. 향년 61살. (……) 박현채 전 조선대 교수는 외세를 배제
하고 민족 자립의 경제를 주창한 남한의 대표적 민족경제학자였다. 박
교수는 1970~1980년대 가혹한 민주화운동 탄압 기간 동안 민주화운
동가로, 빼어난 경제평론가로 활동하며 많은 고난을 겪은 실천적 지식
인이었다.

1993년 뇌졸중으로 쓰러진 박 교수는 잠시 회복 기미를 보이다 1994년
문익환 목사 별세 소식을 듣고 급격히 병세가 악화돼 긴 투병 생활을 해
왔다.

그의 민족경제론은 1960년대 한국 자본주의가 종속적 발전의 길로 치
닫던 시기에 민족의 자주성과 건강한 민중적 회복에 대한 자각에서 출
발해 1970년대 유신독재 시기의 민주화운동과 1980년대 민중운동 속
에서 중요한 실천적 가치를 제공했다. 그러는 한편 그의 이론은 이론적
완결성과 결함에 대한 비판을 받기도 했으며, 특히 1980년대 중반 국가
독점자본주의론을 제기하면서 민족경제론과 이론적 통합에 나섰으나
그 성과에 대한 평가는 불투명한 상태다. 그의 이런 학문적 미완은 이제
후학들의 숙제로 남겨지게 됐다.[8]

박현채와 함께 한국사회과학연구소에서 활동했던 정태인은 『한겨
레21』의 기고문에서 몇 가지 일화와 비화를 소개했다.

박현채는 현실의 한국 자본주의를 여러 가지 자원을 동원해서 대단히 다양한 수준에서 비판해냈지만, 민중의 삶을 위한 경제학의 정립, 그리고 사회주의를 향한 한걸음 전진은 그 난삽한 모든 글들에 관철된 하나의 목표였다.

그의 그 일관성은 그가 나에게 되풀이해서 들려준 에피소드에서 미루어 심작할 수 있다. 중국혁명기에 어느 오지의 산골에 농부 출신 당원이 있었는데 중국 내전의 그 혼란 속에서 완전히 상부와 선이 끊어졌다고 한다. 그런데 10년이 훨씬 지난 뒤 당 간부가 우연히 이 지역에 들렀을 때 그가 아직도 당에서 준 과업을 수행하고 있더라는 것이다. 이 어리석기까지 한 농부야말로 바로 박현채의 본보기였던 것이다.

그는 아주 어린 시절부터, 글의 아름다움에 신경 쓸 여유 없이 간행된 조악한 번역서, 혹은 일본말로 된 난해한 일본 책으로 마르크스주의를 받아들였다. 그가 좌파 독서클럽을 조직한 것이 국민학교 3학년, 그리고 집에서 발견된 『맑스주의의 기원』 때문에 전남경찰서에 끌려간 것이 국민학교 3학년이었다는 사실은, 왜 그가 대표작 『민족경제론』으로부터 최후로 간행된 『민족경제론의 기초 이론』에 이르기까지 난해함을 넘어 조악한 글쓰기로 '일관' 할 수밖에 없었는가를 능히 짐작하게 한다.

그는 그 엄혹한 1960년대로부터 1980년대까지 독재정권의 감시 대상이었다. '문민시대'의 바로 요 몇 달 전에, 그가 완전히 의식을 잃고 누워 있는 마포의 아파트로 안기부(혹은 치안본부) 요원이, 그것도 새벽 2시에 '급습'했다는 것은 그 이전 그가 겪어야 했던 고초를 상징적으로 보여 준다.

이런 상황에서 그의 글은 마르크스 대신에 리스트를 끼워 넣어야 했고, 상대적으로 덜 위험하게 분류되어 있는 일본학자를 인용해야 했다. 더구나 그의 한계와 더불어 학계의 낮은 수준 때문에 그의 글 자체가 바로 그 '노예의 언어'에 오염되기도 했다. 이것은 그의 글이 어떠한 사상에 기초하고 있는가를 추출해내는 데 더 큰 어려움이 될 수밖에 없다. 그러나 그렇다고 하더라도 그의 글은 조금의 에누리도 없는 민중을 위한 경제학이고 일관되게 노동계급을 위한 글임에 틀림없다.

민족경제론은 폐기되어야 하는 것이 아니고 확장되어야 한다. 나는 박현채의 일관된 사상과 실천, 그 내적 긴장 속에서 민족경제론의 결함과 더불어 가능성이 존재한다고 생각한다. 바로 이 긴장을 통해서만 민족경제론은 글로벌 자본주의 시대에도 적용될 수 있다. 그리고 그 긴장 자체는 민족경제론이 시간과 공간을 향해 열려 있는 체계라는 증거가 된다.[9]

영결식은 8월 20일 각계 인사들이 장례위원으로 참여하여 '민주사회장'으로 치러졌다. 크리스천인 부인의 뜻에 따라 교회 공동묘지인 천안공원묘지에 안장되었다. '개판' 모임을 함께했고 민주화운동을 이끌어온 이해동 목사 등 4명이 조사를 했다.

일제의 유산이기도 하지만 해방 뒤 한국의 지식인 군상은 지극히 기회주의적 속성을 보였다. 이승만 시대의 '만송족', 박정희 시대의 '유신족', 전두환 시대의 '땡전족', 김영삼 시대의 'YS 장학족', 이명박 시대의 '뉴라이트족'에 이르기까지 모두들 권력 지향성을 보였다. 시대마다 비판적이고 실천적인 지성이 없었던 것이 아니지만 주류에는 역시 외세 지향적이고 친독재적이며 반민주적인 어용 지식인들이 포진해 있었다.

하지만 박현채는 속물 지식인이 판치는 지식인 사회에서 바른 성정과 꼿꼿한 자존감으로 불의와는 한 치도 타협하지 않았다. 비타협적인 성격으로 인해 고립이 따랐으나, 그의 주위에는 시대의 양심이라 일컫는 많은 지식인들이 모여들었다.

사후의 추모에서 이어진 기념사업들

박현채가 생사의 고비를 넘나들고 있을 때 동료와 후학들이 회갑기념논문집 두 권을 상재했다. 정윤형이 중심이 된 『민족경제론과 한국경제』는 창작과비평사에서, 안병직이 주도한 『한국경제: 쟁점과 전망』은 지식산업사에서 펴냈다. 각각의 논문집은 1965년 6월 23일 대한상공회의소 12층 강당에서 가족에게 전달되었다.

두 논문집에는 박현채가 재야 경제평론가 시절부터 연을 맺었던 학자들이 대거 참여했다. 그가 필생의 과제로 닦아온 민족경제론을 검토하고 한국 자본주의의 역사와 현실을 다룬 『민족경제론과 한국경제』에는 22편의 글이 실렸다. 『한국경제: 쟁점과 전망』은 경제발전, 대외 관계, 산업경제, 재정 금융, 노동 분배 등 5개 분야로 나눠 한국 자본주의를 분석하고 미래를 조망했다. 이대근, 김태동 등 16명의 경제학자가 참여했다.

박현채와 오랜 동학이었던 정윤형은 회갑논문집의 머리말 격인

「실천 이론으로서의 민족경제론」에서 "그의 현실 참여는 겉으로는 지식인 운동가의 그것에 한정되었던 것으로 보이지만, 실천 의지는 늘 치열했고 시선은 잠시도 운동 현장에서 떠나지 않았다. 또한 그는 아무리 어려운 상황에서도 원칙을 포기하거나 물러서는 일이 없었다"고 회고했다. 이어서 "특히 1980년대 중반 국가독점자본주의론을 제기하면서는 기존의 민족경제론과 국가독점자본주의 규정을 논리적으로 어떻게 통합할 것인가 하는 난제가 대두했다. 박 교수는 몇 해 전부터 이론의 체계화의 필요성을 인식하고 그 작업에 착수했지만 성과는 아직 불투명하다"면서, "박 교수의 병상으로 그 자신에 의한 작업을 더 이상 기대할 수 없고, 후학들의 과제로 남게 되었다"고 썼다.[10]

사람은 죽어 관 뚜껑을 닫은 뒤에야 제대로 평가를 받는다고 한다. 박현채의 사후 그가 이사장으로 있었던 한국사회과학연구소는 기관지『동향과 전망』1995년 가을호를 '박현채 선생 추모 특집호'로 발간했다. 이 계간지 편집위원회는 그를 추모하면서 후학들이 고인의 학업을 이을 것을 다짐한다. "앞으로 남은 살날은 우리가 박현채 선생에게 진 빚을 갚을 수 있는 기회 그 자체다. 우리를 추스르면서 박현채 선생, 그가 사랑했던 인간, 노동 대중, 민족을 위해 정진할 것을 다짐한다."[11]

정윤형은 「기리는 글」에서 특히 기억에 남는 것은 "정의는 언제나 약한 자의 편에 있다"는 말이었습니다. 나는 그의 이러한 원초적 믿음이 그의 삶과 학문의 성격을 규정해온 것이 아닌가 생각해봅니다. 그는 늘

땀 흘려 일하는 민중의 편에 선 현실 개혁을 생각했으며, 외부의 힘에 의해 침탈을 받고 왜곡된 종속적 경제를 자주적이고 자립적인 경제로 개편하는 것을 학문의 궁극적 목표로 삼았습니다. 그리고 그러한 학문적 실천의 열매가 바로 민족경제론입니다. (······) 나는 지난 40년 세월을 통해 존경할 만한 스승, 믿고 따를 만한 선배, 언제나 따뜻하게 아우르며 돌보아주는 형, 때로는 정겨운 벗으로서 박 선생을 가까이 모실 수 있었던 것을 행운으로 생각합니다.[12]

박현채의 사후에 시작된 추모 사업은 2006년에 큰 결실을 맺는다. 2006년 '고 박현채 10주기 추모집·전집 발간위원회'가 구성되어 추모집 『아! 박현채』와 『박현채 전집』이 간행되었다. 발간위원으로 김경희·김금수·김낙중·김언호·문병란·박중기·백낙청·송기숙·이경의·임동규·박영호·나병식·문국주·박승옥·이종범·정건화·정태인·조희연·조석곤이 참여했다.

전집은 총 7권으로 제1권부터 제6권까지는 박현채가 집필한 모든 글들을 연대별로 묶었고, 제7권은 부록으로 만들었다. 특히 제7권에는 제1차 인혁당 사건 관련 자료, '임동규 간첩 사건' 관련 자료, 「KBS 인물현대사」 인터뷰 녹취록 등이 수록되어 있다. 전집 발간위원회는 「발간사」 서두에서 다음과 같이 발간 이유를 밝혔다.

박현채, 그는 어떤 사람이었는가. 그는 어떤 삶을 살았고, 과연 우리는 그 이름 앞에 어떤 수식어를 붙일 수 있는가.

박현채가 사물을 꿰뚫는 그 형형한 눈으로 이 세상을 더 이상 바라보지 못하고 천안의 공원묘지에 누웠을 때, 그를 알고 그를 따랐던 수많은 사람들이 그의 이름 앞에 어떤 수사를 넣어야 할지 고민한 적이 있었다. 경제학자, 민족경제론가, 민주화운동가, 민족민주 열사, 소년 빨치산 등 등 그의 삶을 표상할 듯한 여러 낱말들이 거론되었다. 그러나 그 어떤 말도 딱히 들어맞는다거나 어울리지가 않았다. 그만큼 그의 삶은 어떤 단 하나의 모자만을 쓰고 유유자적하게 세상을 관조한 그런 삶이 결단코 아니었다. 박현채는 그 어떤 면류관을 씌워주는 것조차 거부하는, 기존의 상식과 상투성을 벗어나 불꽃같은 맨몸의 삶을 살다가 그리고 그가 그렇게도 아끼고 사랑하던 이 강산의 흙 속에 묻혔다.[13]

이어서 『전집』 편찬위원들은 고인의 실천적 삶과 비전, 학문적 가치 그리고 문제제기가 과거완료형이 아닌 현재와 미래형임을 밝힌다.

1997년 국제금융 환란 이후 우리는 이제 박현채가 그야말로 다시 역사가 되는 것을, 역사로서 다시 부활하는 것을 목격하고 있다. 오늘의 현실은 그가 제기한 자립경제 · 민족경제 · 민중경제의 문제의식이 그냥 한순간 바람처럼 불다 사라져버리는 불임의 문제의식이 아님을 웅변해주고 있다. 식량 자급률 20퍼센트 선에서 개방이라는 이름 아래 한국농업은 아예 멸종 위기로 내몰리고 있다. 외자라는 이름 아래 들어온 투기자본은 한순간에 수많은 노동자들이 땀 흘려 쌓아놓은 국부를 가볍게 빼앗아가버린다.

이 땅에서 더 이상 외국 군대의 군사기지가 확장되어서는 안 된다는 농민들과 민중들의 절박한 요구는 무참히 짓밟혀버리고 만다. 20세기의 악몽이 되살아나는 것은 아닌지 몸서리쳐지는 21세기 오늘 우리의 이 같은 풍경이야말로 자립경제와 민족경제, 민중경제의 의미를 근원에서 부터 다시 되새겨보게 하는 초혼제가 아니고 무엇이겠는가.[14]

한국이 1997년 외환위기를 맞았을 때 식자들 사이에서 '이럴 때 박현채가 있었더라면' 하는 안타까움이 터져 나왔다. 2010년 미국 발 금융위기 때도 다시 민족경제론의 중요성이 논의되었다. 박현채 10주기 추모집과 전집 발간의 실무 책임을 맡았던 박승옥(현 서울시민 햇빛발전소 이사장)은 2008년 「왜 지금 다시 '박현채'인가: 금융 위기, 식량 위기 그리고 자립경제론」에서, 사람들이 다시 박현채를 꺼내 읽는 이유를 살폈다.

문제는 이처럼 한국경제의 붕괴와 함께 닥치게 되는 끔찍한 식량 위 기와 그나마 명맥만 유지하고 있던 '한국 사회'의 완전한 붕괴다. 사회가 복원되기 위해서는 자립과 자치의 공동체가 없으면 불가능하다. 우리는 그런 자립과 자치의 공동체 정신을 잃어버린 지 오래다. 사회가 무력할 때, 튼튼하게 존립해 있지 않을 때, 곧 바로 파시즘으로 치닫는다는 것 은 역사의 경험이 웅변해주고 있다.

박현채의 목숨을 건 외침이 다시 절실히 요청되는 까닭이 여기에 있 다. 그는 마르크스와 달리 지금 이 시점에서 민중들의 삶을 개선하는 대 안으로 끊임없이, 일관되게, '자립경제'와 '자립의 공동체'를 주창했다. 그는 '민족경제'의 완성된 형태를 '자립경제'로 명확히 설정하고 있었다.

그에게 경제란 '경세제민'이었으며, 협업이었고, 평등과 분배였고, 민중의 삶의 개선이었다.

그는 '일국사회주의'나 '폐쇄경제'를 주장하지 않았다. 그에게는 민중들의 협업과 농업협동조합을 통한 식량 자립 및 그것을 중심으로 한 '자립경제-민중경제'만이 민중들의 삶을 개선하는 지름길이자 민주주의의 확실한 기초라는 신념이 있었다. 여느 사회주의자들과 다른 이런 농업과 협동조합에 대한 끊임없는 모색이야말로 산업사회로의 변화 속에서도 경세제민의 근본을 잃지 않았던 박현채의 남다른 모습이었다.[15]

이에 앞서 박현채의 후학들이라 할 수 있는 이들도 『동향과 전망』 2002년 겨울호(통권 제55호)에서 '한국의 산업화와 민족경제론'이라는 특집을 기획하며 민족경제론의 현재적 의미를 되짚어보았다. 여기에 수록된 조석곤의 「민족경제론과 '국민 형성'의 과제」에는 지금의 시점에서 민족경제론의 유효한 지점들을 살피고 있다.

왜 다시 민족경제론인가? 식민지로부터 해방된 조국을 절대 빈곤에서 구하기 위한 전략으로서 도출된 민족경제론 논의를 세계화가 대세인 현 단계에서 되살리는 것은 시대착오가 아닌가? 한국경제는 해외시장과 불가분하게 연결되어 성장해왔고 그를 통해서 자본주의적 성취를 이루었으므로 '자립적 재생산구조를 갖춘 국민경제'를 지향했던 민족경제론은 이미 낡은 이론이 된 것이 아닌가?

그런데 이 질문이 옳다고 하더라도 민족경제론이 지향했던 '경제적 민족주의와 경제적 자유'는 달성되었는가라는 질문에는 선뜻 동의하기 어럽다. 특히 민족의 외연을 한반도로 확대하면 '남한' 중심의 국민경제란 '국민 형성'이 실패한 반쪽의 국민경제에 지나지 않는다. 분단 상태에서 진행된 남한에서의 자본주의적 성장은 민족의 시간과 자본의 시간을 엇갈리게 했으며, 초기의 사소한 차이는 이제 돌이킬 수 없는 큰 차이로 확대되었다. 이 간극 때문에 남한의 젊은이들은 남북 경협에 막연한 불안감을 느끼고 있으며, 그것은 민족경제론이 지향했던 한민족의 '국민 형성'에는 치명적이다.[16]

조석곤은 민족경제론이 다음의 두 가지 점에서 여전히 유효하다고 설파한다. 첫째, 지금과 같은 신자유주의의 공세 속에서 민족경제론은 민족 구성원의 인간다운 삶을 위한 국가의 울타리 구실을 할 수 있다. 둘째, 미국 중심의 동아시아 역학 구도 속에서 '민족 중심의 통일'을 이루려면 민족경제론이 필요하다.[17] 조석곤은 세계화와 민중의 삶 사이에 거리가 멀어진 상황에서 유의미한 가능성을 가진 이론으로 민족경제론을 바라본 것이었다.

후진에 남긴 '민봉학'의 과제들

박현채의 오랜 지우였던 언론인 김중배는 다음과 같이 고인을 기린다.

자기는 역사의 고비에서 자기가 나아가고자 하는 바, 또는 역사의 진보가 이렇게 되어야 한다고 믿는 바에 대해서는 피해서는 안 된다, 항상 맞서서 이것을 이겨내야 된다고 확신하는 삶을 살았기 때문에, 글쓰기에 대해서 자기 생각을 정리하고 이론을 전개하는, 그런 것 때문에 고민을 많이 했었겠죠. 그러나 그것을 발표하는 것 때문에 걱정을 많이 하거나 그럴 사람은 아니었다고 생각합니다. (……) 역사의 고비 고비에서 피하지 않고, 언제나 온몸으로 맞서왔던 사람이고, 온몸으로 글을 쓰고, 온몸으로 행동하고, 온몸으로 생각하고, 그래서 민족과 민중을 위해서 그리고 역사의 진보를 위해서 고뇌하고, 글을 쓰고, 온몸으로 행동해왔던 지식인이면서, 나는 전사라는 표현도 한때 했습니다. 전사가 아니었던가 그런 생각을 합니다.[18]

박현채는 1988년 민주화의 열기 속에서 나온 이문영 교수 회갑기념논문집 『시대와 지성』에 수록한, 같은 제목으로 쓴 글에서 "진정한 지성은 역사에서의 충실을 위한 현실적인 반역 행위와 지배계급으로부터의 억압과 소외에 의해 규정짓는다"라고 말하며 행동하는 지성론을 폈다. 그는 이론만의 지성론을 편 것이 아니라 그렇게 행동하고 실천했다. 이어서 그는 "오늘 우리 사회에서 민족적 과제는 민족적 자주, 민주주의, 민족적 통일, 민중적 생존권의 확립"이라고 선언했다.[19]

1980년대의 주장이지만 오늘에도 다르지 않는 시대적 가치이자 소명이라 하겠다. 박현채의 삶과 철학 및 사상의 알갱이는 여기에 담겼다. 순수하고 질박하며 가식 없었던 인간성, 그리고 학문적 열

박현채는 1995년 8월 17일 박현채가 61세의 나이로 세상을 뜬 후, 그의 1주기를 맞아 추모하는 모임에서 촬영한 사진. 왼쪽부터 신덕길, 박선은(셋째 여동생 부부), 장진기(큰 매제), 박영채, 김희종, 김영배, 박귀채다.

정과 성실성, 여기에 넓은 도량과 깊은 웅심, 굳은 의지는 지고의 가치인 '민족'을 향한 충분조건들이었다.

지금까지 정리된 바로 박현채는 평생 자서전, 논문, 평론, 시론, 대담, 토론, 편지, 에세이 등 총 1368편의 글을 남겼다. 1960년 26세 때부터 글쓰기를 시작하여 1993년에 뇌졸중으로 쓰러질 때까지 33년 동안의 연구 성과로, 메모로만 남아 있는 강연회나 강의 자료들은 뺀 개수다. 1964~1965년에 2년 동안 인혁당 사건으로 구속되어 한 편의 글도 쓰지 못한 것을 제외하면 한 해 평균 45편씩을 쓴 셈이다. 특히 1980년대에는 엄청난 글을 쏟아냈다. '논문 생산 공장'이라는 말은 결코 빈말이 아니었다. 정가와 관변을 오가는 저명한 학자 중에는 변변한 저서 한 권 남기지 않은 '불임(不姙)'의 지식인들이 많은 한국 현실에서, 그토록 어려운 상황을 극복하면서 그처럼 많은 글을 생산한 지식인도 흔치 않다.

박현채는 양날의 칼이 된 남북 이데올로기의 대립 구도 속에서 흉 포한 권력과 외래 사조에 명줄을 건 속물주의 지식인들이 판치는 시 대를 힘겹게 살았다. 가슴에 뜨거운 용광로를 품고 끊임없는 담금질 을 통해 민족경제를 연마했으며, 그것을 인간 공동체의 실현을 위한 민족사·민중사의 긴 생명력을 지닌 민족경제론으로 정립했다.

민족·민주·민중·자주·민생의 담론이 담긴 민족경제론을 자 신의 실천 가치로 삼은 박현채는, 전사이면서 학자였다. 기존의 상 식과 상투성을 벗어던지고, 맨살로 역사의 현장, 지성의 광장에 우 뚝 섰다. 그가 서울대 재학 시절 스스로에게 붙였던 '민봉(民峯)'이라 는 호를 달아, 그가 이룬 성과를 '민봉학(民峯學)'이라 해도 지나치지 않을 만큼 그는 후학들에게 많은 과제를 남겼다.

박현채가 살아 있다면 구소련과 동구권 사회주의의 파산에 이어 미국 세계무역기구와 펜타곤 건물이 붕괴된 9·11사태, 그리고 '월 스트리트를 점령하라'라는 전 지구적인 시위와 2012년 다보스 포 럼의 핵심 화두가 된 '자본주의에 대한 반성'을 지켜보면서 무슨 생 각을 하고, 어떤 '제3의 길'을 내놓았을까? 이것 역시 후학들의 몫이 겠다.

주석

1장 격동의 시대, '소년 투사'로 성장하다

1 박현채, 「육필 회고록」, 『박현채 전집』 1, 해밀, 2006, 33쪽. (박현채의 회고록은 『전집』 발간 전인 2005년 10월 『코리아포커스』에 연재되었으나, 편의를 위해 『전집』을 기준으로 인용을 밝힌다.)

2 위의 글, 33쪽.

3 위의 글, 33~34쪽.

4 위의 글, 34쪽.

5 위의 글, 34쪽.

6 위의 글, 34~35쪽.

7 위의 글, 35쪽.

8 위의 글, 35쪽.

9 김경추, 「새 단계의 싸움에 쓰는 격문」, 『코리아포커스』, 2005년 10월 5일.

10 박현채, 앞의 글, 38쪽.

11 최장학, 「이고로 저고로 박고로여」, 『아! 박현채』, 해밀, 2006, 342쪽.

12 박현채, 앞의 글, 39쪽.

13 위의 글, 39쪽

14 위의 글, 39~40쪽.

2장 프롤레타리아를 꿈꾸던 청년 박현채

1 김광석, 『용병술어연구(用兵術語硏究)』, 병학사, 1993, 385~386쪽; 이선
  아, 「한국전쟁 전후 빨치산의 형성과 활동」, 『역사연구』, 2003년 12월, 155
  ~156쪽.

2 이선아, 위의 글, 155~156쪽.

3 조정래, 『황홀한 글감옥』, 시사IN북, 2009, 237~238쪽.

4 김원, 『박정희 시대의 유령들』, 현실문화연구, 2011, 269쪽.

5 위의 책, 269쪽

6 박현채, 「육필 회고록」, 『박현채 전집』 1, 해밀, 2006, 24쪽.

7 차길진, 「차일혁 총경을 추모하며」, 『빨치산 토벌대장 차일혁의 수기』, 기
  린원, 1990, 8쪽.

8 박현채, 앞의 글, 24~25쪽.

9 위의 글, 27쪽.

10 위의 글, 28~29쪽.

11 위의 글, 31~32쪽.

12 위의 글, 32쪽.

13 장두석, 「박현채 형을 기리며」, 『아! 박현채』, 해밀, 2006, 282쪽.

14 김경추, 「새 단계의 싸움에 주는 격문」, 『코리아포커스』, 2005년 10월 5일.

15 박현채, 앞의 글, 53쪽.

16 위의 글, 58쪽.

17 위의 글, 47~48쪽.

18 위의 글, 60쪽.

19 위의 글, 64쪽.

20 위의 글, 58~59쪽.

21 조정래, 『태백산맥』 제10권, 해냄, 2007, 277쪽.

22 장기형, 「쓰려다 못 쓴 글, 하려다 못 다한 말」, 『코리아포커스』, 2005년 11
월 4일.

23 위의 글; 김경추, 앞의 글; 김원, 앞의 책, 270쪽.

24 박현채, 「지리산의 민족사적 위치」, 『오늘의 책』 10, 1986년 여름, 89쪽.

3장 '지식 보따리상'의 길에 들어서다

1 송기숙, 「만년 야인, 박현채」, 『아! 박현채』, 해밀, 2006, 161~162쪽.

2 위의 글, 162쪽.

3 문순태, 「백아산 시절을 이야기하다」, 『아! 박현채』, 해밀, 2006, 125쪽.

4 이춘형, 「유달리 정이 많았던 친구여」, 『아! 박현채』, 해밀, 2006, 224쪽.

5 김병태, 「양심에 따라 살다 간 그대를 보내며」, 『동향과 전망』, 1995년 가
을, 11쪽.

6 김원, 『박정희 시대의 유령들』, 현실문화연구, 2011, 269쪽.

7 김금수, 「'문화부 중대장'의 이상과 실천」, 『아! 박현채』, 해밀, 2006, 29~
30쪽.

8 김낙중, 「박현채와의 인연」, 『아! 박현채』, 해밀, 2006, 40쪽.

9 위의 글, 41쪽.

10 송기숙, 앞의 글, 162쪽.

11 김금수, 앞의 글, 32쪽.

12 민주화운동기념사업회연구소 편, 『한국민주화운동사연표』, 민주화운동기
념사업회, 2006, 132쪽.

13 김정남, 「1964년 여름」, 『아! 박현채』, 해밀, 2006, 81~82쪽.

14 김금수, 앞의 글, 30~31쪽.

15 정태영, 「5·16쿠데타 이후 혁신 세력은 어떻게 존재했나」, 『역사비평』,
1992년 가을, 45~46쪽.

16 임헌영, 「박현채 선생에 대하여: 내 청장년기의 스승」, 『아! 박현채』, 해밀, 2006, 272쪽.

17 김상현, 「내가 본 박현채」, 『아! 박현채』, 해밀, 2006, 63~64쪽.

18 김대중, 『김대중 자서전』 1, 삼인, 2010, 221~222쪽.

19 임동규, 「아! 박현채」, 『아! 박현채』, 해밀, 2006, 264~265쪽.

20 김병태, 「대중경제론에 얽힌 사연」, 『아! 박현채』, 해밀, 2006, 54~56쪽.

21 위의 글, 54~56쪽.

4장 '박현채학'의 중심, 민족경제론

1 「광복 60주년 기념 학자 1백 명 설문조사: 한국 지성사의 풍경」, 『교수신문』, 2005년 8월 22일.

2 박현채, 「책머리에」, 『민족경제론』, 한길사, 1978.

3 김학민, 「글자를 익혀가며 '박현채 경제학'을 배우다」, 『아! 박현채』, 해밀, 2006, 101쪽.

4 정윤형, 「실천 이론으로서의 민족경제론」, 『민족경제론과 한국경제』, 창작과비평사, 1995, 4쪽.

5 조석곤, 「박현채의 민족경제론 다시 읽기」, 『신진보리포트』, 2007년 여름, 176쪽.

6 전철환, 「민족경제론의 구조와 의의」, 『민족경제론과 한국경제』, 창작과비평사, 1995, 45쪽.

7 박영호, 「역사적 맥락에서 본 민족경제론」, 『민족경제론과 한국경제』, 창작과비평사, 1995, 67쪽.

8 다키자와 히데키, 「한 일본인이 본 민족경제론」, 『민족경제론과 한국경제』, 창작과비평사, 1995, 79~80쪽.

9 조석곤, 「민족경제론 형성의 사회경제적 배경과 그 이론화 과정」, 『동향과

전망』, 2001년 봄, 11쪽.

10 이병천, 「다시 민족경제론을 생각한다: 국민경제와 민주주의의 정치경제학」, 『동향과 전망』, 2001년 봄, 43쪽.

11 박순성 · 김균, 「정치경제학자 박현채와 민족경제론: 한국경제학사의 관점에서」, 『동향과 전망』, 2001년 봄, 80쪽.

12 위의 글, 100쪽.

13 김언호, 「박현채 선생의 민족경제론 책 만들기와 국토 같이 걷기」, 『아! 박현채』, 해밀, 2006, 68쪽.

14 김학민, 앞의 글, 98쪽.

15 김언호, 『우리 시대의 출판 운동과 오늘의 사상신서』, 한길사, 1986, 150쪽.

16 위의 책, 152쪽.

17 박현채, 「민족경제의 이론 구조 (1): 민족경제와 국민경제」, 『한국사회연구』 제4집, 한길사, 1986, 66~67쪽.

18 이미숙, 「병상에 누운 '민족경제론' 박현채의 인생 역정」, 『말』, 1994년 7월.

19 박현채, 『민중과 경제』, 정우사, 1978, 3~4쪽.

20 위의 책, 10~11쪽.

21 위의 책, 11쪽.

22 위의 책, 25~26쪽.

5장 피로 물든 시대, 목숨을 건 외침

1 임동규, 「아! 박현채」, 『아! 박현채』, 해밀, 2006, 265~266쪽.

2 박현채, 「머리말」, 『전후 30년의 세계 경제사조』, 평민사, 1978, 1쪽.

3 박현채, 「전후 30년의 세계 경제사조」, 『전후 30년의 세계 경제사조』, 평민사, 1978, 39~40쪽.

4 박현채, 「국부론과 자본론」, 『전후 30년의 세계 경제사조』, 평민사, 1978,

43~84쪽.

5 박현채, 「한국 노동운동의 전개과정」, 『전후 30년의 세계 경제사조』, 평민
   사, 1978, 87~121쪽.

6 임동규, 앞의 글, 267쪽.

7 임헌영, 「박현채 선생에 대하여: 내 청장년기의 스승」, 『아! 박현채』, 해밀,
   2006, 274~275쪽.

8 이미숙, 「병상에 누운 '민족경제론'」, 『민족경제론과 한국경제』, 창작과비
   평사, 1995, 457쪽.

9 임동규, 앞의 글, 457쪽.

10 장두석, 「박현채 형을 기리며」, 『아! 박현채』, 해밀, 2006, 286쪽.

11 박중기와의 대담, 2012년 5월 17일, 4 · 9통일평화재단 사무실.

12 박현채, 「저자의 말」, 『한국농업의 구상』, 한길사, 1981, 3쪽.

13 박현채, 「농민운동과 농업 발전」, 『한국농업의 구상』, 한길사, 1981, 359쪽.

14 박현채, 「농민의 입장에서 본 경제정책」, 『한국농업의 구상』, 한길사,
    1981, 46쪽.

15 위의 글, 51쪽.

16 박현채 편역, 『자본주의 발달사 연구서설』, 한길사, 1981, 3쪽.

17 박현채, 「이 책의 독자들에게」, 『현대경제사상사』, 전예원, 1982, 3쪽.

18 박현채, 「복지국가와 민주주의」, 『한국경제의 구조와 논리』, 풀빛, 1982,
    67쪽.

6장 경제평론가에서 경제사상가로 거듭나다

1 박현채, 「현대 한국 사회의 성격과 발전 단계에 관한 연구 (1)」, 『박현채 전
   집』 3, 해밀, 2006, 673~674쪽.

2 위의 글, 675쪽.

3 위의 글, 686쪽.

4 위의 글, 711쪽.

5 정민, 「사회구성체 논쟁」, 『80년대 한국사회 대논쟁』, 중앙일보사, 1990, 82쪽.

6 「사회구성체 논쟁 개막의 주역, 박현채」, 『우리사상』, 1991년 창간호, 159쪽.

7 정민, 앞의 글, 160쪽.

8 위의 글, 85쪽.

9 박현채 · 조희연 공편, 「책을 펴면서」, 『한국사회구성체논쟁』 1, 죽산, 1989, 3쪽.

10 여현덕, 「사회구성체와 사회 성격 논쟁」, 『한국현대사회운동사전』, 열음사, 1988, 216쪽.

11 박현채, 「통일론으로서의 자립적 민족경제의 방향」, 『박현채 전집』 7, 해밀, 2006, 298~299쪽.

12 박현채, 「한국 민족주의 주체와 계급 문제」, 『박현채 전집』 3, 해밀, 2006, 191쪽.

13 박현채, 「남북 분단의 민족경제사적 위치」, 『박현채 전집』 3, 해밀, 2006, 249~250쪽.

14 박현채, 「공동체론, 공동체 운동」, 『공동체 문화』 제2집, 공동체, 1984, 41~42쪽.

15 「「KBS 인물현대사」 인터뷰 녹취록」(임동규의 인터뷰), 『박현채 전집』 7, 해밀, 2006, 517쪽.

16 위의 글(김희숙의 인터뷰), 432쪽.

17 박현채, 「토마스 모어」, 『내가 생각하는 멋진 사람들』, 자유문고사, 1981, 125쪽.

18 위의 글, 58~59쪽.

19 위의 글, 136쪽.

20 위의 글, 136쪽.

7장 왕성한 저술 활동으로 이론을 펼치다

1 박현채, 「해방 전후 민족경제의 성격」, 『한국사회연구』 1, 한길사, 1983, 369쪽.

2 박현채, 「분단 40년의 한국 자본주의와 농업」, 『한국사회연구』 3, 한길사, 1985, 375쪽.

3 『현실과 전망』 2, 풀빛, 1985, 뒤표지.

4 박현채, 「한·미·일 경제 유착의 민중사적 의미」, 『현실과 전망』 2, 풀빛, 1985, 47쪽.

5 위의 글, 67쪽.

6 박현채, 「지리산의 민족사적 위치」, 『박현채 전집』 3, 해밀, 2006, 22~23쪽.

7 위의 글, 45~46쪽.

8 위의 글, 46쪽.

9 박현채, 「문학과 경제」, 『실천문학』 4, 1983, 99쪽.

10 위의 글, 134쪽.

11 위의 글, 135쪽.

12 위의 글, 136쪽.

13 한길사 편집부 편, 「'한길역사강좌'를 책으로 엮어내면서」, 『한길역사강좌 1: 한국 민족운동의 이념과 역사』, 한길사, 1986, 2쪽.

14 박현채, 「민족운동을 어떻게 볼 것인가」, 『한길역사강좌 1: 한국 민족운동의 이념과 역사』 1, 한길사, 1986, 40쪽.

15 박현채, 「편역자의 말」, 『논쟁―전후 자본주의의 재검토』, 학민사, 1984, 3~4쪽.

16 박현채 편역, 『논쟁―전후 자본주의의 재검토』, 학민사, 1984, 299쪽.

17 고은, 「난을 기르는 박현채」, 『민족경제론과 한국경제』, 창작과비평사, 1995, 428쪽.

18 백낙청, 「민족문학 속에 자리잡은 민족경제론」, 『민족경제론과 한국경제』, 창작과비평사, 1995, 436~437쪽.

19 박태순, 「문학과 경제의 민중 구성」, 『아! 박현채』, 해밀, 2006, 137~138쪽.

20 위의 글, 142쪽.

8장 6월항쟁의 격랑 속에서

1 임동규, 「아! 박현채」, 『아! 박현채』, 해밀, 2006, 272쪽.

2 고은, 「난을 기르는 박현채」, 『민족경제론과 한국경제』, 창작과비평사, 1995, 428쪽.

3 「「KBS 인물현대사」 인터뷰 녹취록」(김언호의 인터뷰), 『박현채 전집』 7, 해밀, 2006, 410쪽.

4 한승헌, 「'개판'의 인연」, 『아! 박현채』, 해밀, 2006, 349~350쪽.

5 「「KBS 인물현대사」 인터뷰 녹취록」(큰딸 박순정의 인터뷰), 『박현채 전집』 7, 해밀, 2006, 439쪽.

6 위의 글(김중배의 인터뷰), 421~422쪽.

7 위의 글(큰딸 박순정의 인터뷰), 439쪽.

8 위의 글(임동규의 인터뷰), 520~521쪽.

9 위의 글(동생 박승채의 인터뷰), 530쪽.

10 위의 글(동생 박승채의 인터뷰), 531쪽.

11 이미숙, 「박현채 선생과 함께한 10년」, 『아! 박현채』, 해밀, 2006, 199쪽.

12 위의 글, 198쪽.

13 박현채, 「한국 현대사를 어떻게 다시 쓸 것인가」, 『역사 · 민족 · 민중』, 시인사, 1987, 18쪽.

14 위의 글, 15쪽.

15 위의 글, 15쪽.

16 위의 글, 15~16쪽.

17 박현채, 「8·15의 사회경제적 의미」, 『역사·민족·민중』, 시인사, 1987, 135쪽.

18 박현채, 「분단 시대의 국가와 민족 문제」, 『창작과 비평』, 1988년 봄, 241 ~242쪽.

19 위의 글, 242쪽.

20 위의 글, 256쪽.

21 박현채, 「남북 경제 교류의 이념과 방향」, 『사회와 사상』, 1989년 2월, 103쪽.

22 위의 글, 103~104쪽.

23 박현채·한완상·최일남, 「변혁기의 한국 사회, 무엇이 이루어지고 있는 가」, 『사회비평』, 1988년 창간호, 54쪽.

24 「책 머리에」, 『노동문학』, 1988년 창간호.

25 박현채·김홍명 공편, 『통일전선과 민주혁명』, 사계절, 1988, 뒤표지.

26 한국농어촌사회연구소 편, 「발간사」, 『한국농업·농민문제연구』 1, 연구 사, 1988, 7~8쪽.

27 박현채, 「한국 자본주의의 전개와 농업·농민 문제」, 『한국농업·농민문제 연구』 1, 연구사, 1988, 63쪽.

9장 외골수 지식인, 고난 끝에 날개를 달다

1 박현채, 「제2회 단재상 시상식 수상소감」, 『박현채 전집』 7, 해밀, 2006, 336쪽.

2 위의 글, 336~337쪽.

3 조정래, 『황홀한 글감옥』, 시사IN북, 2009, 233~234쪽.

4 위의 책, 235쪽.

5 위의 책, 238쪽.

6 「「KBS 인물현대사」 인터뷰 녹취록」(이돈명의 인터뷰), 『박현채 전집』 7, 해
밀, 2006, 539쪽.

7 문순태, 「백아산 시절을 이야기하다」, 『아! 박현채』, 해밀, 2006, 120쪽.

8 박석무, 「아! 박현채 선배」, 『아! 박현채』, 해밀, 2006, 128쪽.

9 「「KBS 인물현대사」 인터뷰 녹취록」(김중배의 인터뷰), 『박현채 전집』 7, 해
밀, 2006, 421쪽.

10 위의 글(송기숙의 인터뷰), 502쪽.

11 박현채 · 법성 · 김창호, 「사회적 실천에서 사상의 문제」, 『사상운동』, 1989
년 창간호, 23쪽.

12 박현채 · 김금수 · 장기표 · 채만수 · 김문수, 「90년대 민족운동의 전략적
기초를 묻는다」, 『사상문예운동』, 1990년 여름, 24쪽.

13 위의 글, 40쪽.

14 박현채 · 이수인 · 고은 · 김세균 · 김수행 · 김인걸 · 김진균 · 오수성 · 장을
병, 「광주 5월 민주항쟁의 학술적 재조명」, 『사상문예운동』, 1991년 여름,
40쪽.

15 위의 글, 88쪽.

16 박현채, 「시작하는 말: 변혁 이론의 현실과 한국 현대사 연구」, 『청년을 위
한 한국현대사』, 소나무, 1992, 12~13쪽.

17 위의 글, 13쪽.

18 위의 글, 17~18쪽.

19 박현채, 「맺음말: 현대사와 민족민주운동」, 『청년을 위한 한국현대사』, 소
나무, 1992, 453쪽.

20 위의 글, 464~465쪽.

10장 자서전 집필을 뒤로한 채 영면하다

1 이강, 「아! 민봉! 위대한 박현채」, 『아! 박현채』, 해밀, 2006, 186~187쪽.

2 박현채, 「중국 기행」, 『문학』, 1991년 창간호, 278쪽.

3 위의 글, 279~281쪽.

4 임동규, 「아! 박현채」, 『아! 박현채』, 해밀, 2006, 270쪽.

5 이미숙, 「병상에 누운 '민족경제론' 박현채의 인생 역정」, 『말』, 1994년 7월.

6 「「KBS 인물현대사」 인터뷰 녹취록」(이돈명의 인터뷰), 『박현채 전집』 7, 해밀, 2006, 540쪽.

7 권오헌, 「당신께서 잠드신 세계엔 차별도 분단도 제국도 없겠지요」, 『아! 박현채』, 해밀, 2006, 19~20쪽.

8 「박현채 씨 별세 어제 숙환으로」, 『한겨레』, 1995년 8월 18일.

9 정태인, 「민족경제론, 한 시대를 마감하다」, 『한겨레 21』, 1995년 8월 24일 (제74호).

10 정윤형, 「실천 이론으로서의 민족경제론」, 『민족경제론과 한국경제』, 창작 과비평사, 1995, 3~4쪽.

11 동향과전망편집위원회, 「편집자의 글: 박현채 이사장을 추모하며」, 『동향 과 전망』, 1995년 가을, 2쪽.

12 위의 글, 2쪽.

13 고 박현채 10주기 추모집 · 전집 발간위원회 엮음, 「발간사」, 『박현채 전집』 1, 해밀, 2006, 5쪽.

14 위의 글, 8쪽.

15 박승옥, 「왜 지금 다시 '박현채'인가」, 『녹색평론』, 2008년 11~12월, 27~ 28쪽.

16 조석곤, 「민족경제론과 '국민 형성'의 과제」, 『동향과 전망』, 2002년 겨울,

8~9쪽.

17 위의 글, 22쪽.

18 「「KBS 인물현대사」 인터뷰 녹취록」(김중배의 인터뷰), 『박현채 전집』 7, 해밀, 2006, 421~423쪽.

19 박현채, 「시대와 지성」, 『시대와 지성』, 민음사, 1988, 33쪽.

주요 저술 및 참고문헌 목록

1. 1차 자료

· 고 박현채 10주기 추모집 · 전집 발간위원회 엮음, 『박현채 전집』(전 7권),
해밀, 2006.
· 고 박현채 10주기 추모집 · 전집 발간위원회 엮음, 『아, 박현채』, 해밀,
2006.

2. 단행본

· 김광석, 『용병술어연구(用兵術語硏究)』, 병학사, 1993.
· 김대중, 『김대중 자서전』, 삼인, 2010.
· 김언호, 『우리시대의 출판 운동과 오늘의 사상신서』, 한길사, 1986.
· 김원, 『박정희 시대의 유령들』, 현실문화연구, 2011.
· 대중경제연구소 편, 『김대중 씨의 대중경제 100문 100답』, 대중경제연구
소, 1971.
· 민주화운동기념사업회연구소 편, 『한국민주화운동사연표』, 민주화운동기
념사업회, 2006.
· 박현채, 『전후 30년의 세계 경제사조』, 평민사, 1978.
· 박현채, 『자본주의 발달사 연구서설』, 한길사, 1981.

· 박현채, 『한국농업의 구상』, 한길사, 1981.

· 박현채, 『민중과 경제』, 민중사, 1982.

· 박현채, 『한국경제의 구조와 논리』, 풀빛, 1982.

· 박현채, 『민족경제론의 기초 이론』, 돌베개, 1989.

· 박현채 외, 『한국민족주의론』 3, 창작과비평사, 1985.

· 박현채 편역, 『현대경제사상사』, 전예원, 1982.

· 박현채 편역, 『논쟁―전후 자본주의의 재검토』, 학민사, 1984.

· 박현채 · 조희연 공편, 『한국사회구성체논쟁』 1, 죽산, 1989.

· 이상우, 『박 정권 18년: 그 권력의 내막』, 동아일보사, 1986.

· 정윤형 외, 『민족경제론과 한국경제』, 창작과비평사, 1995.

· 조정래, 『태백산맥』(전 10권), 해냄, 2007.

· 조정래, 『황홀한 글감옥』, 시사IN북, 2009.

· 편집부 편, 『한국사회연구』 1, 한길사, 1986.

· 편집부 편, 『한길역사강좌』 1, 한길사, 1986.

· 한국농어촌사회연구소 편, 『한국농업 · 농민문제연구』 1, 연구사, 1988.

3. 논문, 기사 외

· 김경추, 「새 단계의 싸움에 주는 격문」, 『코리아포커스』, 2005년 10월 5일.

· 김병태, 「양심에 따라 살다 간 그대를 보내며」, 『동향과 전망』, 1995년 가을.

· 박순성 · 김균, 「정치경제학자 박현채와 민족경제론: 한국경제학사의 관점에서」, 『동향과 전망』, 2001년 봄.

· 박현채, 「토마스 모어」, 『내가 생각하는 멋진 사람들』, 자유문고사, 1981.

· 박현채, 「문학과 경제」, 『실천문학』 4호, 1983.

· 박현채, 「공동체론, 공동체 운동」, 『공동체 문화』 제2집, 1984.

· 박현채, 「한·미·일 경제 유착의 민중사적 의미」, 『현실과 전망』 2, 풀빛, 1985.

· 박현채, 「해방 전후 민족경제의 성격」, 『한국사회연구』 제1집, 한길사, 1986.

· 박현채, 「민족경제와 국민경제」, 『한국사회연구』 제4집, 한길사, 1986.

· 박현채, 「지리산의 민족사적 위치」, 『오늘의 책』, 1986년 여름.

· 박현채, 「시대와 지성」, 『시대와 지성』, 민음사, 1988.

· 박현채, 「사회구성체와 사회성격 논쟁」, 『한국현대사회운동사전』, 열음사, 1988.

· 이미숙, 「병상에 누운 '민족경제론' 박현채의 인생 역정」, 『말』, 1994년 7월.

· 이병천, 「다시 민족경제론을 생각한다: 국민경제와 민주주의의 정치경제학」, 『동향과 전망』, 2001년 봄.

· 이선아, 「한국전쟁 전후 빨치산의 형성과 활동」, 『역사연구』, 2003년 12월.

· 장기형, 「쓰려다 못 쓴 글, 하려다 못 다한 말」, 『코리아포커스』, 2005년 11월 4일.

· 정민, 「사회구성체 논쟁」, 『80년대 한국사회 대논쟁』, 중앙일보사, 1990.

· 정태영, 「5·16쿠데타 이후 혁신 세력은 어떻게 존재했나」, 『역사비평』 제18호, 1992.

· 조석곤, 「민족경제론 형성의 사회경제적 배경과 그 이론화 과정」, 『동향과 전망』, 2001년 봄.

· 조석곤, 「박현채의 민족경제론 다시 읽기」, 『신진보리포트』, 2007년 여름.

박현채 원고 목록

1993

· 「육필 회고록」(박현채 자필 원고)

· 「박헌영(초고)」(강만길 · 성대경 엮음, 『한국사회주의운동 인명사전』, 창작과비평
사)

· 「개혁 속에 숨은 김영삼의 정치 구상」(『민주조선』 7)

· 「민주당의 변화: 그 가능성과 한계」(『말』 84호)

· 「민주당의 현실과 개혁의 전망」(『길을 찾는 사람들』, 도서출판 길)

· 「5 · 18광주민주항쟁의 역사적 의미」(『조대신문』 565)

· 「지식인의 역사적 사명과 역할」(『조대신문』 557)

· 「박흥식: 반민특위에 제1호로 구속된 매판자본가」(반민족연구소 편, 『친일과
99인』 2, 돌베개)

· 「한국경제의 진단과 민족민주운동의 과제」(『정세연구』 43, 민족민주운동연구
소)

· 「김영삼 정권의 계급 구조와 불투명한 개혁 전망」(『말』 81호)

· 「통상 압력 새 정책에 적극 대응 긴요: 자생력 키워 경제성장 선도해가야」
(『월간 예향』 101)

· 「새 정부의 경제 과제」(『길을 찾는 사람들』, 도서출판 길)

1992

- 「대권 후보들의 공약을 생각한다」(『길을 찾는 사람들』, 도서출판 길)
- 「단순한 현황 보도 넘어 민족적 당위 제시해야」(『저널리즘』 26, 한국기자협회)
- 「위기 시대의 그리운 사람 1: 민족경제론과 박준옥 교장 선생님」(『길을 찾는 사람들』, 도서출판 길)
- 「차기 총장은 학문과 재정 확보 능력 갖춰야」(『조대신문』 536)
- 「현대사와 민족민주운동」(박현채 엮음, 『청년을 위한 한국현대사』, 소나무)
- 「사회주의: 자본주의에 후속하는 단계」(『창작과 비평』 75)
- 「80년대 민족민주운동에서 5·18광주민주항쟁의 의의와 역할」(박현채·조희연 편, 『한국사회구성체논쟁』 IV, 죽산)

1991

- 「마르크스주의 사회과학, 과연 위기인가」(『민족지평』 91)
- 「소련 변화와 국제 정세/민족민주운동의 대응」(『제1기 정치학교 자료집』, 광주전남민주연합)
- 「자본주의와 사회주의 사이에 제3의 길은」(『제1기 정치학교 자료집』, 광주전남민주연합)
- 「통일은 어떠한 것이어야 하나」(강천 김낙중 선생 화갑기념논문집 편찬위원회 편, 『민족 통일과 민주운동』, 사회평론사)
- 「민족경제론을 다시 생각한다」(『사회평론 길』)
- 「(서평) 과학기술혁명 시대의 자본주의와 사회주의」(『월간중앙』)
- 「(토론) 광주 5월 민주항쟁의 학술적 재조명」(『사상문예운동』, 1991년 여름)
- 「(서평) 제국주의와 한국사회」(『한겨레신문』, 1991년 5월 10일)
- 「(대담) 사회구성체 논쟁 개막의 주역, 박현채」(『우리사상』 창간호, 새벽별)

· 「내가 겪은 4 · 19」(『조대신문』 507)

· 「한국전쟁과 한국경제의 전개」(퇴경 화갑기념논총 발간위원회 편, 『퇴경 조용범 박사 회갑기념논총』, 풀빛)

1990

· 「사회구성체론과 발전단계론」(주종환 편, 『한국자본주의론』, 한울아카데미)

· 「한국 민족주의와 자립경제」(『순국』 13, 순국선열유족회)

· 「공산품 국제 경제력 떨어진 미국, 세계 경제 재편 의도 뚜렷」(『월간 예향』 73)

· 「(서평) 자유주의의 가능성과 한계: 현실과 지향」(『월간중앙』)

· 「최근 통일 논의에 대한 제언」(『동향과 전망』)

· 「부동산 대책은 정경 유착의 산물, 대외 종속적 경제구조 청산이 급선무」 (『월간 예향』 70)

· 「한국전쟁과 한국경제의 전개」(『현대사회』 36)

· 「자주 · 정의 · 평등적 구조혁명만이 보혈책」(『다리』 32)

· 「90년대 민족운동의 전략적 기초를 묻는다」(『사상문예운동』)

· 「5 · 18의 상황과 현대사적 의미: 반민족 반민중적 지배 구조에 대항한 민중 투쟁」(『조대신문』 484)

· 「누가 광주를 사랑하는가」(『금호문화』 59)

· 「한국경제 신식민주의 규정 속에서 외자 의존형」(『조대신문』 479)

· 「4 · 19 민주혁명과 의의 계승: 민족민중론의 시각에서」(『사상』, 사회과학원)

· 「(좌담) 오늘의 한국경제 과연 위기인가」(『사회와 사상』 18)

· 「한국의 노동조합운동과 정치 활동」(『변화를 막을 수 없다』, 어머니)

· 「한국경제와 노사 관계」(『변화를 막을 수는 없다』, 어머니)

· 「4 · 19시기 노동운동의 전개와 양상」(『변화를 막을 수는 없다』, 어머니)

- 「교직원 노조 결성되어야 한다」(『변화를 막을 수는 없다』, 어머니)
- 「현대 사태와 역사의 교훈」(『변화를 막을 수는 없다』, 어머니)
- 「최근 노동 상황이 경직되고 있다」(『변화를 막을 수는 없다』, 어머니)
- 「변화를 막을 수 없다」(『변화를 막을 수는 없다』, 어머니)
- 「생각을 바꿔야 한다」(『변화를 막을 수는 없다』, 어머니)
- 「왜 이리 과민하게 대응하는가」(『변화를 막을 수는 없다』, 어머니)
- 「빈곤은 대물림인가」(『변화를 막을 수는 없다』, 어머니)
- 「(좌담) 사회적 실천에서 사상의 문제」(『변화를 막을 수는 없다』, 어머니)
- 「우리는 지금 어디에 있는가」(『변화를 막을 수는 없다』, 어머니)
- 「분단의 고착화 과정」(『변화를 막을 수는 없다』, 어머니)
- 「분단 43년, 반공 이데올로기와 민중의식」(『변화를 막을 수는 없다』, 어머니)
- 「분단 시대의 국가와 민족 문제」(『변화를 막을 수는 없다』, 어머니)
- 「통일과 민중운동」(『변화를 막을 수는 없다』, 어머니)
- 「남북 경제 교류의 이념과 방향」(『변화를 막을 수는 없다』, 어머니)
- 「민족적 생활양식과 남북 경제 교류」(『변화를 막을 수는 없다』, 어머니)
- 「분단과 경제상황」(『변화를 막을 수는 없다』, 어머니)
- 「남북한 경제 교류를 보는 시각」(『변화를 막을 수는 없다』, 어머니)
- 「통일은 외형적 합리성에 지배되지 않는다」(『변화를 막을 수는 없다』, 어머니)
- 「올림픽 이후의 경제 전망」(『변화를 막을 수는 없다』, 어머니)
- 「국민경제의 대외 개방과 민족경제의 위기적 상황」(『변화를 막을 수는 없다』, 어머니)
- 「민족의 자립 경제」(『변화를 막을 수는 없다』, 어머니)
- 「대외 의존 탈피, 돌파구는 없는가」(『변화를 막을 수는 없다』, 어머니)
- 「한국경제는 동네북인가」(『변화를 막을 수는 없다』, 어머니)
- 「경제적 상황과 국가적 역할」(『변화를 막을 수는 없다』, 어머니)
- 「한국경제의 전망」(『변화를 막을 수는 없다』, 어머니)

· 「무역 1천 불의 의미」(『변화를 막을 수는 없다』, 어머니)
· 「많은 것이 반드시 좋은 것은 아니다」(『변화를 막을 수는 없다』, 어머니)
· 「국민경제와 민족경제 괴리 극복, 단일민족경제로 통합을」(『월간예향』64)
· 「90년대의 세계 정세와 민족 문제를 생각한다」(『사회와 사상』17)

1989

· 「소작의 반역사성」(조아라 장로 회수기념문집 발간위원회 편, 『소심당 조아리 장로 회수기념문집』, 광주YMCA)
· 「79년 부마사태의 역사적 배경과 의의」(리영희 선생 화갑기념논문집 발간위원회 편, 『리영희 선생 화갑기념논문집』, 두레)
· 「민족경제론의 제기와 민족경제의 개념」(『민족경제론의 기초 이론』, 돌베개)
· 「민족경제론의 구성」(『민족경제론의 기초 이론』, 돌베개)
· 「민족적 생활양식론」(『민족경제론의 기초 이론』, 돌베개)
· 「민족자본론」(『민족경제론의 기초 이론』, 돌베개)
· 「자립경제론과 민족경제론」(『민족경제론의 기초 이론』, 돌베개)
· 「민족주의론」(『민족경제론의 기초 이론』, 돌베개)
· 「민중론」(『민족경제론의 기초 이론』, 돌베개)
· 「사회구성체론과 발전단계론」(『민족경제론의 기초 이론』, 돌베개)
· 「해방 전후 민족경제의 성격과 그 전개」(『민족경제론의 기초 이론』, 돌베개)
· 「분단시대 한국경제의 전개와 자립경제의 길」(『민족경제론의 기초 이론』, 돌베개)
· 「한국 민족주의의 전개와 그 과제」(『민족경제론의 기초 이론』, 돌베개)
· 「노동 문제의 본질과 국가독점자본주의」(『민족경제론의 기초 이론』, 돌베개)
· 「국가독점자본주의 하에서의 노동운동」(『민족경제론의 기초 이론』, 돌베개)
· 「한 · 미 · 일 경제 유착 구조의 민중사적 의미」(『민족경제론의 기초 이론』, 돌

베개)
- 「한국사회의 성격과 발전 단계에 대한 문제제기」(『민족경제론의 기초 이론』,
  돌베개)
- 「민족통일 문제에 대한 기본적 인식」(『민족경제론의 기초 이론』, 돌베개)
- 「통일론으로서의 자립적 민족경제 확립 방향」(『민족경제론의 기초 이론』, 돌베
  개)
- 「한국사회 민주와의 성격과 과제」(『민족경제론의 기초 이론』, 돌베개)
- 「한국경제의 과제와 전망」(『민족경제론의 기초 이론』, 돌베개)
- 「7, 8월 노동쟁의의 양상과 민주화」(김용기 · 박승옥 엮음, 『한국노동운동논쟁
  사』, 현장문학사)
- 「21세기를 향한 민족의 좌표」(『민족혼』3)
- 「민족경제론적 관점에서 본 민중론」(정창렬 외, 『한국민중론의 현단계』, 돌베개)
- 「마흔네 번째를 맞는 8 · 15 아침에 민족사를 생각한다」(『사회와 사상』)
- 「빈곤은 대물림인가」(『지방 시대』)
- 「민족통일 문제에 대한 기본적 인식」(『인권과 정의』 15)
- 「남북 경제의 비판적 비교」(『씨올의 소리』 104)
- 「통일 문제에서 민족 모순과 계급 모순의 관계」(민족통일민중운동연합통일위
  원회 편, 『통일론 강좌』, 중원문화)
- 「올림픽 이후의 경제 전망」(『민통련 통일강좌』)
- 「변화를 막을 수 없다」(『일요신문』, 1989년 6월 11일)
- 「분단의 고착화 과정」(『민통련 통일강좌』 4차)
- 「독점 재벌기업과 중소기업 간의 관계」(『조대신문』 461)
- 「무노동 무임금의 원칙」(『노동문학』, 실천문학사)
- 「교직원 노조 결성되어야 한다」(『한겨레신문』, 1989년 5월 26일)
- 「계층 계급적 이해 한 데 묶어」(『전대신문』, 1989년 5월 18일)
- 「생존권 보장이 민주화의 열쇠이다」(『노동문학』)

· 「5월의 노사 문제를 슬기롭게 극복하려면」(『기독교 사상』)
· 「현대 사태와 역사의 교훈」(『전남일보』, 1989년 4월 14일)
· 「생각을 바꿔야 한다」(『전남일보』, 1989년 4월 5일)
· 「누적된 계급적 모순 민중적 저항으로」(『월간 예향』 55)
· 「최근 노동 상황이 경직되고 있다」(『노동문학』)
· 「경제적 상황과 국가의 역할」(『전남일보』, 1989년 3월 31일)
· 「인간 해방으로의 경제학」(『조대신문』 452)
· 「민족적 생활양식과 남북 경제 교류」(『리크루트』)
· 「춘기 노동 투쟁과 노동 정세」(『노동문학』 창간호)
· 「현대 한국사회의 성격과 발전 단계에 관한 연구」(『한국사회구성체논쟁』 1, 죽
  산)
· 「민족경제론의 구성과 기초 이론」(『한국사회구성체논쟁』 1, 죽산)
· 「한국 자본주의의 전개과정」(『한국사회구성체논쟁』 1, 죽산)
· 「자립경제를 둘러싼 논의」(『청대춘추』 33)
· 「남북 경제 공동체로 가는 길」(『월간조선』 107)
· 「남북 경제 교류의 이념과 방향」(『사회와 사상』 6, 한길사)
· 「(좌담) 사회적 실천에서 사상의 문제」(『사상운동』 창간호)
· 「통일은 외교적 합리성에서 지배되지 않는다」(『리크루트』)
· 「한국의 노동좋바 운동과 정치 활동」(『노사』 10, 한국사법행정학회)
· 「남북한 경제 교류를 보는 시각」(『남도일보』)
· 「민주 정부로 가는 길: 정경 유착 이대로 좋은가」(『월간조선』 106)
· 「한국경제의 제 문제」(『월간 정론』 1)
· 「변혁 시대의 지식인과 역사의식」(『사회와 사상』)

1988

- 「한국경제의 전망」(『남도일보』, 1988년 12월)
- 「시대와 지성」(장을병 외, 『시대와 지성』, 민음사)
- 「분단 43년, 반공 이데올로기와 민중 의식」(『역사비평』 3)
- 「4 · 19 시기 노동운동의 전개와 양상」(『역사비평』 3)
- 「농산물 시장 개방에 한숨짓는 농민」(『여론시대』)
- 「(좌담) 한국경제 전개의 현 단계와 농업농민 문제」(『농업정책연구』 15-2)
- 「신식민주의에 따른 민족경제의 위기」(『목포대신문』)
- 「식민지 종속국에 있어서 민족자본의 축소, 쇠잔과정」(『성심대학보』 209)
- 「한국 자본주의의 전개와 농업농민 문제」(한국농어촌사회연구회 편, 『한국농업
  농민문제연구』 1, 연구사)
- 「한국사회 민주화의 성격과 과제」(『통일전선과 민주혁명』 2, 사계절)
- 「일제 식민지시대 민족운동을 보는 시각」(『일제 식민지시대의 민족운동』, 한길
  사)
- 「민족민중운동과 전남광주 지역의 위상」(『현대사사료연구』 2)
- 「(좌담) 민족통일 운동과 민주화운동」(『창작과 비평』 61)
- 「낭비적 투자는 민중에게 부담만: 서울올림픽과 한반도」(『민족지성』)
- 「민족경제와 국민경제」(『민족경제와 민중운동』, 창작과비평사)
- 「민족경제론의 구성과 기초 이론」(『민족경제와 민중운동』, 창작과비평사)
- 「한국 자본주의와 독점의 형성」(『민족경제와 민중운동』, 창작과비평사)
- 「정부 주도 경제 개발과 민간 주도론」(『민족경제와 민중운동』, 창작과비평사)
- 「국가독점자본주의하 한국 농업 정책의 성격」(『민족경제와 민중운동』, 창작과
  비평사)
- 「노동 문제의 본질과 국가독점자본주의」(『민족경제와 민중운동』, 창작과비평
  사)

- 「분단 시대의 국가와 민족 문제」(『민족경제와 민중운동』, 창작과비평사)
- 「한국 자본주의와 국가권력의 제 양상」(『민족경제와 민중운동』, 창작과비평사)
- 「관료제와 국민경제」(『민족경제와 민중운동』, 창작과비평사)
- 「민족주의운동의 주체 문제」(『민족경제와 민중운동』, 창작과비평사)
- 「한국사회에서 반봉건의 내용과 민주주의」(『민족경제와 민중운동』, 창작과비평사)
- 「4·19시기 노동운동의 전개와 양상」(『민족경제와 민중운동』, 창작과비평사)
- 「70년대의 노동자 농민」(『민족경제와 민중운동』, 창작과비평사)
- 「국가독점자본주의하에서의 노동운동」(『민족경제와 민중운동』, 창작과비평사)
- 「민족경제론: 민족민주주의의 경제적 기초를 해명한다」(『민족경제와 민중운동』, 창작과비평사)
- 「한국경제의 전망과 과제」(『방송통신대학보』, 1988년 8월 8일)
- 「(서평) 한국의 독점자본과 임노동」(『신동아』 347)
- 「남북 경제 교류의 전망」(『한겨레신문』, 1988년 6월 18일)
- 「해방 후 노동운동사 연구현황과 방법론」(『한국근현대연구입문』, 역사비평사)
- 「(좌담) 80년대의 민족운동사적 의미」(강만길·박현채, 『사회와 사상』)
- 「한국 자본주의와 노동」(『사상과 정책』 19)
- 「(좌담) 광주항쟁: 비극속의 역사」(『한겨레신문』, 1988년 5월 26일)
- 「선진 독점자본에 의한 경제 지배 구조」(『홍대신문』 577)
- 「이렇게 본다」(『한겨레신문』, 1988년 5월 19일)
- 「한국사회 민족 문제의 올바른 인식」(『전대신문』, 1988년 5월 12일)
- 「자립경제는 민주주의 토대다」(『월간중앙』 148)
- 「경제적 측면에서 본 남북 분단의 역사적 경과」(변형윤 외, 『분단시대와 한국사회』, 까치)
- 「민족경제론적 통일에의 접근: 통일 논의 40년의 회고와 반성」(『민족지성』 26)

- 「분단 시대의 국가와 민족문제」(『창작과 비평』 59)
- 「한국경제와 노사 관계」(『인하』 24)
- 「한일 경제 협력과 그것이 지니는 성격」(『순국』 1~2)
- 「수입 개방 압력의 본질과 민족경제」(『고대신문』, 1988년 2월 24일)
- 「한국 자본주의와 독점의 형성」(이산 조기준 박사 고희기념논문집 발간위원회 편, 『한국자본주의성격논쟁』, 대왕사)
- 「(서평) 토지 문제와 지대 이론」(『월간 경향』 276)
- 「관료제와 국민경제: 자본과 경제정책」(『계간 경향』 18)
- 「한국경제의 구조적 특성과 자주 경제」(『전대신문』, 1988년 1월 7일)
- 「국가독점자본주의하에서의 노동운동」(『노동문학』 1)
- 「현대사를 보는 민족주의적 관점」(『민족지성』 23)

1987

- 「민중의 계급적 성격 규명」(김진균 외, 『한국사회의 계급 연구』 1, 한울)
- 「한국 현대사를 어떻게 다시 쓸 것인가」(『역사 · 민족 · 민중』, 시인사)
- 「민중과 문학」(『역사 · 민족 · 민중』, 시인사)
- 「지리산과 민족운동사」(『역사 · 민족 · 민중』, 시인사)
- 「근대화의 인간적 기초」(『역사 · 민족 · 민중』, 시인사)
- 「여성 해방, 인간 해방」(『역사 · 민족 · 민중』, 시인사)
- 「젊은 세대는 어떻게 커 왔는가」(『역사 · 민족 · 민중』, 시인사)
- 「장인에서 기능인까지」(『역사 · 민족 · 민중』, 시인사)
- 「토마스 모어」(『역사 · 민족 · 민중』, 시인사)
- 「민중적 민족주의의 역사적 성격」(『역사 · 민족 · 민중』, 시인사)
- 「우리는 지금 어디에 서 있는가」(『역사 · 민족 · 민중』, 시인사)
- 「분단 40년 우리의 삶과 내일」(『역사 · 민족 · 민중』, 시인사)

- 「민중 시대를 위한 경제개혁」(『역사·민족·민중』, 시인사)
- 「8·15의 사회경제적 의미」(『역사·민족·민중』, 시인사)
- 「분배의 공정성과 사회 정의」(『역사·민족·민중』, 시인사)
- 「농촌 사회의 소외 구조」(『역사·민족·민중』, 시인사)
- 「쿠데타에 의해 부정된 혁명」(『역사·민족·민중』, 시인사)
- 「80년 후반의 한국경제와 교회의 역할」(『역사·민족·민중』, 시인사)
- 「한국경제의 인식」(『역사·민족·민중』, 시인사)
- 「한국 자본주의를 보는 비판적 시각」(『역사·민족·민중』, 시인사)
- 「국가독점자본주의 입장에서 본 한국사회 구성의 내용과 특질」(『역사·민족·민중』, 시인사)
- 「2000년대와 경제 자립의 길」(『역사·민족·민중』, 시인사)
- 「한국 민족주의와 자립경제」(『역사·민족·민중』, 시인사)
- 「안정 제일주의 경제정책의 허와 실」(『역사·민족·민중』, 시인사)
- 「농업 정책과 한국농업」(『역사·민족·민중』, 시인사)
- 「한국경제의 과제와 전망」(『역사·민족·민중』, 시인사)
- 「미 군정의 귀속재산 처리에 대한 평가」(『역사·민족·민중』, 시인사)
- 「6·3사태와 한일국교 정상화」(『역사·민족·민중』, 시인사)
- 「외채의 공, 과」(『역사·민족·민중』, 시인사)
- 「강대국에 종속된 경제 구조 탈피해야」(『역사·민족·민중』, 시인사)
- 「국민경제의 대외개방과 민족경제의 위기적 상황」(『역사·민족·민중』, 시인사)
- 「경제자립은 민족자주·자립의 기초」(『역사·민족·민중』, 시인사)
- 「근성과 덤으로 얻어낸 일본경제의 실상」(『역사·민족·민중』, 시인사)
- 「브라질의 좌절이 말해주는 것」(『역사·민족·민중』, 시인사)
- 「해방 후 정치사회운동을 보는 시각」(『해방전후사의 인식』 3, 한길사)
- 「한국 자본주의와 그 파행적 전개의 성립기반」(『성신학보』 233)

- 「일제 식민지 통치하의 한국농업」(『한국경제와 농민현실』, 경세원)
- 「이농 강요한 농촌 근대화 정책」(『한국경제와 농민현실』, 경세원)
- 「미 잉여 농산물 원조의 경제적 귀결」(『한국경제와 농민현실』, 경세원)
- 「(좌담) 6월 투쟁과 민주화의 진로」(『전환』, 사계절)
- 「해방 후 3년의 재조명: 토지개혁 요구의 사회적 의미」(『한대신문』 756)
- 「한국경제의 현실과 전망」(『자료모음』, 한국가톨릭농민회)
- 「제2회 단재상 수상자 기념연설: 오늘의 역사적 상황과 민족경제론」(『한국 사회연구』 5, 한길사)
- 「민족경제론의 구성과 기초 이론 1」(『한국사회연구』 5, 한길사)
- 「한국사회에서 반봉건의 내용과 민주주의」(『창작과 비평』 87)
- 「한국경제의 현실과 전망」(『기독교 사상』, 대한기독교서회)
- 「분단 시대 한국경제 구조와 자립경제에의 길」(송건호 외, 『변혁과 통일의 논리』, 사계절)
- 「현 한국 자본주의의 진단과 그 방향성 모색」(『서울여대학보』 203)
- 「현행 소작제도와 토지문제에 대한 이해」(『숭전대학신문』 488)
- 「미군정의 귀속재산 처리에 대한 평가」(『건대신문』)
- 「민족경제론: 민족민주주의의 경제적 기초를 해명한다」(『현단계』 1, 한울)
- 「한국 자본주의를 보는 비판적 시각」(『민족지성』 15)
- 「한국 자본주의와 민족자본」(김태영 외, 『한국의 사회경제사』, 한길사)
- 「흑자 경제의 허와 실」(『서강학보』 60)
- 「우리는 지금 어디에 서 있는가」(『인하대교지』 23)
- 「단재상을 받으면서」(『한길』 5)
- 「젊은 세대는 어떻게 커 왔는가」(『월간 예향』)
- 「4 · 19와 5 · 16의 민족사적 · 경제사적 조명」(박현채 외, 『한국경제론』, 까치)
- 「한국경제의 과제와 전망」(박현채 외, 『한국경제론』, 까치)
- 「한국경제의 과제와 전망」(『한현 변형윤 선생 화갑기념논문집』, 까치사)

- 「국민경제의 대외 개방과 민족경제의 위기와 상황」(『한성』 6)
- 「한국 민족주의운동의 주체 문제」(이영희 · 강만길 공편, 『한국의 민족주의운동
  과 민중』, 두레)
- 「(대담) 80년대의 민족사적 의의」(『실천문학』)
- 「경제 자립은 민족 자주 · 자립의 기초」(『부산여대학보』)
- 「한국경제의 인식」(『전대신문』, 1987년 1월 1일)

1986

- 「지리산과 민족운동사」(『한길역사기행』, 한길사)
- 「농민 사회 개발의 성격과 방향」(한국기독교산업개발원 엮음, 『한국사회 발전과
  민주화운동』, 정암사)
- 「86 한국경제의 전망」(『서강학보』 46)
- 「한반도에 있어서 국가권력의 제 양상」(『오늘의 책』 12)
- 「1960년대 이후 한국 농업 정책의 성격」(『우리시대 민족운동의 과제』, 한길사)
- 「70년대의 노동자 · 농민 운동」(송건호 외, 『해방 40년의 재인식』 II, 돌베개)
- 「농촌 사회의 소외 구조」(『동아대학보』, 1986년 11월 3일)
- 「한국민족운동의 주체와 계급문제」(청암 화갑기념논문집 발간위원회 편, 『청암
  송건호선생 화갑기념논문집』, 두레)
- 「대외 의존 탈피, 돌파구는 없는가」(『신동아』 326)
- 「민족경제의 이론 구조 (1): 민족경제와 국민경제」(『한국사회연구』 4)
- 「한국 민족주의와 자립경제」(『목포대신문』, 1986년 9월 20일)
- 「국가독점자본주의 입장에서 본 한국사회 구성의 내용과 특질」(『감신대학
  보』, 1986년 9월 10일)
- 「경제 자립을 위한 길은 무엇인가」(『한국YMCA』 216)
- 「한국경제는 동네북인가: 논리적 문제제기」(『월간조선』 7권 9호)

- 「미국의 경제적 위기와 한국경제」(문동환 외, 『한국과 미국』, 실천문학사)
- 「민중과 문학」(『한국문학』)
- 「한국사회의 구조적 모순과 농업, 농촌 문제: 농촌 경제 정책의 실태」(『숭전 대학신문』 471)
- 「경제 집단으로서의 한국의 보수 세력」(『사상과 정책』 11)
- 「한국 농업정책의 기본 구조와 그에 대한 평가 전망」(『이화』 40)
- 「한국 농촌 그 파행적 전개 (5): 수출 제일주의와 한국농업」(『건대신문』 771)
- 「먹고사는 문제에서도 막대한 외화 유출」(『한국YMCA』 224)
- 「한국 자본주의 전개의 제 단계와 그 구조적 특징」(『한국경제구조론』, 일원서 각)
- 「민족자본의 형성과 변천」(『한국경제구조론』, 일원서각)
- 「원조경제와 민족경제」(『한국경제구조론』, 일원서각)
- 「통일론으로서의 자립적 민족경제 확립방향」(『한국경제구조론』, 일원서각)
- 「해방 전후 민족경제의 성격」(『한국경제구조론』, 일원서각)
- 「남북 분단의 민족경제사적 위치」(『한국경제구조론』, 일원서각)
- 「경제적 종속의 극복과 민족운동」(『한국경제구조론』, 일원서각)
- 「발전론 비판: 새로운 발전이론의 모색」(『한국경제구조론』, 일원서각)
- 「공동체와 공동체 운동」(『한국경제구조론』, 일원서각)
- 「한미일 경제유착 구조의 민중사적 의미」(『한국경제구조론』, 일원서각)
- 「현대 한국사회의 성격과 발전 단계에 관한 연구」(『한국경제구조론』, 일원서 각)
- 「일제하 민족해방운동의 과제와 농민운동」(『한국경제구조론』, 일원서각)
- 「한국 노동문제의 정치경제학」(『한국경제구조론』, 일원서각)
- 「농업농민 문제에 대한 인식」(『한국경제구조론』, 일원서각)
- 「한국 자본주의와 도시빈민의 문제」(『한국경제구조론』, 일원서각)
- 「한국 민중운동사의 이념과 과제」(『부대신문』, 1986년 4월 7일)

- 「3저서대의 허와 실」(『월간조선』)
- 「기업농은 소농 중심의 한국농업에 타격」(『현대사회』 17)
- 「통일과 민중운동」(『경대문화』 19)
- 「세계 자본주의의 성격과 한국 민족운동의 과제」(박현채 외, 『한국 민족운동의 이념과 역사』, 한길사)
- 「민족운동을 어떻게 볼 것인가」(박현채 외, 『한국 민족운동의 이념과 역사』, 한길사)
- 「민족의 자립경제: 한국 민족주의와 자립경제」(『대학문화』 9)
- 「분단과 경제 상황」(『지하』 18)
- 「농업 정책과 한국경제」(『목화』 86)
- 「8 · 15의 사회경제적 의미」(『경제사학회 총회』, 경제사학회)

1985

- 「여성 해방, 인간 해방」(『여성』 1, 한길사)
- 「공동체 운동과 공동체 실현의 가능성」(『오늘의 책』 8)
- 「불황 · 외채 · 개방 압력은 무책인가」(『신동아』 315)
- 「80년대의 한국사회: 한국경제의 제문제」(『민주대학』)
- 「외채의 공과 과」(『교회와 세계』 46)
- 「한국경제의 현 단계 위기와 제 양상」(『목포대신문』, 1985년 11월 29일)
- 「한국경제에 있어서 외자 도입 정책과 첨단기술 도입의 문제점」(『한국자본주의와 사회구조』, 한울)
- 「국제무역의 제 원칙과 한국 무역의 상황 및 문제점」(『한국자본주의와 사회구조』, 한울)
- 「경제적 종속의 극복과 민족운동」(『한국자본주의와 사회구조』, 한울)
- 「군정이란 무엇인가: 군정하의 경제적 성과」(『단원』 15-85)

- 「한국경제와 노동문제」(『전대신문』, 1985년 11월 7일)
- 「브라질의 좌절이 말해주는 것」(『한국인』, 사회발전연구소)
- 「남북 분단의 민족경제사적 위치」(『해방 전후사의 인식』 2, 한길사)
- 「한국 노동문제의 정치경제학」(김금수 외, 『한국노동운동론』 1, 미래사)
- 「한국경제와 농업」(『교회와 세계』, NCC)
- 「현대 한국사회의 성격과 발전 단계에 관한 연구」(『창작과 비평』 57)
- 「관주도형 농정과 농가 부채」(『대학주보』 840)
- 「문학과 경제」(이재현 편, 『문학이란 무엇인가』, 청년사)
- 「한국 자본주의의 전개과정」(송건호 외, 『해방 40년의 재인식』, 돌베개)
- 「일제하 민족해방운동의 과제와 농민운동」(박현채 · 정창열 편, 『한국민족주의
  론』 3, 창작과비평사)
- 「노동 문제를 보는 시각」(『한국자본주의와 노동문제』, 돌베개)
- 「문학과 경제: 민중문학에 대한 사회과학적 인식」(김병결 · 채광석 편, 『역사,
  현실 그리고 문학』, 지양사)
- 「한국경제의 위기에 관한 시평: 강대국에 종속된 경제구조 탈피해야」(『연세
  춘추』)
- 「분단국가의 민족통일 운동」(『오늘의 책』 6)
- 「분단 40년 우리의 삶과 운동」(『외국문학』)
- 「6 · 3사태와 한일 국교정상화」(『외대학보』 416)
- 「민중복지 경제를 위한 경제적 개혁: 자립경제, 민족적 과제」(『대학주보』
  832)
- 「민중적 민족주의의 역사적 성격」(『고대신문』, 1985년 5월 6일)
- 「난제 더 보탠 안정화 정책 4년: 경제 위기 타개책은 없는가」(『신동아』 308)
- 「원조경제: 한국 현대사 인식에 있어서의 원조」(『고황』 30)
- 「경제자립의 길」(『부대신문』)
- 「쿠데타에 의한 부정된 혁명」(『대학주보』 829)

· 「한미일 경제 유착의 민중사적 의미」(『현실과 전망』 2)
· 「분배의 공정성과 사회 정의」(『한대신문』 697)
· 「전후 일본 제국주의의 부활」(신용하 편, 『민족이론』, 문학과지성사)
· 「정부 주도 경제개발과 민간주도론」(『현대사회』 17)
· 「분단 40년의 한국 자본주의와 농업」(『한국사회연구』 3)
· 「안정 제일주의 경제정책의 허실」(『서강학보』 176)
· 「한국 자본주의 전개의 제 단계와 그 구조적 특징」(『한국사회의 재인식』, 한울)
· 「발전론 비판: 새로운 발전 이론의 모색」(『제3세계』 1, 두레)

1984

· 「1945년의 해방과 민족주의의 좌절」(『경제현실의 인식과 실천』, 학민사)
· 「한국 민족주의의 실천적 인식」(『경제현실의 인식과 실천』, 학민사)
· 「한국경제 발전을 위한 기본 전제」(『경제현실의 인식과 실천』, 학민사)
· 「개발 정책의 기본 방향」(『경제현실의 인식과 실천』, 학민사)
· 「경제 성장과 민중의 삶」(『경제현실의 인식과 실천』, 학민사)
· 「자립경제를 위하여」(『경제현실의 인식과 실천』, 학민사)
· 「한국경제의 현황과 전망」(『경제현실의 인식과 실천』, 학민사)
· 「한국경제와 독점자본」(『경제현실의 인식과 실천』, 학민사)
· 「고도 성장과 왜곡된 소득 분배」(『경제현실의 인식과 실천』, 학민사)
· 「한국경제와 노동자의 근로 조건」(『경제현실의 인식과 실천』, 학민사)
· 「한국경제와 수출」(『경제현실의 인식과 실천』, 학민사)
· 「세계경제 속의 한국경제」(『경제현실의 인식과 실천』, 학민사)
· 「한국경제와 농업」(『경제현실의 인식과 실천』, 학민사)
· 「고도성장의 그늘, 한국농업」(『경제현실의 인식과 실천』, 학민사)
· 「농촌 사회의 구조와 현실」(『경제현실의 인식과 실천』, 학민사)

- 「한국농업과 자영농 육성」(『경제현실의 인식과 실천』, 학민사)
- 「농촌경제와 소작제도」(『경제현실의 인식과 실천』, 학민사)
- 「농민과 농산물 가격」(『경제현실의 인식과 실천』, 학민사)
- 「농민의 상황과 농가 부채」(『경제현실의 인식과 실천』, 학민사)
- 「농협에 있어 농민의 소외」(『경제현실의 인식과 실천』, 학민사)
- 「농공업 균형 발전을 위한 새로운 모색」(『경제현실의 인식과 실천』, 학민사)
- 「일본 제국주의의 식민지 지배」(『경제현실의 인식과 실천』, 학민사)
- 「전후 일본 제국주의의 부활」(『경제현실의 인식과 실천』, 학민사)
- 「전후 일본 자본주의의 성장과 미국에의 종속」(『경제현실의 인식과 실천』, 학
  민사)
- 「한일 경제 협력의 역사와 성격」(『경제현실의 인식과 실천』, 학민사)
- 「한일 관계의 경제적 귀결」(『경제현실의 인식과 실천』, 학민사)
- 「자본론에는 무엇이 씌어 있나」(『경제현실의 인식과 실천』, 학민사)
- 「유토피아 사회주의와 마르크스」(『경제현실의 인식과 실천』, 학민사)
- 「급진파와 현대 마르크스주의 경제이론」(『경제현실의 인식과 실천』, 학민사)
- 「소련의 경제체제와 스탈린」(『경제현실의 인식과 실천』, 학민사)
- 「역사학파의 고전학파 비판」(『경제현실의 인식과 실천』, 학민사)
- 「제3세계와 빈곤」(『경제현실의 인식과 실천』, 학민사)
- 「민중과 역사」(유재천 편, 『민중』, 문학과지성사)
- 「경제 침략 1세기의 유산과 대응: 한일 불평등 경제관계」(『신동아』 302)
- 「자영농 육성 정책과 한국농업」(『연세춘추』 995)
- 「근대화의 인간적 기초」(『리크루트』)
- 「민족자본의 형성과 변천」(『단원』 14)
- 「민중과 역사」(『한국 자본주의와 민족운동』, 한길사)
- 「분단 시대 한국 민족주의의 과제」(『한국자본주의와 민족운동』, 한길사)
- 「4월 민주혁명과 민족사의 방향」(『한국자본주의와 민족운동』, 한길사)

· 「자본주의의 위기와 민족운동의 과제」(『한국자본주의와 민족운동』, 한길사)

· 「땅·민중·경제」(『한국자본주의와 민족운동』, 한길사)

· 「한국인의 토지 의식」(『한국자본주의와 민족운동』, 한길사)

· 「토지 문제의 역사적 전개와 인식」(『한국자본주의와 민족운동』, 한길사)

· 「인간 없는 경제학」(『한국자본주의와 민족운동』, 한길사)

· 「문학과 경제」(『한국자본주의와 민족운동』, 한길사)

· 「산업사회와 언론」(『한국자본주의와 민족운동』, 한길사)

· 「서구 사회와 중산층」(『한국자본주의와 민족운동』, 한길사)

· 「근대화에 대한 평가」(『한국자본주의와 민족운동』, 한길사)

· 「돈이란 무엇인가」(『한국자본주의와 민족운동』, 한길사)

· 「한국 자본주의론」(『한국자본주의와 민족운동』, 한길사)

· 「자본주의 정신과 기업 윤리」(『한국자본주의와 민족운동』, 한길사)

· 「정신적 분위기와 생산력의 발전」(『한국자본주의와 민족운동』, 한길사)

· 「재벌의 사회성에 대하여」(『한국자본주의와 민족운동』, 한길사)

· 「한국 재벌의 현실과 이상」(『한국자본주의와 민족운동』, 한길사)

· 「한미 경제 관계의 반성」(『한국자본주의와 민족운동』, 한길사)

· 「돈의 윤리」(『월간조선』 53)

· 「쌀의 쓰라린 한일관계사는 재현되는가」(『신동아』 299)

· 「현대 자본주의의 역사적 전개와 제 문제」(폴스위지 외, 『전후 자본주의의 재검
토』, 학민사)

· 「농업, 농민 문제에 대한 인식」(박현채 외, 『한국농업 문제의 새로운 인식』, 돌베
개)

· 「누구를 위한 수출인가」(『한국인』, 한국발전연구소)

· 「(서평) 우리의 것으로의 경제학: 분배의 경제학」(『학원』)

· 「세계 자본주의의 위기와 80년대의 민족운동의 과제」(『오늘의 책』 2)

· 「땅·민중·경제: 땅위에서 주어지는 민중의 삶」(『기독교 사상』 312)

- 「농촌 경제의 구조와 현실」(『숭전대학신문』 428)
- 「문학과 경제」(『실천문학』)
- 「농업 토지 문제에 대한 소고」(박현채 외, 『민족, 통일, 해방의 논리』, 형성사)
- 「고도 성장에 따른 소득 분배의 문제점」(『성심대학보』, 1984년 4월 17일)
- 「농협조합장은 농민이 뽑아야 한다」(『이대학보』 763)
- 「한국경제의 현황과 전망」(『KSCF 강연』, KSCF)
- 「보호무역주의와 한국경제」(『외대학보』 388)
- 「한국민족주의의 실천적 인식」(『오늘의 책』, 1984년 봄)
- 「인간 없는 경제학」(『외대』 19)
- 「유토피아 사회주의와 마르크스」(『주간 매경』)
- 「역사학파의 고전학파 비판」(『주간 매경』)
- 「새해 경제정책의 전개 방향: 구조적 장기적 전망 위에 정책 보완」(『상의주보』 687)

1983

- 「해방 후 한국 노동쟁의의 원인과 대책」(김윤환 외, 『한국 노동문제의 인식』, 동녘)
- 「한국 노동운동의 현황과 당면 과제: 70년대를 중심으로」(김윤환 외, 『한국 노동문제의 인식』, 동녘)
- 「분단 시대 한국 민족주의의 과제」(송건호 · 강만길 외, 『한국민족주의론』 2, 창작과비평사)
- 「서구 사회의 중산층」(『월간조선』 44)
- 「농민의 상황과 농가 부채」(『덕성여대신문』, 1983년 9월)
- 「한국경제의 현실에 대하여: 재벌기업의 부침과 관련하여」(『연세춘추』 961)
- 「경제발전의 유형과 산업구조상의 문제들」(『한국경제와 농업』, 까치)

- 「해방 후 한국경제와 민중생활의 변화」(『한국경제와 농업』, 까치)
- 「미국 잉여 농산물 원조의 귀결」(『한국경제와 농업』, 까치)
- 「자립경제의 실현을 위한 모색」(『한국경제와 농업』, 까치)
- 「한국농업의 발전을 위한 모색」(『한국경제와 농업』, 까치)
- 「경제학의 제 조류와 그 기본 체계」(『방송통신대학보』, 1983년 7월 25일)
- 「역사적인 한국인의 토지 의식」(『월간조선』 40)
- 「자립경제를 위한 방향 모색」(『이대학보』 744)
- 「4월 민주혁명과 민족사의 방향」(강만길 외, 『4월혁명론』, 한길사)
- 「해방 전후 민족경제의 성격」(『한국사회연구』)
- 「이상형 재벌 어떤 것인가」(『신동아』 226)
- 「해방 전후의 한국경제」(연봉 화갑기념논문집 발간위원회 편, 『연봉 박동묘박사 화갑기념논문집』)
- 「문학과 경제: 민중문학에 대한 사회과학적 인식」(『실천문학』)
- 「한국경제와 노동자의 근로 조건」(『교회와 세계』)
- 「농공업 균형 발전을 위한 새로운 모색」(『외대』 18)
- 「소련의 경제체제와 스탈린」(『신동아』)
- 「제3세계와 빈곤」(『신동아』)
- 「세계경제 속의 한국경제」(『기장청연회 강연』, 기장청년회)

1982

- 「한국농업의 상황과 농업혁명에의 길」(안병무 외, 『씨울·인간·역사(함석헌 필순기념논문집)』, 한길사)
- 「현대화에 대한 재평가」(『대학주보』 760)
- 「한일 경제협력의 분석과 진단」(『홍대신문』 433)
- 「해방 전후의 민족경제의 인식」(『숭전대학신문』 388)

- 「한국자본주의론」(범하 화갑기념문집 발간위원회 편, 『범하 이돈명선생 화갑기념
  문집』, 도서출판 두레)
- 「서(序)」(『한국경제의 구조와 논리』, 풀빛)
- 「신자유주의의 경제사상과 민주주의」(『한국경제의 구조와 논리』, 풀빛)
- 「우익 자본주의의 향방」(『한국경제의 구조와 논리』, 풀빛)
- 「복지국가와 민주주의」(『한국경제의 구조와 논리』, 풀빛)
- 「일본 제국주의의 한국 지배」(『한국경제의 구조와 논리』, 풀빛)
- 「공업의 지역적 편재와 불균형 발전의 요인 분석」(『한국경제의 구조와 논리』,
  풀빛)
- 「한국경제에 있어 진보의 의미」(『한국경제의 구조와 논리』, 풀빛)
- 「경제성장이 귀결한 것」(『한국경제의 구조와 논리』, 풀빛)
- 「공업 구조 고도화의 전개」(『한국경제의 구조와 논리』, 풀빛)
- 「한국농업의 현황과 문제점」(『한국경제의 구조와 논리』, 풀빛)
- 「사회적 불균형의 확대」(『한국경제의 구조와 논리』, 풀빛)
- 「경기변동과 물가」(『한국경제의 구조와 논리』, 풀빛)
- 「한국경제의 활로」(『한국경제의 구조와 논리』, 풀빛)
- 「자원 무기화와 국제경제의 전망」(『한국경제의 구조와 논리』, 풀빛)
- 「반(反)성장론」(『한국경제의 구조와 논리』, 풀빛)
- 「한국농업의 상황과 농업혁명에의 길」(『한국경제의 구조와 논리』, 풀빛)
- 「계층 조화의 조건」(『한국경제의 구조와 논리』, 풀빛)
- 「민간 주도 경제의 경제학」(『한국경제의 구조와 논리』, 풀빛)
- 「일본 대외 경협의 현황과 문제점, 현대 일본을 해부한다」(『신동아』 216)
- 「한일 관계의 경제적 귀결」(『국민대학보』)
- 「(서평) 식민지 경제사 연구의 좌표: 조선토지조사사업 연구」(『신동아』 214)
- 「아시아의 드라마 (7) 전후 일본 제국주의의 부활: 국가자본주의의 구축」
  (『대학주보』 744)

- 「아시아의 드라마 (6) 일본제국주의의 식민지 지배: 일본 상황의 특수성」
  (『대학주보』 743)
- 「한국경제와 민중생활의 변화」(한국기독교사회문제연구원 편, 『민중과 경제』, 민중사)
- 「70년대 불균형 성장의 극복, 70년대 경제를 돌아보고: 선건설 분배와 이익집단」(『외대학보』 341)
- 「자본론에는 무엇이 쓰여 있는가」(『신동아』 212)
- 「일본, 경제대국이 되기까지: 전후 일본경제의 성장 과정과 제기되는 문제점」(『외대』 17)
- 「고도 성장의 그늘, 한국농업」(『숙명』 22)

1981

- 「한국경제의 활로, 기초산업의 재건과 국내시장의 확대」(『월간조선』)
- 「농지 문제 세미나: 토지 문제의 해결을 위한 약간의 제안」(『농지문제세미나』, 한국교회사회선교협의회)
- 「한국농업의 현황과 문제점」(『정경문화』)
- 「(서평) 서양경제사상사연구: 정형윤, 사회정의와 경제의 논리」(『세계의 문학』 21)
- 「신자유주의의 경제사상과 민주주의, 복지사회적 지향과 민주주의 실현」
  (『월간조선』)
- 「농촌 경제와 소작제도」(『국민대신문』)
- 「민간 주도 경제의 경제학」(『신동아』)
- 「길더 이론의 비판적 검토」(조지 길더 지음, 김태홍 외 옮김, 『부와 빈곤』, 우아당)
- 「자립경제의 실현을 위한 모색」(박현채 외, 『한국경제의 전개과정』, 돌베개)

· 「농민은 누구인가」(『한국농업의 구상』, 한길사)

· 「한국농업이 가야할 방향」(『한국농업의 구상』, 한길사)

· 「농민의 입장에서 본 경제정책」(『한국농업의 구상』, 한길사)

· 「이농을 부른 농촌 근대화」(『한국농업의 구상』, 한길사)

· 「기업농의 국민경제적 인식」(『한국농업의 구상』, 한길사)

· 「농공병진이란 무엇인가」(『한국농업의 구상』, 한길사)

· 「세계 식량 위기와 식량자급의 가능성」(『한국농업의 구상』, 한길사)

· 「땅은 누구의 것인가」(『한국농업의 구상』, 한길사)

· 「다시 등장한 소작제도」(『한국농업의 구상』, 한길사)

· 「농지제도 개혁론에 대하여」(『한국농업의 구상』, 한길사)

· 「농지소유상한제 폐지의 문제점」(『한국농업의 구상』, 한길사)

· 「농지법과 농지의 세분화」(『한국농업의 구상』, 한길사)

· 「자본주의와 소농 경제의 한 연구」(『한국농업의 구상』, 한길사)

· 「농산물 가격과 경제발전」(『한국농업의 구상』, 한길사)

· 「농산물 생산비 추계 방식 비판」(『한국농업의 구상』, 한길사)

· 「농산물 가격 불안정 저류」(『한국농업의 구상』, 한길사)

· 「농민에 있어서 국가자본의 역할」(『한국농업의 구상』, 한길사)

· 「한국농업 발전의 방향 정립」(『한국농업의 구상』, 한길사)

· 「농민에 의한 농협 운동」(『한국농업의 구상』, 한길사)

· 「농민운동과 농업 발전」(『한국농업의 구상』, 한길사)

· 「미잉여 농산물의 경제적 귀결」(진덕규 외, 『1950년대의 인식』, 한길사)

1980

· 「한국 농업 개발을 위한 소고」(『박현채 자필원고』, 기독교사회문제연구원)

· 「땅은 누구의 것인가」(『신동아』 191)

- 「4·19와 민족사의 방향」(『전대신문』, 1980년 4월 24일)
- 「해방 후 한국 노동쟁의의 원인과 대책」(박현채 외, 『한국노동문제의 구조』, 광민사)
- 「한국 노동운동의 현황과 당면 과제: 70년대를 중심으로」(박현채 외, 『한국노동문제의 구조』, 광민사)

1979

- 「식민지 시대 한국의 역사적 평가」(『신동아』)
- 「자원 무기화와 국제경제의 전망」(『제3세계의 이해』, 형성사)
- 「경제성장과 민중의 삶」(『상의』)

1978

- 「민중과 경제」(『민중과 경제』, 정우사)
- 「직접적 생산자로서의 장인」(『민중과 경제』, 정우사)
- 「4·19혁명의 경제적 의의」(『민중과 경제』, 정우사)
- 「토지의 공공성」(『민중과 경제』, 정우사)
- 「통제경제와 경제학의 위기」(『민중과 경제』, 정우사)
- 「국민경제 그 당위와 현실」(『민중과 경제』, 정우사)
- 「GNP, 그 환상과 현실」(『민중과 경제』, 정우사)
- 「누구를 위한 경제정책인가」(『민중과 경제』, 정우사)
- 「노사 관계와 경제성장」(『민중과 경제』, 정우사)
- 「중소기업에 대한 재인식」(『민중과 경제』, 정우사)
- 「한미 경제 관계의 어제와 오늘 내일」(『민중과 경제』, 정우사)
- 「한일 경제 협력, 무엇이 문제인가」(『민중과 경제』, 정우사)

- 「다국적 기업이란 무엇인가」(『민중과 경제』, 정우사)
- 「농민운동의 과제와 방향」(『창작과 비평』 56)
- 「관용 속에 창조된 조화, 군나 미르달의 계획 민주주의 관점에서」(『정경연구』 165)
- 「일본 재벌의 전개 과정」(송건호 외, 『현대 일본의 해부』, 한길사)
- 「산업사회에 있어서 언론의 사명」(『신문연구』 27)
- 「재생소작제도의 경제 제도적 규정에 대한 논리적 문제제기」(『농업정책연구』)
- 「토지에 대한 공개념의 확대는 왜 필요한가」(『세대』 182)
- 「정신적 분위기와 생산력의 발전」(『월간건설』 28)
- 「고도 성장과 농업 협력의 분화」(『대학주보』 640)
- 「칼빈형 인간과 베이란트형 인간」(『월간건설』 27)
- 「공평 과세 제대로 되고 있는가」(『신동아』 167)
- 「농민의 입장에서 본 경제정책」(『기독교 사상』 241)
- 「산업민주주의와 기업 윤리」(『고대신문』 814)
- 「자본주의정신과 기업 윤리」(『월간건설』 26)
- 「민중과 경제」(『이화』 32)
- 「장인에서 기능인까지」(『기술인력』 2)
- 「수입자유화와 국민경제」(『경영과마아켓팅』 112)
- 「경제학과 나」(『민족경제론』, 한길사)
- 「민중과 경제」(『민족경제론』, 한길사)
- 「산업사회에 있어서의 경제적 자유」(『민족경제론』, 한길사)
- 「일제 식민지 통치하의 농업 1, 2」(『민족경제론』, 한길사)
- 「일제 식민지 통치하의 한국공업」(『민족경제론』, 한길사)
- 「쌀의 반세기」(『민족경제론』, 한길사)
- 「경제 발전과 농업 발전의 제문제」(『민족경제론』, 한길사)

- 「중소기업 문제의 인식」(『민족경제론』, 한길사)
- 「차관과 경제 발전」(『민족경제론』, 한길사)
- 「조세 문제의 본질과 상황」(『민족경제론』, 한길사)
- 「경제성장과 국민의 조세부담」(『민족경제론』, 한길사)
- 「경제 발전 15년의 득과 실」(『민족경제론』, 한길사)
- 「자원 민족주의의 역사와 현실」(『민족경제론』, 한길사)
- 「다국적기업의 논리와 형태」(『민족경제론』, 한길사)
- 「자본주의 세계의 구조적 변화와 전망」(『민족경제론』, 한길사)
- 「세계 자본 불황의 구조와 현대 자본주의」(『민족경제론』, 한길사)
- 「일본 자본주의의 형성과 성격」(『민족경제론』, 한길사)
- 「국민경제 그 당위와 현실: 그 성장과 발전의 기초는 무엇이어야 하나」(『한 가람』 3)
- 「한국노동운동의 현황과 당면 과제: 70년대를 중심으로」(『창작과 지평』 47)
- 「전후 30년의 세계경제사조」(『전후 30년의 경제사조』, 평민사)
- 「국부론과 자본론」(『전후 30년의 경제사조』, 평민사)
- 「한국 노동운동의 전개과정」(『전후 30년의 경제사조』, 평민사)
- 「한국경제의 당면 과제」(『광장』 57)
- 「농정의 방향과 과제, 1978년의 한국경제」(『은행계』 141)
- 「재벌의 사회성을 묻는다, 아파트 특혜 사건의 사회적 병리」(『신동아』 169)
- 「국민경제로서의 내수산업의 육성, 1억 달러 수출 달성과 한국경제」(『신동 아』 169)
- 「78년의 경제 전망」(『체신』 241)
- 「해방 후 한국노동운동의 전개과정, 사적 개념과 그 반성」(『씨올의 소리』 70)
- 「산업구조 및 산업조직 정책, 100억불 수출이후의 경제 정책 방향」(『경영과 마아켓팅』 108)

1977

- 「농민 · 농촌 · 농업: 한국농촌의 현실과 미래」(『이대학보』 606)
- 「농민의 생활은 나아졌는가」(『신동아』)
- 「중소기업의 향방」(『한국기계공구』 9)
- 「한미 관계 30년의 반성」(『숙대신보』 575)
- 「중소기업에 대한 인식」(『상의』 204, 대한상공회의소)
- 「경제 개발과 한국농업 문제의 제 문제」(『신동아』 256)
- 「한일 관계의 재검토: 일본 자본주의의 성격과 한일 관계」(『대화』 80)
- 「치솟는 물가 곡선 어두운 서민경제」(『교육춘추』)
- 「국제 금융과 한국경제」(『제주상공』 57)
- 「런던회의와 선진 자본주의」(『정경연구』 148)
- 「반성장론」(『씨울의 소리』)
- 「국제금융 위기와 한국경제」(『상의』 200)
- 「고도 성장과 국민의 조세 부담」(『대화』 78)
- 「조세 문제의 본질과 상황」(『창작과 비평』 43)
- 「세계경제 불황과 현대자본주의, 그 무기력한 상황으로부터의 탈출은 가능한가」(『정경연구』 145)
- 「경제개발 15년의 득과 실」(『신동아』 150)
- 「산업사회에 있어서의 경제적 자유, 인간과 자유의 역사」(『대화』 74)
- 「국부론과 자본론 분규, 서구 사상의 분기」(『정경연구』 153)
- 「진동하는 동아시아 정치와 한국」(『신동아』)
- 「중소기업에 대한 인식」(『마산상의』)
- 「일제 식민지 통치하의 한국농업」(윤병석 외, 『한국근대사론』 1, 지식산업사)
- 「80년대 산업구조 정책의 기본 방향과 정책 방향」(『경제과학심의회의』)

1976

- 「거대 전기 맞은 경제 현황: 무역과 국제수지를 중심으로」(『상의』 195)
- 「국제 경기는 회복되고 있는가」(『국제문제』 76)
- 「자본주의 세계의 구조 변화: 세계경제 간난 국면과 타개책」(『정경연구』 142)
- 「재벌의 한국적 특성과 존재 양식」(『이코노미스트』 9)
- 「남덕우 경제를 평가한다」(『신동아』 144)
- 「경제개발 계획은 새로운 창조」(『상의』 191)
- 「(서평) 경제발전 이론의 실천적 과제: 경제발전론」(『신동아』 143)
- 「중소기업 문제의 인식」(『창작과 비평』 11권 2호)
- 「농촌 개발과 YMCA」(『한국YMCA』 24-4)
- 「자원 정책의 정립 방향: 자원 그 현황과 미래」(『상의』 187)
- 「자원 무기화와 국제경제의 전망: 자원 전쟁과 세계경제」(『신동아』 139)
- 「세계경제 질서하의 한국 노동 문제」(『교육자료』, 청주도시산업선교회)

1975

- 「산업 구조의 변모」(『기러기』 120)
- 「농산물 가격과 그 보장 문제: 농업정책의 현안 과제」(『농민문화』 69)
- 「구조적 측면에서의 농지 문제: 미결로 남은 농촌 문제들」(『농민문화』 75)
- 「한국인의 토지 소유 의식」(『상록』 92)
- 「우여곡절 물가정책 10년: 국민경제의 저해의 요인들」(『세대』 139)
- 「공정거래법의 제정 방향」(『상의』 174)
- 「불황은 극복되는가: 불황과 환율의 매카니즘」(『재정』 15-1)
- 「세계경제: 전후 세계 30년 사상사조」(『정경연구』 127)

· 「자립경제는 급박한 현실적 요구」(『재정』 15-6)

· 「차관과 경제발전」(『신동아』)

· 「경제성장과 노사 협력」(『서강타임즈』 105)

1974

· 「당면 경제 정책의 과학화 문제」(『정경연구』 117)

· 「가이사의 것은 가이사에게」(『농민문화』 61)

· 「하반기의 자본 사정에 대한 전망」(『상의』 177)

· 「우리나라 식량 자급의 전망」(『상의』 171)

· 「국내 경기 동향과 경기 전망: 최근의 경기 동향과 전망」(『상의』 168)

· 「다국적 기업의 논리와 행태」(『신동아』 117)

· 「민중의 생활과 경제성장: 경재발전 과정에서 소외된 민중」(『세대』 130)

· 「주유냐 주탄이냐: 에너지 정책과 자원 민족주의」(『신동아』 121)

· 「공해와 고도 성장과 국토와 자원 위기와 일본의 숙제: 1974」(『일본연구』 10)

· 「무역의 확대가 곧 경제발전이 아니다」(『재정』 14-9)

· 「일본, 그것은 우리에게 무엇인가」(『일본연구』 15)

· 「경제 현상의 제 변화와 현실 분석력에 대한 검토: 가격 현실화와 경제 과정의 비젼」(『정경연구』 110)

· 「식량 위기 재론」(『재정』 14-4)

· 「겨우살이 걱정」(『신동아』)

· 「영국 경제의 고민」(『홍대신문』 234)

· 「산업화를 이끄는 정치와 경제」(『고대신문』 680)

· 「올바른 정의 정립을 위한 장」(『홍대신문』 264)

1973

- 「쌀의 반세기」(『신동아』 106)
- 「다국적 기업: 미국 자본의 운동 양식」(『서울평론』 8)
- 「세계 식량 위기와 식량 자급의 가능성: 증산 제약 요인과 영농 기술의 검토」(『신동아』 110)
- 「경제학 분야의 학계 연구가 경제정책에 미친 영향」(『재정』 13-1)
- 「경제 현실과 경제 과학: 한국경제 그 운동의 조선과 자율성을 둘러싸고」(『정경연구』 100)
- 「자원 문제의 경제적 고찰」(『창작과 비평』 8권 4호)
- 「일본인 자본 지배율이 90% 이상이었다: 한일 기업은 어떻게 협력해왔나」(『현대경영』 8)
- 「근대화의 경제적 내용」(『홍대신문』 243)

1972

- 「경제발전과 공해(1-3)」(『서울경제신문』 1972년 12월 3~30일)
- 「제3차 5개년 계획 이대로 좋은가?: 전환기의 한국경제」(『다리』 3-1)
- 「제3차 운크타드 총회와 남북 문제」(『다리』 3-3)
- 「제2차 5개년 계획의 평가와 제3차 5개년 계획에 대한 약간의 제언」(『무협』 68)
- 「GNP: 분석 언어를 통해 보는 한국경제」(『정경연구』 88)
- 「경기 대책과 물가」(『방적월보』 246)
- 「유효 수요: 분석 언어를 통해 보는 한국경제」(『정경연구』 90)
- 「분석 언어를 통해보는 한국경제상: 생산성」(『정경연구』 93)
- 「자본계수, 자본산출 고비율: 분석 언어를 통해보는 한국경제상」(『정경연구』

92)

・「해방 후 한국 노동운동의 전개과정: 사격 개관과 그 반성」(『지성』 2-5)

・「빈부 격차의 심화 현상: 한국경제의 현실과 지표」(『창조』 26-2)

・「일제 식민지 통치하의 한국농업: 1920년~1945년까지의 전개과정」(『창작과 비평』 7권 3호)

・「추석과 전통」(『홍대신문』 238)

1971

・「72예산안에 대한 평가」(『자본시장』 1-7)

・「이농 강요한 농촌 근대화 정책: 근대화의 소외 지대」(『다리』 2-10)

・「국민경제적 측면으로부터의 평가」(『전남교육』 18)

・「해방 후 한국 노동쟁의의 원인과 그 대책에 관한 연구」(『노동문제논집』)

1970

・「식민지 한국에서의 농업의 전개과정」(『경제학회지』 2)

・「미국의 대외 원조 정책과 한국」(『비지네스』 10-12)

・「미 대외 원조 정책와 한국」(『비지네스』 10-11)

・「한일 관계의 역사 전개과정」(『비지네스』 10-6)

・「농공병진에로의 환상과 농업 문제의 핵심」(『사상계』 15-1)

・「미 잉여 농산물 원조의 경제적 귀결: 농업 문제의 도전」(『정경연구』 57)

1969

・「계층 조화의 조건」(『정경연구』 58)

1968

· 「차관 기업 산업은행의 관계」(『비지네스』 8-9)
· 「수산업협동조합은 왜 어민의 이익에 충실치 못한가」(『비지네스』 8-4)
· 「농협법 개정안은 폐기되어야 한다」(『비지네스』 8-1)

1967

· 「공업의 지역적 편재와 불균형 발전의 요인분석」(『한국경제연구』)
· 「미가 얼마나 믿지고 남았다」(『농원』 4-1)
· 「내외시장 가격 면에서 본 소비재 산업: 외자 도입의 공과」(『비지네스』 7-4)
· 「농촌 실정에서 본 기업농 실현의 득실」(『농원』 4-3)
· 「농기업에 의한 중농 정책 평가」(『정경연구』)

1966

· 「농산물가격안전기금법」(『농원』 3-12)

1963

· 「후진자본주의 제국에 있어서 소농의 정체 요인에 대한 일반적 고찰」(『한국
  경제』 2-6)
· 「농산물 가격 불안정의 저류」(『한국경제』 2-3)

1962

・「오늘의 한국 어떻게 볼 것인가」(『대학주보』)

1961

・「잠재실업동원령」(『재정』10-4)
・『자본주의와 소농경제』(석사 학위 논문, 서울대학교 대학원)

1960

・「한국농업의 구조 분석과 협동조합」(『재정』9-8)

　　　　　　　　* 이 원고 목록은 『박현채 전집』 제7권을 기초로 작성되었다.

연보

박현채(朴玄埰, 1934~1995)

- 1934년(1세) 전남 화순군 동복면 독상리 297번지 뒷산 중턱에 있는 할아버지 박화인의 집에서 아버지 박경모와 어머니 오순희의 5남 4녀 가운데 맏아들로 태어나다(11월 3일). 박경모는 광주서중을 졸업하고 면서기로 근무하고 있었고, 어머니는 감나무 농장을 운영하던 유기업자 오재홍의 둘째 딸로 15살에 결혼해 1년 만에 아들 박현채를 낳았다. 박현채 밑으로 박귀채, 박정자, 박영채, 박국채, 박선은, 박승채, 박유채, 박양희 등 동생들이 태어나다.
- 1938년(5세) 아버지 박경모가 곡성세무서에 취직하여 곡성으로 이사하다.
- 1941년(8세) 곡성 중앙국민학교에 입학하다.
- 1944년(11세) 아버지가 광주로 전근해 광주로 이사하다. 2학기 말에 광주 수창국민학교로 전학하다. 어릴 적부터 주로 외가 쪽 독립운동가의 영향을 많이 받아 박헌영과 함께 활동한 이모부, 사회주의운동을 한 당숙 등에게 민족 해방과 사회주의운동을 접하다.
- 1946년(13세) 수창국민학교 6학년, 학생자치위원회 위원장으로 뽑혀 활동하

다. 독서회에 가입, 최충근 선생 지도하에 에드거 스노의 『중국의 붉은 별』 등을 읽다. 학생자치위원장으로 학교 유리값 문제를 해결하기 위한 동맹휴학을 주도하다. 광주 남동에 집을 사서 이사하다. 아버지가 목포로 전근을 가 남동 집에서 이모부 등과 자취 생활을 하다. 공무원 파업에 아버지가 연루되다. 이때 경찰의 수색 과정에서 박현채의 노트와 『맑스주의의 기원』 등 도서가 압수되면서 전남경찰서에 연행되었으나 석방되다. 광주에 행사가 있을 때마다 도보로 질서정연하게 참가하는 화순탄광 노동자들을 보고 강한 인상을 받아 노동자로 살기 위해 공업학교에 진학할 마음을 먹다.

• 1947년(14세) 광주공업학교에 응시했으나 신체검사에서 적록색맹으로 불합격되다. 광주서중에 응시, 합격하다. 서중학교에 입학하자마자 독자적으로 서클을 만들고 민애청 학년위원(1학년 조직책)에 선임돼 시위, 비라 살포, 횃불 투쟁 등을 주도하다.

• 1948년(15세) 여순 사건 이후 몇 개월 학교를 쉬다가 복교하다.

• 1950년(17세) 광주 대인동 학련 본부에 잡혀가 감찰부장 임병성과의 토론 끝에 그와 의형제를 맺고 학련 테러로부터 보호를 받게 되다. 한국전쟁 발발 후 광주서중 교위 조직을 정상화하고 교위 강사로 근무하다. 빨치산으로 입산, 광주 지구 부대원이 되다(10월). 지리산에서 광주서중 교장인 박준옥(큐슈대 경제학과 졸업)을 만나다. 박준옥은 삶 자체와 가르침으로 박현채 평생의 스승이 되다. 20세 미만으로 구성된 소년돌격중대 문화부 중대장으로 발탁되다.

• 1951년(18세) 소년돌격중대가 해체되어 폭탄중대에 배속되다(3월). 차일봉 전투에서 복부 관통상을 당하다(8월).

• 1952년(19세) 하산 도중 체포되어 화순경찰서에 갇히다. 부모님의 노력으로 석방되다(8월).

• 1954년(21세) 장성농고에 잠시 적을 두었다가 광주를 떠나 전주에서 전주고등학교 3학년으로 편입하다(5월).

- 1955년(22세) 전주고를 졸업하다(2월). 서울대학교 상과대학 경제학과에 입학하다. 1950년대 후반 안병직, 정윤형, 전철환 등과 후진국연구회 서클을 만들어 공부하다.
- 1959년(26세) 서울대 상과대학을 졸업하다(2월). 서울대 상과대학 대학원 이론경제학과에 입학하다. 대학원을 다니면서 한국농업문제연구회 연구원 모집 시험에 수석으로 합격해 연구원으로 일하다. 한국농업문제연구회는 1959년 설립되어 주석균(회장), 유인호, 김병태, 김낙중, 박현채 등 비판적 농업경제학자들로 구성되었는데, 농업 문제뿐 아니라 아시아적 생산양식의 문제, 원조경제의 본질, 자본주의 세계경제하에서 국민경제의 독자적인 존재 가능성 등을 검토함으로써 새로운 이론의 온상지 역할을 하다.
- 1960년(27세) 4·19 후 당시 활발하게 운동하던 진보혁신 청년들과 교우하다. 그러나 적극 뛰어들어 활동하지는 않다.
- 1961년(28세) 『자본주의와 소농 경제』라는 논문으로 서울대 대학원 경제학과 석사 학위를 취득하다. 당시의 농업 문제가 기본적으로 국가독점자본주의하에서 소농이 존재하는 방식에 기인한 것으로 파악했으며 과거 농지개혁의 불철저성과 독점자본주의하의 소농보호 정책의 한계를 극복하기 위해서 농업의 협업화를 실천적 대안으로 내세우다. 서울대 상과대학 대학원을 졸업하다(3월). 여동생 친구인 김희숙(이화여대 사범대 졸업)과 결혼하다(4월 28일). 병역법 위반으로 청량리경찰서에 피검, 국법회의에 송치되다(11월).
- 1962년(29세) 군 자원입대 조건으로 석방되다(1월). 육군 제2훈련소에 입대하다(2월). 의병 제대하다(7월). 첫딸 순정 태어나다(8월).
- 1963년(30세) 한국농업문제연구회 연구원으로 다시 일하다(2월). 서울 상대, 농협대, 국학대 등에 시간강사로 출강하다. 서울 상대 학생 서클인 후진경제연구회에 관여하다.
- 1964년(31세) 인혁당 사건이 발생하다. 도예종, 정도영, 김영광, 김금수, 박중기, 김한덕 등과 함께 외국군 철수와 남북간 서신 교환, 문화·경제 교류

를 통해 평화통일을 목표로 하는 '인민혁명당'을 조직한 혐의로 검거되다. 공안부 이용훈 부장검사 등이 공소유지 불가능을 이유로 기소를 거부하다 (8월). 그러나 검찰은 한옥신 검사로 교체하여 5년을 구형하다(9월). 둘째 딸 금정 태어나다(7월).

- 1965년(32세) 선고 공판에서 무죄를 선고받다(1월 20일). 항소심에서 도예종 은닉 혐의로 법정 구속되어 징역 1년을 선고받다(2월 29일). 홍성하 등과 함께 국민경제연구회를 설립하여 매년 한국경제에 관한 간행물을 발간하다. 서울대, 홍익대, 국민대, 경희대, 우석대, 충남대, 한신대 등에서 강의하다. 이후로는 직업을 스스로 강사업이라고 말했을 정도로 오랜 기간 동안 이른 바 '보따리 장사' 일을 하다.
- 1966년(33세) 셋째 딸 현희 태어나다(11월).
- 1967년(34세) 한국경제문제연구회에서 발간한 「중소기업의 지역적 불균형 발전의 요인」이라는 연구 보고서에서 민족경제론의 기본 구상을 발표하다. 여기서 국지적 시장권 이론과 민족경제를 연결시키다.
- 1970년(37세) 월간 『다리』의 편집위원으로 활동하다. 아들 정근 태어나다 (5월).
- 1971년(38세) 당시 김대중 대통령 후보의 경제정책을 정리한 『김대중 씨의 대중경제 100문 100답』 집필을 주도하다. 이 작업에는 김경광, 김병태, 임동규, 정윤형 등이 참여하다.
- 1978년(45세) 『민중과 경제』(정우사)를 출간하다. 『민족경제론』(한길사)을 출간하다(4월). 그러나 3개월 만인 7월 초에 판매금지 처분되다. 『전후 30년의 세계 경제사조』(평민서당)를 출간하다.
- 1979년(46세) '임동규 간첩 사건'에 연루되어 구속되다.
- 1980년(47세) 출소하다(2월). 계엄령 확대 조치 당시 광주에 있었으나 주위의 권고로 초기에 서울에 올라오다(5월). 134명 지식인 선언과 관련, 서대문경찰서에서 일주일간 조사받고 풀려나다.

- 1981년(48세) 『한국농업의 구상』(한길사)을 출간하다.
- 1982년(49세) 『한국경제의 구조와 논리』(풀빛)를 출간하다.
- 1983년(50세) 『한국경제와 농업』(까치)을 출간하다.
- 1984년(51세) 『한국 자본주의와 민족운동』(한길사)을 출간하다.
- 1985년(52세) 『창작과 비평』 57호에 「현대 한국사회의 성격과 발전 단계에 관한 연구」를 기고함으로써 한국 사회구성체 논쟁을 불러일으키다. 이후 여기서 제기된 쟁점을 중심으로 민족경제의 이론화를 추구하며 『한국경제 구조론』, 『민족경제론의 기초 이론』을 집필하다. 아버지 박경모 사망하다 (5월 30일).
- 1986년(53세) 『한국경제구조론』(일월서각)을 출간하다(4월). '지리산과 민족사' 란 주제로 지리산에서 개최된 한길역사기행에서 강연하다(5월). 둘째 딸 금 정(작은사위 이경호) 결혼하다(6월). 첫딸 순정(큰사위 이규호) 결혼하다(9월).
- 1987년(54세) 한길사에서 제정한 제2회 단재학술상을 수상하다(3월 13일). 『태백산맥』을 연재하고 있던 조정래를 만나다. 조정래에게 자신의 지리산 체험을 자세히 구술하고 지리산 일대를 답사하다. 조정래의 생생한 지리산 묘사는 대부분 박현채의 기억에서 나온 것이며, 소년 전사 조원제에 대한 묘사는 조정래가 쓴 박현채 자서전이라는 평가를 듣다.
- 1988년(55세) 정윤형 등과 함께 한국사회연구소를 설립하고 이사로 취임하 다. 한국사회연구소는 당시의 추상적인 논쟁을 지양하고 구체적인 분석과 정책 대안을 만들어내는 것을 목적으로 대학원 석사 과정 이상의 연구자 100여 명과 교수 30여 명으로 구성되다.
- 1989년(56세) 『민족경제론의 기초 이론』(돌베개)을 출간하다. 조선대학교 경 제학과 교수로 취임하다.
- 1990년(57세) 어머니 오순희 사망하다.
- 1992년(59세) 한국사회연구소와 한겨레사회연구소를 통합하여 한국사회과 학연구소를 창립하고 공동이사장에 취임하다. 셋째 딸 현희(셋째 사위 김형석)

결혼하다(5월). 일본을 보고 오다.

• 1993년(60세) 조정래와 함께 부부 동반으로 영국, 프랑스, 스위스, 이탈리아 등 유럽을 보고 오다(1월). 중국을 보고 오다(3월). 뇌졸중으로 쓰러지다 (8월). 재활 치료를 받다.

• 1994년(61세) 다시 쓰러지다(2월). 아들 정근(며느리 정윤정) 결혼하다.

• 1995년(62세) 사망하다(8월 17일).

　　　　　　　　　* 이 연보는 『박현채 전집』 제7권을 기초로 작성되었다.

찾아보기

지은이 | 김삼웅

1943년 전남 완도에서 태어났고, 고려대학교 정책대학원에서 석사 학위를 받았다. 독립운동사 및 친일반민족사를 연구해왔고, 한국 근현대 인물들의 삶과 사상을 탐색하는 평전 작업에 매진하고 있다. 제7대 독립기념관장, 친일반민족행위진상규명위원회 이사, 친일반민족행위자재산조사위원회 자문위원, 단재신채호선생기념사업회 이사 등을 지냈다. 현재는 신흥무관학교 100주년 기념사업회 공동대표로 활동하고 있다. 지은 책으로는 『친일정치 100년사』, 『한국 현대사 바로잡기』, 『을사늑약 1905년, 그 끝나지 않는 백년』, 『단재 신채호 평전』, 『백범 김구 평전』, 『약산 김원봉 평전』, 『장준하 평전』, 『죽산 조봉암 평전』, 『리영희 평전』, 『김대중 평전』, 『노무현 평전』 등이 있다.

박현채 평전

ⓒ 김삼웅 2012

초판 1쇄 인쇄 2012년 10월 9일
초판 1쇄 발행 2012년 10월 16일

지은이 김삼웅
펴낸이 이기섭
편집주간 김수영
책임편집 이조운
기획편집 임윤희 김윤정 정회엽 이지은
마케팅 조재성 성기준 정윤성 한성진 정영은
관리 김미란 장혜정
디자인 오필민 디자인

펴낸곳 한겨레출판(주)
등록 2006년 1월 4일 제313-2006-00003호
주소 121-750 서울시 마포구 공덕동 116-25 한겨레신문사 4층
전화 마케팅 02)6383-1602~4 기획편집 02)6383-1621
팩스 02)6383-1610
홈페이지 www.hanibook.co.kr
이메일 book@hanibook.co.kr

ISBN 978-89-8431-622-5 94900
     978-89-8431-466-5 (세트)